Offener Kindergarten konkret in seiner Weiterentwicklung

Gerhard Regel, Uwe Santjer (Hg.)

Offener Kindergarten konkret in seiner Weiterentwicklung

Aus der Praxis für die Praxis – 20 Jahre später

ebv BERLIN

EBVERLAG

Bibliografische Information
der Deutschen Nationalbibliothek

Die Deutsche Nationalbibliothek
verzeichnet diese Publikation in der
Deutschen Nationalbibliografie; detaillierte
bibliografische Daten sind im Internet über
http://dnb.d-nb.de abrufbar.

2. unveränderte Auflage

Gesamtgestaltung: Rainer Kuhl

ISBN: 978-3-86893-062-7

E-Mail: post@ebverlag.de
Internet: www.ebverlag.de

Druck und Bindung: Hubert & Co., Göttingen
Printed in Germany

Mit Kindern im Hier und Jetzt
zusammen sein und nicht die eigenen
Wünsche für die Zukunft der Kinder
in den Vordergrund stellen.
Ohne diese Anteilnahme verlieren wir das
Schönste, was es auf der Welt gibt.

Aufruf von Jesper Juul
in „Elterncoaching“

Inhaltsverzeichnis

V. Zur Gestaltung des pädagogischen Rahmens

VI. Öffnungen des institutionellen Rahmens

VIII. Zur Zukunft der Kindergartenarbeit

IX. Gedanken zum Schluss

Vorwort

Wir freuen uns, dass wir Sie als Leserin oder Leser zu einem Praxisbuch einladen können, das wichtige Themen heutiger offener Kindergartenpädagogik enthält. Wir setzen dadurch eine über 20-jährige Tradition fort, „aus der Praxis für die Praxis" zu berichten. Wir waren auch dieses Mal erstaunt über das engagierte professionelle Handeln der Erzieherinnen und Teams und sind dankbar für die gute Kooperation und die erlebte Bereitschaft, sich zum Schreiben zu öffnen. So können wir teilhaben am pädagogischen Engagement. Auch in diesem Buch bleibt der individuelle Charakter der Beiträge weitgehend erhalten. Die Verschiedenheit, die wir heute bei Kindern sehen, gilt selbstverständlich auch für Erwachsene.

Als Herausgeber ist uns darüber hinaus wichtig, offene Kindergartenarbeit mit einem Text über den Wandel der letzten 20 Jahre zu eröffnen. Möglich wird das aufgrund unserer fachberaterischen Erfahrungen und durch eine Reihe von Gesprächen im niedersächsischen Bereich mit Leiterinnen und Leitern, die von Anfang an dabei waren. Deutlich wurde dadurch, dass es in Offenen Kindergärten eine Richtung gibt und Vielfältigkeit in der Umsetzung und in der Erprobung neuer Inhalte. Das bedeutet auch, dass die Summe unserer Beiträge nicht als Gesamtkonzept verstanden werden soll. So gibt es nach wie vor nicht *den* Offenen Kindergarten, sondern Offene Kindergärten mit vielen Gesichtern, weil jede Einrichtung ihren eigenen Weg geht, Schritt für Schritt.

Wir eröffnen die Erfahrungsberichte mit dem, was für den Offenen Kindergarten entscheidend ist: Teamentwicklung und Teamarbeit, durch die gemeinsam in eine Richtung geschaut wird: auf die Kinder. Sie sollen ankommen, sich wohlfühlen und sich eigenständig entwickeln, individuell in ihrer Einmaligkeit. Das ist eine wunderbare Aufgabe für die Erziehenden. Sie vollzieht sich in lebendigen Beziehungen. Deshalb kann heute davon gesprochen werden, dass der Offene Kindergarten in seinem Kern einen Beziehungsansatz darstellt und zu einer konsequenten Kindzentrierung führt, achtsam und liebevoll.

Der gemeinsame Prozess zum Offenen Kindergarten in Teams ist zu allererst der Weg zum Kind. Themen wie Freiheit, Partizipation, Inklusion oder Feinfühligkeit kommen deshalb in diesem Buch zur Entfaltung. Darüber hinaus wirken einbezogene Methoden unterstützend, voran die Handlungsforschung. Die Dokumentation wird zu einem besonderen Wert, indem sie die Schätze der Kinder umfasst. Schließlich wird auch die Jungenpädagogik zum Thema, damit Jungen nicht zu Verlierern werden. Kindzentrierung bedeutet natürlich auch, altersentsprechende und entwicklungsbedingte Herausforderungen für Kinder zu schaffen. Texte über den pädagogischen Rahmen mit verschiedenen Akzenten machen das deutlich.

Wie der Offene Kindergarten gesellschaftspolitische Aufgaben erfüllt, sich im Sozialraum vernetzt und mit Eltern partnerschaftlich zusammenarbeitet, zeigen die weiteren Beiträge. Sie machen vor allem den institutionellen Wandel deutlich, der für jedes Team zu einer großen Herausforderung wird und Mut und neues Lernen braucht, besonders durch die Teamarbeit in einem größer werdenden Kolleginnenkreis.

Im Laufe der Buchplanung entschlossen wir uns, zu Kindergärten anderer Netzwerke Verbindung aufzunehmen und um einen Beitrag zu bitten. Diese Netzwerke sind am Schluss gesondert aufgelistet.

Unser Schlusskapitel über die Zukunft der Kindergartenarbeit hat dieses Mal einen besonderen Charakter. Das hängt damit zusammen, dass sich vor allem nach der Jahrtausendwende Ansprüche, Anforderungen und neue Aufgaben potenzieren, ohne dass die dafür erforderlichen Rahmenbedingungen angemessen mitwachsen oder zur Verfügung gestellt werden, z.B. für die Krippenarbeit, die Erweiterung zu einem Familienzentrum oder für Gruppenreduzierungen aufgrund erschwerter Arbeit durch Kinder mit besonderen Entwicklungsbedürfnissen. Wissenschaftliche Ergebnisse zeigen, dass sich die Schere zwischen Erwünschtem – oft auch Notwendigem – und Machbarem weit geöffnet hat. Es darf deshalb nicht verwundern, wenn Stress, Hyperaktivität, wiederkehrender hoher Krankheitsstand, Erschöpfung und Unzufriedenheit zur Normalbeschreibung gegenwärtiger Kindergartenarbeit gehören. Deshalb beginnt die Zukunft für uns in der Bewältigung der Gegenwart mit der Zentrierung auf Wesentliches, um Zeit für Kinder zu haben und darüber hinaus politisch aktiv zu werden. Für Letzteres ist gemeinsames Kämpfen angesagt.

Was möchten wir mit diesem Buch bewirken? Es soll erkennbar werden, wie Teams Offener Kindergärten engagiert für Kinder eigene Wege gehen und Schritt für Schritt in einem ständigen Prozess bleiben. Das kann und soll bestärkend wirken für alle Einrichtungen, die auch so unterwegs sind oder sein wollen. Gleichzeitig können die Gedanken zum offenen Arbeiten und deren praktische Umsetzungen Anregungen geben im gemeinsamen Ringen um einen guten Weg für unsere Kinder. Das gilt besonders für solche Kindergärten, die sich noch mitten in einem Veränderungsprozess befinden.

Eine Anmerkung zum Schluss: Wir brauchen aus Gründen der Vereinfachung das Wort Erzieherin für alle weiblichen und männlichen Mitarbeiter der Kindergärten. Aufgrund der über hundertfünfzigjährigen Geschichte der Elementarpädagogik bleibt darüber hinaus der entstandene Begriff „Kindergarten" für uns ein sinnvoller, weil er eine Verbindung zum Gedeihraum schafft, der auch der Offene Kindergarten sein will. Ein Gedeihraum weist für uns auf die elementare Bildung frühkindlicher Entwicklung, die Kinder aus eigenem Antrieb im Zusammenleben bewältigen wollen, um groß zu werden. Geben wir ihnen dazu durch gedeihliche Voraussetzungen immer wieder eine Chance, bevor sie dann zusätzlich in einer Übergangsphase vor der Schule erweiterte Anregungen wollen und brauchen.

Wir danken abschließend Herrn Dr. Brandt und Herrn Kuhl vom Verlag für die Bereitschaft, unsere Veröffentlichungen „aus der Praxis für die Praxis" fortzusetzen.

Wennigsen / Cuxhaven, im Februar 2011

Gerhard Regel und Uwe Santjer

I. Der Offene Kindergarten im Wandel

Gerhard Regel

Der Offene Kindergarten: Zeitgemäß und kooperativ kindzentriert – Vom Wandel der letzten 20 Jahre

Die Basisbewegung „Offene Arbeit“, die in Niedersachsen auf 20 Jahre zurückblicken kann, hat durch ihre Impulse die pädagogische Landschaft verändert. Sie hat zu einem kindzentrierten modernen Ansatz geführt.

Meine Gespräche mit Kolleginnen und Kollegen unserer Anfangszeit machen deutlich, dass sich durch ständige Prozesse viel bewegt hat. Der Wandel zeigt sich durch erweiterte und neue Themen im Umgang mit Kindern in veränderten Strukturen und darüber hinaus im Umgang mit Anforderungen von außen aufgrund politischer und gesellschaftlicher Entwicklungen. Hier denke ich vor allem an erweiterte Öffnungszeiten, an die Aufnahme von Kindern unter 3 Jahren, an die Einrichtung von Krippen, an die Ausweitung von Schulkinderbetreuung, an die Verpflichtung zur Sprachförderung, an die Erweiterung zu Familienzentren, an den niedersächsischen Orientierungsplan für Erziehung und Bildung und an die darin enthaltenen Anregungen zur Dokumentation und Zusammenarbeit mit der Schule.

Das Engagement und die Lebendigkeit unserer Aufbruchzeit Anfang der 90er Jahre ist weitgehend geblieben und die frühe Erfahrung offener kooperativer Zusammenarbeit im Team ist sicher der Schlüssel dafür. Das zeigt der Beitrag von U. Santjer mit dem stimmigen Titel „Das Team als Herz des Offenen Kindergartens“ (siehe Seite 51). Insgesamt kann durch die immer konsequenter gelebte Kindzentrierung von einem großen Schub zum Wohle der Kinder gesprochen werden. Dieser zeigt sich besonders in den Ausformungen der Partizipation und im Bemühen um Individualisierung, verbunden mit Vorstellungen der Inklusion. Die unendliche Geschichte der offenen Pädagogik ist geblieben und geht weiter.

Im Folgenden soll nun etwas von dem Wandel der letzten 20 Jahre in den Blick kommen. Dabei wird erkennbar, was selbstverständlich geworden ist oder was sich neu oder klarer herausgebildet hat. Besonders wichtig ist mir, auf den Kern der offenen Pädagogik hinzuweisen und einzugehen sowie auf die Gestaltungsaufgaben für eine gedeihliche Entwicklung der Kinder. In der dadurch erkennbaren äußeren Gestalt zeigt sich ein umfassender Ansatz frühkindlicher Bildung, der in den einzelnen Offenen Kindergärten mit eigenen Schwerpunkten umgesetzt wird und sich in einer eigenständigen Biographie zeigt.

1. Die neue Sichtweise in der Pädagogik wird konsequent umgesetzt

Mit der Reformpädagogik des letzten Jahrhunderts (1) vollzieht sich eine neue Sichtweise zum Kind und eine pädagogische Wende. Sie führt zu einem neuen pädagogischen Selbstverständnis, beginnt in den Köpfen der Erzieherinnen, fordert zu einem konsequenten Umdenken und zu einer veränderten Umgangsweise mit Kindern heraus. Das gelingt gemeinsam am besten und braucht Mut und Geduld mit sich und den Kolleginnen und ein schrittweises Vorgehen.

Kinder sind nun keine erzieherischen Objekte mehr, aus denen die pädagogisch Tätigen etwas zu machen haben. Sie sind einmalig und unverwechselbar und kompetent von Anfang an. Sie gehen ihren Weg der Entwicklung im Wechselspiel mit ihrem Umfeld und wollen groß werden. Mit der Wende verbindet sich im Offener Kindergarten die Idee, die Einzigartigkeit jedes Kindes in den Mittelpunkt zu stellen. Damit wird die bisherige Erziehung auf den Kopf gestellt. Das darf nicht mit Beliebigkeit verwechselt werden. Zur Selbstverständlichkeit gehört, dass die Erwachsenen sich mit ihrer Überlegenheit und Dominanz zurücknehmen. Sie zeigen dafür in ihrem achtsamen Vorgehen Interesse für das Eigenleben der Kinder und geben ihnen die Chance, durch kinderfreundliche und anregende Rahmenbedingungen zu eigenständigen, selbstbewusst handelnden und sozial ausgerichteten Persönlichkeiten zu werden.

In dem Vorläufer dieses Buches wurde die Wende als ein Paradigmenwechsel beschrieben (2) und der Blick von einer engeren zu einer umfassenderen Sichtweise geöffnet. Mit dem neuen Denken taten sich zugleich eine Reihe von Themen auf (3). Aus einer Ethik des Ändernwollens wurde eine Ethik des Verstehens (2). Kinder sind nun endlich als kleine Menschen den großen gleichwürdig, auch wenn sie sich voneinander unterscheiden und Lernende sind, um in die Kultur und Gesellschaft hineinzuwachsen.

Heute ist die veränderte Sichtweise in allen Erziehungs- und Bildungsplänen zu finden. Im niedersächsischen Orientierungsplan werden Kinder als geborene Lerner herausgestellt, die die Kraft und den Willen haben, ihre Entwicklung eigenständig voranzubringen. Dazu wird betont, dass sie erweiterte Erfahrungs- und Handlungsspielräume und die Beteiligung an der Gestaltung ihres Lebensraumes und Zusammenlebens brauchen. Hierdurch zeigt sich eine erfreuliche Bestätigung unserer offenen Pädagogik, in der Kinder als aktive Gestalter ihrer Entwicklung gelten.

Im Offenen Kindergarten mit langjährigen Erfahrungen ist das neue Denken zu einer Herzenssache geworden und hat sich vielfältig in praktisches Handeln umgesetzt. Das wird in den Texten deutlich. Wegen der großen Bedeutung der pädagogischen Wende und den vielfachen Veränderungen im pädagogischen Alltag erschienen 2007 Praxisberichte in dem Buch „Plädoyer für eine offene Pädagogik der Achtsamkeit". Darin wurde die veränderte Sichtweise zu Kindern durch 16 Leitsätze zur kindlichen Autonomie und Entwicklung, zu den Beziehungsbedürfnissen und zur Selbstwirksamkeit konkretisiert. Zum Schlüsselwort wurde dabei die Achtsamkeit, mit der jeder Leitsatz abschließt (4).

Die Konsequenzen aus der neuen Sichtweise sind mit vielen Erfahrungen verbunden. In den nächsten drei Punkten werde ich mich damit beschäftigen und besonders die gelebte Beziehung zu den Kindern herausstellen. Darüber hinaus geht es auch um neue Themen und Methoden, durch die ein besserer Zugang zu dem einzelnen Kind gefunden werden kann.

2. Der O.K. ist in seinem Kern ein Beziehungsansatz

Wenn die neue Sicht vom Kind die Erziehung auf den Kopf stellt, dann müssen neue Akzente und ein neuer Kern der pädagogischen Arbeit die Folge sein. Heute kristallisiert sich das in der offenen Pädagogik eindeutig heraus. Das wird erkennbar in der veränderten Haltung zu den Kindern und der Art und Weise, wie Beziehungen gelebt werden.

- Erzieherinnen sind sich bewusst, dass zu einer förderlichen und gedeihlichen Entwicklung Sicherheit gebende Beziehungen entscheidend sind. Die Kinder bekommen ihre Zeit zum Ankommen und später wird vorrangig darauf geachtet, ob das einzelne Kind sich wohl fühlt.
- Erzieherinnen prägen den Alltag dadurch, Kinder besonders in ihrer Einzigartigkeit wahrzunehmen, diese zu verstehen und zu betonen.
- Erzieherinnen verstehen sich als Begleiterinnen, manchmal auch als Assistentinnen (Reggio), damit jedes Kind seinen Platz im Kindergarten findet, eigene Lernwege geht und für sich eigenverantwortlich zu sorgen lernt.

Für diesen Weg der Hinwendung zum Kind sind Vertrauen, Annahme und unbedingte Wertschätzung das Grundgerüst. Das gilt prinzipiell ebenso im Kontakt mit den Kolleginnen und Eltern.

In dem Bemühen um offene Beziehungen zeigt sich die unsichtbare Seite pädagogischer Arbeit im Offenen Kindergarten. Sie ist nicht unter Qualitätsaspekten zu erfassen, mit denen Gütesiegel verliehen werden (siehe dazu Punkt 7, Seite 38); mit anderen Worten: durch emotionale Präsenz werden Kinder in ihren Besonderheiten wahrgenommen, um so ihr Wohlergehen und ihre Lernfreude zu fördern. Und so erfüllt sich hierdurch der schöne Satz des kleinen Prinzen (Saint-Exupéry): „Man sieht nur mit dem Herzen gut, das Wesentliche ist für die Augen unsichtbar."

Spürbar wird das Ringen um gelingende herzliche Beziehungen zu Kindern durch das Schaffen einer entspannten Atmosphäre (5). Die Stimmigkeit ist auch daran ablesbar, dass die Kinder sich engagiert einlassen, gern kommen und erfahrene Zuwendung erwidern. Eine besondere Bedeutung bekommt inzwischen die Bindungstheorie und die damit verbundene Bindungsbeziehung (6). Sie ist für bestimmte Kinder eine wichtige Voraussetzung für ihre lebendige Entwicklung. Auf diese Erfahrung sind besonders Krippenkinder angewiesen. Insgesamt gilt, dass den Kindern die Beziehung angeboten wird, die sie brauchen und als Bedürfnis signalisieren und suchen. Das schließt nicht aus, distanzierten und eher verschlossen wirkenden Kindern verlässliche Beziehungsangebote zu machen, damit sie zu neuen emotionalen Erfahrungen kommen.

Der bekannte Hirnforscher G. Hüther stellt in seinen Vorträgen zwei Grundbestimmungen kindlicher Entwicklung heraus, die fest im Gehirn verankert sind. Es sind die Erfahrungen engster, vertrauter Verbundenheit und die auf dieser Basis stattfindende Erfahrung des Wachsens. Damit kommt der neugeborene Mensch auf die Welt und will so weiterleben. Wachsenwollen zeigt sich in der Offenheit und Lernfähigkeit, Entdeckerfreude und Gestaltungslust, mit der sich alle Kinder auf den Weg machen. All das kann jedoch verkümmern, wenn die Verbundenheit durch zufrieden stellende Beziehungserfahrungen ausbleibt oder unzureichend ist. Dann fehlt die Sicherheit, sich auf das Leben einzulassen. Solche Kinder sind dann mehr oder weniger gefangen in ihrer Bindungsunsicherheit.

H. v. Hentig (7), der wohl bedeutendste Pädagoge des letzten Jahrhunderts, nennt drei Grundbedingungen (Quelle unbekannt), die für ein gelingendes Leben und Lernen erfüllt sein müssen:

- die Gewissheit erwünscht zu sein,
- das Gefühl selbstverständlicher Zugehörigkeit,
- die Erfahrung gebraucht zu werden.

Die Beziehungsprozesse mit dem einzelnen Kind sind eine unendliche Geschichte, denn die Entwicklung eines Kindes und sein Wachsen hat viele Seiten, geschieht in einem ständigen Auf und Ab und ist mit immer neuen Überraschungen verbunden. Erfreulich ist, dass sich in Offenen Kindergärten in den letzten Jahren die Kompetenzen im individuellen Umgang mit Kindern weiter ausgeprägt haben, ebenso die Bereitschaft zur Eigenreflektion und zur gemeinsamen Reflektion im Team und in Teilteams. Die Sensibilität ist gewachsen, Kinder mit ihren 100 Sprachen (Reggio) zu entdecken. Hierbei sind Erzieherinnen offen mit allen Sinnen und zugleich offen für eigene Gefühle und Empfindungen. Offen, vorurteilsfrei, aufmerksam, achtsam und nicht selten neugierig in Beziehung zu sein, erschließt kindliches Erleben und Verhalten im Kontext der Situation, schafft Nähe und ermöglicht Wertschätzung und Anerkennung, Auseinandersetzung, Kritik und Dialog. Es werden Stärken und Entwicklungsbedürfnisse von Kindern deutlich; werden sie reflektiert, führt das zu angemessener Unterstützung und Hilfe.

Eine offene, achtsame Beziehung ist eine Kunst, die immer wieder geübt werden muss. Sie macht es möglich, den Spuren und Impulsen der Kinder zu folgen. Voraussetzungen hierfür sind z. B. Präsenz durch innere Wachheit, innere Zeit (8) und Aufmerksamkeit, um feinfühlig mitzuschwingen mit dem, was vom Kind kommt (siehe P. Diedrich, S. 109). Kindern Resonanz zu geben ist die Voraussetzung dafür, dass sie sich erwünscht und bestärkt und bestätigt fühlen. Resonanz und Spiegelung, deren Bedeutung durch die neuere Hirnforschung (9) herausgestellt wird, führen zur Selbstfindung und Selbstsicherheit und zu vertieften Beziehungen zu sich selbst. Sie bringen Kinder zu der Erfahrung, dass sie eins sein können mit sich und der sie umgebenden Welt. Über die sichere Verbundenheit und dem erlebten Vorbild entwickelt sich eine Vielfalt von Beziehungen zu anderen Kindern, Erwachsenen und in der Gemeinschaft durch angebotene Formen des Miteinanders.

Der Beziehungsansatz hat sich aus der Erkenntnis gebildet, dass Kinder zu ihrer Einzigartigkeit finden sollen, um so ihren Weg der Entwicklung zu gehen. Pädagogisch wird von Individualisierung gesprochen (siehe Kasten). Dadurch wird der Kindergarten zu einem Ort der Verschiedenheit und zugleich zu einem Ort des gemeinsamen Aufwachsens, worin sich alle gleich sind. Das soll nun mit dem nächsten Punkt vertieft werden.

3. Von der Nichtaussonderung zur umfassenden Inklusion

Die pädagogische Wende bewirkt, dass auch der kleine Mensch Würde bekommt. Würde ist unteilbar. Sie bezieht sich auf *alle* Kinder. Es war ein glücklicher Umstand, dass vor 20 Jahren in Niedersachsen Erprobungsprojekte zur gemeinsamen Erziehung von Kindern mit und ohne Behinderung vom

Individualisierung im Offenen Kindergarten

Individualisierung *begründet sich* aus der Erkenntnis, dass jedes Kind einmalig und unverwechselbar ist. Es zeigt sich als eigenständige Persönlichkeit von Anfang an und will wachsen, sich weiter entfalten, dazugehören und nützlich sein.

Individualisierung *braucht* Freiheit zur Interaktion, zur eigenständigen Erfahrung in vielschichtigen Beziehungen zu Menschen und der es umgebenden Welt. Dann kann es seine eigenen Lebensmöglichkeiten ausleben.

Individualisierung *dient* dem Kind zur Verwirklichung eines inneren Programms und zielt darauf, sich zu entdecken, die eigenen Potentiale umzusetzen, eigene Begrenztheit zuzulassen und das Glück im Heute zu finden.

Individualisierung *geschieht*, wenn das Kind aus sich heraus (von innen) lebt und passend zu eigenen Erfahrungen, Interessen, Stärken und Denkstrukturen angeregt wird.

Individualisierung *ermöglicht*, in sich selbst zufrieden zu sein und Gemeinschaft zu pflegen, die die Eigenständigkeit nicht schmälert.

Individualisierung *eröffnet* das Zusammenleben in Vielfalt und lässt Verschiedenheit zur Normalität und gegenseitiger Bereicherung werden.

(in Anlehnung an Rebecca Wild: Freiheit und Grenzen – Liebe und Respekt. Was Kinder von uns brauchen, Freiamt 1998)

Landtag beschlossen wurden. In Cuxhaven, wo die Stadt und die freien Träger eine flächendeckende Aufnahme aller Kinder anstrebten, war das Projekt zugleich eine Herausforderung, über die bestehende Pädagogik mit all ihren

Problemen nachzudenken. A. J. Wieland war damals der wissenschaftliche Begleiter des Projektes. Gemeinsam kam es zu offenen Systemen bis hin zu der radikalsten Variante, die typischen Räume mit ihren verschiedenen Spielecken aufzulösen und Funktionsräume einzurichten. Auch Stammgruppen wurden aufgelöst, damit die Kinder die Chance wahrnehmen konnten, drinnen und draußen nach eigenen Bedürfnissen zu spielen und nicht an „ihren" Räumen zu kleben.

Das galt auch für die so genannten behinderten Kinder. Sie sollten selbstverständlich dazu gehören und nicht ausgesondert werden. Das hat sich hervorragend bewährt und wird durch den Bericht von U. Santjer (siehe Seite 126) gewürdigt. Die mutigen Erfahrungen der Cuxhavener haben viele Nachahmer gefunden, so dass es heute selbstverständlich ist, offen für *alle* Kinder zu sein.

Die Pädagogik der Nichtaussonderung war der Anfang mit Kindern mit Einschränkungen und Entwicklungsbeeinträchtigungen aufgrund körperlicher, neurologischer und genetischer Schädigungen achtsam umzugehen und sie differenziert zu begleiten, Die „behinderten" Kinder waren jedoch nur ein Teil der Vielfalt, die unter den Kindern bestand. So mussten die Erzieherinnen zunehmend mit Kindern mit psychischen Beeinträchtigungen fertig werden. Diese wurden als auffällig erlebt, weil sie mit ihrem abweichenden Verhalten störten. Es wurden auch Kinder als auffällig entdeckt, die nicht auffielen. Sie kamen meistens zu kurz, weil sie keine Probleme machten. Entdeckt wurden auch die sprachlichen Abweichungen, die nicht nur die Folge von Entwicklungsproblemen waren, sondern damit zu tun hatten, dass mit bestimmten Kindern, oft aus Migrantenfamilien, zu wenig gesprochen wurde.

Unter psychischen Gesichtspunkten hat inzwischen die schon erwähnte Bindungstheorie Erzieherinnen mobilisiert, Bindungsbedürfnisse oder -erfordernisse zu erkennen und hierauf angemessen zu reagieren. So besteht die Chance, allen Kindern die grundlegende Erfahrung des Vertrauens zu ermöglichen. Schließlich erweiterte sich die Vielfalt, wenn Kinder genauer mit ihren kulturellen, religiösen und besonderen Familienhintergründen wahrgenommen wurden und Erziehrinnen darauf bezogen eingingen.

Meine Aufzählung von Besonderheiten will ich hier abbrechen und darauf aufmerksam machen, dass die anfängliche Vorstellung von Nichtaussonderung sich im Laufe der Zeit erweiterte und zu einem neuen Selbstverständnis führte. Nun galt: Nicht hier die Behinderten und dort die „Normalen", sondern Vielfalt und Verschiedenheit als Normalität. „Gemeinsam leben und lernen", das Motto der Anfangszeit so genannter integrativer Arbeit wird heute in einer ganz anderen Breite gesehen. Eine neue Orientierung tut sich auf und wird zu Recht mit dem Begriff der Inklusion belegt. Hiermit erweitert sich die Perspektive im pädagogischen Umgang mit Kindern in Richtung einer wirklichen Individualisierung. Als Motto könnte gelten: „Jedes Kind ist anders, darin sind sich alle gleich."

Inklusiv zu arbeiten heißt heute, die vielfältigen Unterschiede unter den Kindern zu entdecken, möglichst zu verstehen und zu lernen, sie im pädagogischen Handeln zu berücksichtigen, ohne die Kinder zu Objekten zu degradieren, wenn sie besondere Entwicklungsbedürfnisse signalisieren. Was immer Kinder unterscheidet ist Teil ihres Gewordenseins und der sich entwickelnden Identität. So kommen sie uns entgegen und anders gibt es sie nicht. Der Beitrag von K. Witte (siehe Seite 132) greift diese Weiterentwicklung auf und zeigt, wie Vielfalt zur Normalität werden kann. Und so bekommt die Wende in der Pädagogik mit der Vorstellung der Verschiedenheit ihre entscheidende konkrete Umsetzung. Sie führt zu einem veränderten Zusammenleben.

4. Methoden unterstützen den Zugang zu Kindern

Die in meinem zweiten Punkt herausgestellte Beziehungskompetenz im Umgang mit Kindern ist ohne Zweifel der Königsweg des Kontaktes mit Kindern. Ihn zu gehen bedeutet bei der heutigen Komplexität der Kindergartenarbeit, die eigene Unachtsamkeit aufgrund der Geschäftigkeit immer wieder und immer öfter zu überwinden, um im Hier und Jetzt anzukommen (10). Das wird nicht in dem Maße gelingen, wie man es sich wünscht. Deshalb zeigen Themen wie das der Inklusion oder die nachfolgenden Methoden wichtige Wege, um zu einzelnen Kindern zu einem besseren Zugang zu kommen.

Einiges von dem, was sich methodisch bewährt hat, will ich nun zusammentragen. Als erstes muss die Handlungsforschung mit ihren vier Schritten und der späteren Reflektion genannt werden. Sie ist als etwas Spezifisches aus dem Cuxhavener Erprobungsprojekt erwachsen und aus der offenen Kindergartenarbeit nicht mehr wegzudenken (11). Durch die konsequente Anwendung entsteht ein auf die Einrichtung zugeschnittenes kindorientiertes Konzept, das ständig im Fluss bleibt. Fehler sind keine Belastung mehr, weil sie nach einer festgelegten Erprobungsphase korrigiert werden können. Bezieht sich das Praxisproblem auf ein einzelnes Kind oder eine Gruppe von Kindern, wird durch die Informationsgewinnung der Zugang zum Kind oder zu den Kindern gesucht, um so zu angemessenen Lösungen zu kommen. Der Beitrag von S. Schommartz (siehe Seite 66) macht deutlich, dass ohne Handlungsforschung der gemeinsame Prozess der offenen Pädagogik in ihrem Kindergarten nicht denkbar gewesen wäre.

Unter dem Aspekt der Erwägungskultur kann die Handlungsforschung um die Pyramidendiskussion ergänzt werden. Das macht Sinn, wenn Schwerpunkt- und Abgrenzungsthemen anstehen und ein Abwägen erforderlich wird (siehe Seite 300).

Der Beziehungsarbeit dienen auch die kommunikativen Morgen- oder Schlusskreise, auch Dialogrunden genannt. Hier kann sich jedes Kind individuell einbringen. Besonderheiten im erfreulichen wie im belastenden Sinne können früh erkannt werden und wiederkehrende aufregende Themen im Gespräch bleiben.

Ich-Buch, Lerngeschichten oder Sternstunden mit einem völligen Rückzug als eine besonders vereinbarte wiederkehrende Zeit mit einem einzelnen Kind haben sich als hilfreich gezeigt, um durch eindeutige Vorgehensweisen in aller Ruhe das Gespräch mit dem Kind zu führen und zu erleben und dabei seine Interessen und Bedürfnisse in den Mittelpunkt zu stellen.

Ein guter stimmiger Weg mit eindeutigen Schwerpunkten und mit Gestaltungsmöglichkeiten für alle Beteiligten ist das Projekt. Da es hier ein unterschiedliches Verständnis gibt und Grenzziehungen zu Themen, AG's und anderen Bildungsformen leicht verwischen, wird das Projekt mit seinem methodischen Vorgehen später von M. Förster ausführlich erläutert (siehe Seite 183).

Zur methodischen Arbeit zählt auch das regelmäßige Gespräch über die Kinder. Das erfolgt im Gesamtteam oder in Teilgruppen. Bei guter Organisation wird so im Rahmen der Kooperationszeit zweimal im Jahr über alle Kinder gesprochen. Manche Kindergärten richten in diesem Zusammenhang

Elternsprechtage ein. Es gibt auch die Praxis des „pädagogischen Tisches", z. B. morgens von 7.45 – 8.45 Uhr, um kontinuierlich über Kinder zu sprechen, besonders in Verbindung mit aktuellen Vorkommnissen.

Im Einzelfall kann auch eine gründliche Fallbesprechung erforderlich sein. Sie erfolgt in der Regel dann, wenn der Zugang zu einem Kind bisher nicht gelingt und Fremdheitsgefühle überwiegen. Dann gilt es, sich Zeit zu nehmen, in der Regel 60 bis 90 Minuten. Die Fallbesprechung erfolgt nach bestimmten Schritten und erschließt im ersten Teil den Erlebnishintergrund des Kindes. Hieraus ergeben sich dann fast von selbst Hilfestellungen (12).

Durch die Klärung von Praxisproblemen und Entwicklungsgespräche kann deutlich werden, dass einzelne Kinder durch ihre Lebensgeschichte benachteiligt sind und sich schwer tun, bestimmte Entwicklungen zu vollziehen. Bei solchen Kindern hat sich die besondere Förderung in Kleingruppen als sinnvoll erwiesen. Sie geschieht in einigen Kindergärten unter psychomotorischen Gesichtspunkten in fünf spielerischen und kommunikativen Schritten. Diese Vorgehensweise habe ich bisher über Fortbildungen vermittelt. Unterlagen können direkt bei mir angefordert werden (siehe Anschriftenverzeichnis).

Im Beitrag von N. Ackermann zur Partizipation wird für die Planung eines Beteiligungsprojektes mit Kindern ein methodisches Vorgehen vorgestellt und erfolgreich angewendet, so dass am Ende alle zufrieden waren (siehe Seite 84).

5. Zur Ausprägung der pädagogischen Gestalt des Offenen Kindergartens

Als wir in unserem Netzwerk, von dem ich später noch berichten werde, zu unserer ersten zweitägigen Klausur zusammen kamen, starteten wir mit dem Thema „Professionalität im Offenen Kindergarten". Eine lange Austauschphase begann und ließ eine Fülle von Gestaltungsaufgaben erkennen. Das passte genau zu unserer Erkenntnis, dass Erzieherinnen Selbstgestalter ihrer Pädagogik sind und dies im kooperativen Handeln im Team autonom zum Ausdruck bringen. Das erklärt auch die Unterschiedlichkeiten in den einzelnen Häusern. Die Sichtung des umfangreichen professionellen Handelns ließ eine Dreiheit (Triade) erkennen (siehe Kasten). Professionalität umfasst danach

- die Freiheitsgestaltung durch eine Kinderkultur mit offenen Spiel- und Werkstätten
- die Gestaltung von Lernangeboten im Rahmen einer Lernkultur und
- die Beziehungsgestaltung durch eine Kultur des Miteinanders (siehe Schaubild auf der nächsten Seite).

Alle drei Bereiche mit einer Fülle von Gemeinschaftserleben sind miteinander verwoben. Sie sind die drei Säulen elementarer Frühpädagogik und bilden einen umfassenden Entwicklungsrahmen für vielfältiges individuelles Lernen. Hierdurch wird auch ein Kontinuum erkennbar. Früher wurde die Dreiheit mit den drei Lernzielen Ich-, Sozial- und Sachkompetenz umrissen.

Der Begriff der Kultur in diesem Zusammenhang ist für uns ein stimmiger, denn mit der Gestaltung der pädagogischen Arbeit verbinden sich Lebensweisen und -formen mit verbindlichem Charakter. Das wird in den Beiträgen immer wieder durchklingen und lässt erkennen, dass der Offene Kindergarten sich in erster Linie als Lebensraum versteht. Das zeigt sich vor allem im bezogenen Miteinander und in dem vielfältigen gemeinsamen Tun der Kinder.

Die obige pädagogische Gestalt ist die sichtbare Seite der offenen Pädagogik. Sie bezieht sich auf die Räume drinnen und draußen, auf Strukturen des Tagesablaufs und der Kooperation, auf Regeln, Rituale, Formen gemeinsamen Lernens und Zusammenlebens und auf die Einbeziehung des Lebensumfeldes mit seinem Sozial- und Naturraum.

Aufgrund bewusst gewährter Freiheiten (siehe den nachfolgenden Punkt 6) stellt diese pädagogische Gestalt einen Möglichkeitsraum dar. Die Kinder werden darin angere gt und zu vielfältigen Erfahrungen herausgefordert. Sie können sich selbst ausprobieren, spielen, forschen, experimentieren, kommunizieren, bewegen und sich besonders dort in Eigenregie entfalten, wo die Faszination oder auch die Sicherheit für sie am größten ist.

In all diesem Tun ereignet sich Bildung, finden Prozesse der Selbstbildung statt. Bildung muss deshalb nicht besonders herausgestellt werden

Der Offene Kindergarten als Möglichkeitsraum mit bewusst ausgewählter Vielfalt für eigenständige Entwicklung und gemeinsames Leben und Lernen

Offener Kindergarten bleibt in einem Kontinuum menschlichen Lebens und bewährter Kindergartenpädagogik und erweitert Entwicklung und Lernen für heutiges und zukünftiges Leben.

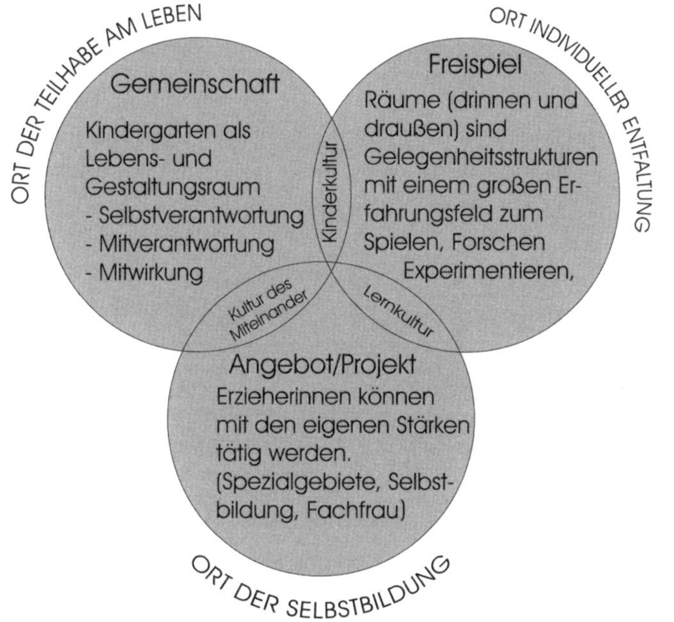

Auf dieser Basis findet Selbstwerden in Beziehung zu sich und der Welt mit individueller Selbsttätigkeit und mit Eigen- sowie Gemeinsinn statt. Das alles geschieht auf Grundlage einer entspannten Atmosphäre und der anthropologischen Grundannahme, dass das Kind (der Mensch) Selbstgestalter seiner Entwicklung ist und Erzieherinnen Selbstgestalter ihrer Pädagogik. Die Beziehungen zu den Kindern, Eltern und Kolleginnen sind geprägt durch Offenheit und Achtsamkeit.

(siehe Lernpyramide nach L. Katz Seite 31). Sie ereignet sich ständig, weil auch Kinder ständig ihr Bild von sich, von anderen, vom Umfeld und von religiösen Bezügen erweitern. Sie konstruieren die Welt auch als Ko-Konstrukteure, wenn ihre Aktivitäten und Erfahrungen von Gesprächen, vor allem mit Erwachsenen, begleitet werden. Gleichzeitig bildet das Kind dabei eine unverwechselbare Persönlichkeit heraus.

Heute wird mit Stolz gesehen, dass sich der Offene Kindergarten aufgrund seiner vielfältigen Lernchancen für Kinder zu einer umfassenden Bildungsplattform entwickelt hat.

Schauen wir im Folgenden auf die drei Säulen und auf das, was sich weiterentwickelt hat.

5.1. Raumgestaltung – Kinderkultur

Im Lebensraum Offener Kindergarten hat die Bewegung ihren hohen Stellenwert behalten. Sie kann drinnen und draußen gelebt werden. Vielfach ist die Psychomotorik (siehe Kasten) als integriertes Erziehungsprinzip und als Ansatz spezifischer Förderung bis heute geblieben. Eine Erweiterung geht in Richtung des Sports. Fußball, Fußballturniere als Projekte, regelmäßiges Joggen, Teilnahme an örtlichen Laufveranstaltungen und Judo sind hier z. B. zu nennen. Dort wo es möglich ist, werden Turnhallen – besonders in der Winterzeit – über mehrere Stunden einbezogen und Schwimmhallen genutzt. Das Bewegungsthema lebt mit der Einrichtung von Krippen besonders auf, weil Kleinkinder durch ihre Spontaneität zu einer besonderen Herausforderung werden.

Das Spiel als Lebens- und Lernform des Kindes ist heute unumstritten. Hier wird nicht mehr nach Begründungen gesucht wie in der Anfangszeit. In Niedersachsen z. B. verstärkt unser Orientierungsplan mit einem ausführlichen Text die positive Sicht zum Spiel, und in einem Flyer für Eltern wird das Spiel als eine der wichtigsten Lernmöglichkeiten in Krippe und Kindergarten herausgestellt.

Vielfältige Spielstätten – drinnen und draußen gleichwertig – sind die traditionellen Räume oder Bereiche. Sie haben sich zum Teil zu Werkstätten – manchmal auch zu Laboren – mit dem Schwerpunkt Forschen und Experimentieren weiterentwickelt. Das macht der ausführliche Beitrag von R. Dehlfing und B. von Lienen deutlich (siehe Seite 151) Er zeigt im Einzelnen wo und womit die Kinder einerseits vielfältig eigenverantwortlich und selbstorganisiert tätig sein können und andererseits in den Räumen über Angebote und Arbeitsgruppen mit Erwachsenen arbeiten.

Definition der Psychomotorik

„Psychomotorik kann als Einheit körperlich-motorischer und psychischer-geistiger Prozesse verstanden werden. Jeder Mensch ist eine solche psychomotorische Einheit, streng genommen gibt es gar keine Bewegung ohne Beteiligung psychischer oder gefühlsmäßiger Prozesse. Kindliche Entwicklung ist daher auch immer psychomotorische Entwicklung. Psychomotorik ist demnach als eine spezifische Sicht menschlicher Entwicklung zu verstehen, nach der Bewegung als wesentliches Ausdrucksmedium des Menschen gesehen wird. An der Bewegungshandlung ist immer die ganze Person des Kindes beteiligt. In jede Handlung gehen also kognitive, motivationale und emotionale Aspekte ein, ebenso werden Kognitionen, Emotionen und Motivation von den Bewegungshandlungen beeinflusst. Die Auffassung der kindlichen Bewegung als Einheit von Erleben, Denken, Fühlen und Handeln legt nahe, dass zwischen diesen Bereichen nicht nur Zusammenhänge, sondern auch Wechselwirkungsprozesse bestehen.

(aus: Renate Zimmer „Handbuch der Psychomotorik“
Verlag Herder, Freiburg im Breisgau 1999)

Der Atelierbereich hat heute vielfach zwei getrennte Schwerpunkte. Er besteht aus einem Bereich für künstlerisches Gestalten. Kinder werden hier auch ständig begleitet und ggf. unterstützt. Der andere Teil, ausgestattet z. B. mit Farben, Stiften, Klebstoff, Knet-, Bastelmaterial u.a. dient eher spontanen kreativen Spielen und Arbeiten und umfasst auch als offene Möglichkeit das traditionelle Basteln.

Der Werkstattgedanke, der zunächst in der Holzwerkstatt bedeutsam war, hat sich wesentlich erweitert. Heute gibt es für Kinder unterschiedliche Werkstattangebote für handwerkliches und produktives Tun, z. B. für die Anfertigung von Geschenken, Schmuck, Laternen, Oster- und Weihnachtsdekorationen, für Holz-, Metall- und Textilarbeiten und manchmal sogar für Backen und Kochen. Solche Werkstätten können Dauereinrichtungen sein oder sie werden für ein oder zwei Wochen eingerichtet und sind dann für die meiste Zeit des Tages offen.

Darüber hinaus werden in Offenen Kindergärten Arbeitsplätze zum Forschen und Experimentieren angeboten: zum eigenständigen Vertiefen von Interessen für Mathematik, Sprache, Lesen, Naturwissenschaften, technisches Verständnis u. a. In manchen Offenen Kindergärten sind solche Arbeitsplätze in einem Forscherraum zusammengefasst (13).

Werkstattarbeit bezieht sich in ihrem Ursprung auf handwerkliches produktives Tun. Zum Teil wird der Werkstattbegriff erweitert verwendet. Christa Möllers vom Netzwerk Offene Arbeit Berlin hat sich in einem kritischen Artikel mit den Erweiterungen und der Geschichte beschäftigt (14).

5.2. Lernangebote – Lernkultur

Die Lernkultur, die natürlich mit den beiden anderen Säulen verwoben ist, wird hier mit den aktiven Akzenten der pädagogisch Tätigen hervorgehoben. Zeigt sich in der Raumgestaltung vor allem ein Tätigwerden *für* Kinder, damit sie sich im Freispiel zum Ausdruck bringen können, geht es bei Lernangeboten um den Akzent, *mit* Kindern tätig zu werden und dies im Sinne einer zeitgemäßen Pädagogik kooperativ zu vollziehen. Angebote sind freiwillig und werden nicht aus der Schublade gezogen. Sie orientieren sich inhaltlich und in der Vorgehensweise an den Bedürfnissen und an der Entwicklungssituation der Kinder.

Es fällt machen Erzieherinnen immer noch schwer, die Freiwilligkeit bei Lernangeboten anzuerkennen. Sie sehen, dass Kinder sich entziehen können oder auch wollen. So könnten ihnen dann Anregungen für ihre Entwicklung entgehen. Was wäre die Alternative? Der Zwang zum Mitmachen? Sicher nicht! Wenn Kinder sich nicht beteiligen wollen, haben sie dafür eindeutige Gründe. Verstehen ist gefragt, durch das direkte Gespräch oder durch eine gemeinsame Handlungsforschung. Dann besteht die Chance zu individuellen Lösungen, verbunden mit selbstkritischer Reflektion.

Einen hohen Stellenwert hat in einem Teil der Offenen Kindergärten die schon erwähnte Projektmethode. Sie ist ein besonderer Impuls für das „Lernen des Lernens" und für die kindzentrierte Ausrichtung ein besonders passender Weg. Für M. Förster (siehe Seite 183) ist das Projekt keine Sonderveranstaltung, sondern ganz normaler Alltag. Es ist mit seinen methodischen Schritten Kernstück für neugieriges, forschendes, fragendes Lernen (Reggio). Kinder und Erwachsene begeben sich gemeinsam in einen offenen

Die Lernpyramide – Kinder lernen gleichzeitig auf verschiedenen Ebenen

Lernprozess

1. Ebene: Wissen

Nicht nur schulisch relevantes, sondern breites Wissen in Bezug auf die verschiedensten sachlichen und sozialen Zusammenhänge und die Fähigkeit sich selbstständig Wissen anzueignen, Informationen zu bewerten und auszuwählen.

2. Ebene: Kompetenzen

In den Bereichen Motorik, Sprache, Wahrnehmungs- und Ausdrucksfähigkeit, logisch-mathematische sowie technische Kompetenzen, psychosoziale Kompetenzen, wie Kooperations-, Partizipations- Konflikt- und Mediationsfähigkeit, sowie Solidarität, Freundlichkeit, Hilfe und Unterstützung.

3. Ebene: Dispositionen/Bereitschaften

Zum Beispiel: sich auf neue Erfahrungen einlassen, sich neuen Herausforderungen stellen, Kreativität zu entwickeln, die Fähigkeit und Bereitschaft, sich realistische Ziele zu stecken und beharrlich zu verfolgen, die Bereitschaft aus Erfahrung zu lernen, …

4. Ebene: Lebenseinstellung (Motivation) mit zwei Dimensionen

Positives Selbstbild, Selbstvertrauen, prosoziale Einstellung und Verbundenheit mit sich selbst, der Gemeinschaft und Natur als Hauptquelle einer positiven Lebensorientierung und kindliche Konstruktion über seine Verankerung und Positionen in dieser Welt und dem Gefühl der Selbstwirksamkeit.

Quelle: In Anlehnung an einen Vortrag von R. Stätz (Vortragsmanuskript) und Ferre Laevers: Understanding the world of Objekts and of People: Intuition as the core Element of deep level lerning. International Journal of Edicational Research 29 (1998) S. 69–86.

Lernprozess und kooperieren miteinander. Angebote und Projekte sind die geläufigsten Formen des Lernens. Das schließt andere Möglichkeiten aus der Fülle lebendigen Lernens nicht aus. Entscheidend dafür sind die motivationsbildende oder -verstärkende Begeisterung der Erwachsenen, ihr offenes, bezogenes Vorgehen und ihre Dialogbereitschaft.

Von den offenen und freiwilligen Lernangeboten sind solche zu unterscheiden, die der Einführung von Materialien, Werkzeugen, Spielen usw. dienen. Hier steht die Anleitung im Vordergrund. Sie ist besonders wichtig, wenn neue Kinder die Räume und die damit verbundenen Spielmöglichkeiten kennen lernen sollen. Bewährt haben sich hier auch Erkundungsgruppen, von denen R. Dehlfing und B. von Lienen (siehe Seite 163) berichten.

Unter dem Aspekt der Lernkultur hat das Fachfrauenprinzip eine wichtige Bedeutung. Es entstand in Niedersachsen durch die Reflektion des Allroundcharakters erzieherischer Aktivitäten für Kinder. Erzieherinnen wollten nicht länger pädagogische Zehnkämpferinnen sein und erkannten in der Spezialisierung den besseren Weg. Die eigenen Stärken kamen in den Blick und wurden für Lernangebote zum Schwerpunkt. Auch Raumverantwortung und die damit verbundene Raumbetreuung wurden häufig mit den eigenen Interessen verbunden. Das ist nicht unproblematisch, wenn sich dadurch Zwänge für bestimmte Raumbetreuungen ergaben oder Bedürfnisse nach Raumwechsel nicht offen geklärt werden. Bei guten Kooperationsprozessen im Team entstanden solche Probleme nicht. Flexibilität wurde dann zu einem hilfreichen Arbeitsprinzip. Manche Einrichtungen suchten Erfahrungen mit dem Prinzip der Rotation.

Das Fachfrauenprinzip dient der Intensivierung von Lernprozessen für Kinder. Wer seine Stärken lebt, hat eine besondere Ausstrahlung und schafft durch die eigene Begeisterung bei den Kindern gute Voraussetzungen für nachhaltiges Lernen. Die Lust am Thema ist zugleich Motor, sich weiter zu qualifizieren und die eigenen Kompetenzen zu erweitern und mutig Neues zu wagen. In sehr differenzierter und kritischer Weise hat sich G. Lill vom Netzwerk Berlin zum Fachfrauenprinzip geäußert (15). Sie sieht die Fachfrau erst einmal als Expertin für die professionelle Arbeit mit Kindern im Vorschulalter und dann die Spezialisierung für intensives Lernen. Kritisch sieht sie den Fächerkanon und eine falsch verstandene Fachlichkeit.

5.3. Gemeinschaft und Zusammenleben – Kultur des Miteinanders

Die Beziehungsthematik kommt in diesem Eingangskapitel nun ein zweites Mal vor. Ist sie zunächst in den unmittelbaren Beziehungen zu den Kindern eher eine unsichtbare durch die kindorientierte Haltung und feinfühlige Verbundenheit, so ist die dritte Säule der pädagogischen Gestalt mit ihrer Kultur des Miteinanders eine deutlich sichtbare.

Erkennbar ist Kundigen, dass auch im Offenen Kindergarten vielfältige sozialpädagogische Tradition gelebt wird, jedoch nicht als pädagogisches Programm der Erwachsenen, sondern als offenes Lernen. Hier denke ich an überschaubare Gruppen wie z. B. Spielgruppen, Tischgruppen während der Essenszeiten, an Geburtstagsgruppen, an Gruppen für besondere Dienste.

Vertraut sind auch die Großgruppen/Vollversammlungen zum gemeinsamen Wochenanfang und Wochenschluss oder Tagesanfang, beim Feiern von Festen und Gottesdiensten. Schließlich sind die Teilgruppen zu nennen für Ausflüge, Freizeiten, Übernachtungen im Kindergarten. Nicht zu vergessen ist die vielfach eingeführte besondere Bildungsarbeit mit den zukünftigen Schulkindern durch Projekte, Exkursionen, Schulbesuche, begleitende Gesprächsgruppen und besondere Aufgaben wie z. B. die Vorbereitung des Sommerfestes.

Stammgruppentreffen kommen in dieser Aufzählung nicht vor. Sie werden in der Mehrzahl der offenen Einrichtungen durch Morgen- und teilweise durch Schlusskreise mit jeweils etwa zehn Kindern ersetzt oder bei Zusammenkünften ständig halbiert, um durch kleine überschaubare Gruppen zu einer offenen Kommunikation zu kommen. Diese Entwicklung ist wichtig, weil nur so ein Dialogcharakter entstehen kann. Morgenkreise werden deshalb auch als Dialogrunden bezeichnet. O. Ahrens (siehe Seite 175) berichtet davon, wie es in ihrer Einrichtung mit vier Gruppen zur Auflösung der Stammgruppen kam und welche Erfahrungen inzwischen mit Morgen- und Schlusskreisen gemacht werden.

Wohl das wichtigste Thema innerhalb der Kultur des Miteinanders ist die Partizipation. Sie bedeutet in ihrem Grundverständnis Teilhabe durch Mitentscheidung und bezieht sich auf den Kindergartenalltag und das gesamte Zusammenleben. Sichtbar wird dies, indem Kinder mitwirken können im gesamten Alltag und in den Beteiligungsformen wie Vollversammlung, Kinderkonferenz, Kinderrat oder Kinderparlament der 5–6-Jährigen (16).

Jeder Offene Kindergarten ist mit der Partizipation in unterschiedlicher Weise und Ausprägung unterwegs. Was sie bedeuten und umfassen kann, zeigen die Beiträge von N. Ackermann (siehe Seite 84) und A. Oest (siehe Seite 77).

Mit Partizipation verbindet sich die Vorstellung, den Kindergarten zu einer Kinderstube der Demokratie zu gestalten. Das ist nicht nur an demokratische Formen der Mitwirkung gebunden, sondern vor allem an die klare Entscheidung der Teams, die Kinder in den unterschiedlichen Alltagssituationen immer konsequenter einzubeziehen. Kinder kommen so zu der Erfahrung, die Gegenwart und Zukunft im Lebensraum Kindergarten mitzugestalten. Das schließt auch Aktionen im Gemeinwesen mit ein. So üben sich Kinder, Entscheidungen zu treffen und wirksam zu werden (ganz aktuell siehe TPS 8/2010). Alltagspartizipation trägt wesentlich dazu bei, dass Kinder Selbstkompetenz gewinnen, soziale Verantwortung übernehmen und demokratische Werte verinnerlichen.

Bleibt abschließend die Frage nach dem Sinn eines so differenziert gestalteten Lebensraumes für Kinder und Erwachsene. Schauen wir auf die Kinder, dann sollen sie eine glückliche Zeit erleben. Das ist möglich, wenn Kinder Kinder sein können: durch Freiheit, selbstbestimmte Zeit, Spontaneität, Bewegung und Selbstwirksamkeit, Spielen und Lernen in eigener Regie und durch die Chance, sich auf das Abenteuer Leben einzulassen, wie es ihnen in einem offenen sozialen System entgegenkommt.

Für die Erwachsenen gilt, gemeinsam *für* Kinder da zu sein, sich auf sie einzulassen und ihnen eine eigenständige Entwicklung ihrer Potentiale zuzutrauen und zu ermöglichen und darüber hinaus mit ihnen würdevoll zusammen zu leben. Das alles auch mit der pädagogischen Absicht, dass die Kinder wertgeschätzt als möglichst starke Persönlichkeiten mit vielfältigen elementaren ich- und wirbezogenen Kompetenzen und elementarer Grundbildung in die Zukunft gehen.

6. „Freiheit ist die Basis von allem – Weg und Ziel"

Freiheit ist von Anfang an ein wichtiges nicht wegzudenkendes Gestaltungselement in der offenen Pädagogik. Sie zeigt sich in der Idee der Öffnung (17), den damit verbundenen Freiräumen im gesamten Kindergarten und in den seit den 80er Jahren sich kontinuierlich erweiternden Entscheidungsmöglichkeiten für die Selbstsorge und in dem selbstverantwortlichen Handeln der Kinder (18). Das Freispiel wurde in diesem Zusammenhang mit vier Freiheiten definiert: Kinder entscheiden, wo, mit wem, womit und mit welchen Inhalten und wie lange sie im Rahmen der Zeitstruktur spielen wollen.

Die pädagogische Bedeutung der Freiheit geht jedoch weit über diese Anfänge hinaus. Am klarsten hat das M. Montessori mit der obigen Überschrift ausgedrückt (19). Ihre genauen Beobachtungen haben sie zu der anthropologischen Aussage gebracht, dass die Freiheit jedem Menschen gegeben und aufgegeben ist, und so müssen dann auch kleine Menschen nicht nur Freiheit erfahren, sondern auch dazu befähigt werden, verantwortlich damit umzugehen.

Im Blick auf die Idee der Freiheit sind offenbar in den letzten Jahren in Offenen Kindergärten Unsicherheiten entstanden. Mir ist aufgefallen, dass darüber weniger gesprochen wird und in neu formulierten Konzepten das Wort Freiheit nicht mehr oder seltener vorkommt. Manche Einrichtungen haben sich – wie sie selbst formulieren – „halboffen" herausgewagt, indem sie einerseits Freiheit ermöglichen und andererseits beschneiden. Mit einer solchen Ambivalenz sind Teams jedoch weit von einer offenen Pädagogik entfernt. Bis heute wird mit Freiheit immer noch Beliebigkeit verbunden, was für offene Kindergärten mit längerer Erfahrung jedoch so gut wie nie gegolten hat.

Ich vermute, dass zur Zeit die Gegenkräfte der Nach-Pisa-Ära besonders wirksam sind, denn der Druck durch Eltern, Träger und Politiker aller Ebenen, Kindern mehr zu bieten und sie durch Programme zu fordern und zu fördern, behindert oder verhindert die spontane, spielerische Freiheit und die individuelle eigenständige Entwicklung der Kinder. Wenn sich Kindergartenteams jedoch mit dem Phänomen der Freiheit beschäftigen, treten sie selbstbewusst auf und machen die Bedeutung der Freiheit für eine umfassende Entwicklung transparent.

In unserem Netzwerk haben wir uns mehrfach mit der Freiheit beschäftigt und uns als die Erziehenden dabei nicht ausgelassen. Sollen Kinder mit der in ihnen angelegten Freiheit leben lernen, muss das Kindergartenteam von Freiheit inspiriert und begeistert sein und selbst Freiheit leben. Das überträgt sich dann auf die Kinder, besonders auf die, die noch wenig Erfahrung mit der Freiheit haben oder damit bisher völlig diffus umgehen.

Wir haben uns bewusst gemacht, dass Freiheit kein Selbstläufer ist. Das Gewähren von Freiheit ist zwar wie ein liebevoll ausgesuchtes Geschenk, jedoch gleichzeitig der Anfang eines wechselseitigen Lernprozesses, der im Blick auf das einzelne Kind und seine bisherige Lerngeschichte einer mehr oder weniger bewussten engagierten Begleitung und Unterstützung bedarf, damit Kinder in den verantwortlichen Umgang mit Freiheit hineinfinden.

M. Montessori definiert das Gefüge der Verantwortung wie folgt (a.a.O.):

- Selbstverantwortung – Ist das, was ich tue, mir gemäß?
- Sozialverantwortung – Berührt oder beschränkt das, was ich tue, die Freiheit anderer?
- Weltverantwortung – Berührt oder beschränkt das, was ich tue, andere Lebewesen, Pflanzen, Gegenstände?

Pädagogisch ist Freiheit eine herausfordernde Entwicklungsaufgabe. Begleitung und Unterstützung sind allerdings nicht die einzigen Wirkweisen, die Kinder zu einem angemessenen Umgang mit ihrer Freiheit verhelfen können. Die in der Freiheit gelebte Autonomie hat auch eine Gegenkraft, die ebenso tief als Teil der Selbstverwirklichung in jedem Menschen angelegt ist. Es ist das Streben nach Verbundenheit, Nähe und Wärme, nach Einflussnahme, Kooperation und nach liebevoller Zuwendung.

Die in jedem Menschen tief verwurzelten Liebeskräfte sind wohl die stärksten Potentiale, die zu einem erfüllten Leben führen. Die Liebeskräfte, die das Vorbild brauchen, können sich in drei Richtungen entfalten: In der Verbundenheit durch Begeisterung (Eros), in der Verbundenheit durch Feinfühligkeit und in der Verbundenheit durch Wertschätzung, Verstehen und Dialog. Durch die Entfaltung dieser zwischenmenschlichen Möglichkeiten wird die Übernahme von Verantwortung ein Gewinn und keine Zumutung und erst recht keine Überforderung.

So erweitert sich durch Bezugspersonen, Bindungserfahrungen und im bezogenen Zusammenleben in Familie, Kindergruppe, Kindergarten und Schule wie selbstverständlich die Erfahrung von Freiheit um das Erleben zwischenmenschlicher Verbundenheit. Wird das Miteinander vorwiegend positiv erfahren, bereichert es das eigene Leben und macht die Begrenzung von Freiheiten erträglich. Verzicht ist in diesem Zusammenhang dann kein bedrohlicher Verlust. Kinder entscheiden hier intuitiv und lernen nach und nach, ihre Verstandeskräfte zu gebrauchen und einzusetzen und dadurch immer bewusster vernunftgemäß zu handeln, vor allem im Schulalter.

In diesem Entwicklungsprozess bilden Autonomie und Interdependenz (gegenseitige Abhängigkeit) eine Gegensatzeinheit. Ich- und Wirkräfte werden zu einem Ganzen, und so ist die offene Pädagogik durch die gelebte Kultur des würdevollen Miteinanders, durch ihre offenen achtsamen Beziehungen und durch vielfältige Gemeinschaft, in der Kinder auch Verantwortung übernehmen können, eine Gewähr dafür, dass die Kultur der Freiheit nicht zu einer willkürlichen egozentrischen Entwicklung führt. Eigensinn und Gemeinsinn als Grundlage menschlicher Existenz finden so zusammen.

Wir haben uns während der Beschäftigung mit dem Thema Freiheit durch das wunderschöne Gedicht von L. Malaguzzi (Epilog aus „Hundert Sprachen hat das Kind", siehe übernächste Seite) bestätigt gefühlt. Besonders hat uns der Hinweis auf die „wertvolle Lehre der Freiheit" angesprochen und angeregt. Sie gilt für Kinder und Erzieherinnen gleichermaßen. Wie Kinder ihre Freiheit leben und hierbei begleitet werden, ist in vielen Beiträgen zu entdecken, besonders in Kapitel III.

Der Begriff der Lehre bezieht sich im Ursprung auf eine Lehrzeit, in der sich eine bestimmte berufliche Kompetenz mit Unterstützung des Lehrmeisters ausformt und bildet, so dass sich die Persönlichkeit des Lernenden um neues Können erweitert.

Diese Vorstellungen lassen sich auch auf Kinder übertragen, wenn es um die „wertvolle Lehre der Freiheit" geht. Sie lernen mit dieser wertvollen Gabe zu leben und entwickeln ein Können im Umgang damit. Dabei formt sich ihre Persönlichkeit weiter aus und bewältigt Schritt für Schritt im vielfältigen Erfahrungsfeld Kindergarten das Spannungsverhältnis von Ich- und Wirfindung sowie der damit verbundenen Selbstverwirklichung.

Für das Zusammenleben bedeutet eine solche Entwicklung, dass Kinder mit innerer Motivation nach und nach ihren Beitrag zur Mitverantwortung geben, aktiv teilnehmen an der Gestaltung ihres Lebensraumes, Liebeskräfte in Beziehungen entfalten und so über sich hinauswachsen. Das Glück des Zwischenmenschlichen und der Gemeinschaft bedeuten dann mehr als das Glück der Freiheit mit ihrer Unabhängigkeit.

Das entspricht dem Stand der heutigen Hirnforschung. So geht z.B. J. Bauer (20) bei seiner Suche nach dem Prinzip Menschlichkeit der Frage nach, ob der Mensch seine Ziele rücksichtslos anstrebt oder lieber von Natur aus mit anderen zusammen arbeitet. Bauer widerlegt die weit verbreitete These, der Mensch sei primär auf Egoismus und Konkurrenz eingestellt. Ausgehend von neurobiologischen Erkenntnissen zeigt er, dass das menschliche Handeln viel mehr durch das Streben nach Zuwendung, Wertschätzung und Kooperation motiviert ist.

Abschließend möchte ich das komplexe Lernen im Spannungsfeld von Autonomie und Interdependenz auf eine einfache Formel bringen: Wenn die Freuden des Aufwachsens größer sind als die Belastungen, sind Kinder bereit, die Einschränkungen und Regeln des Zusammenlebens zu akzeptieren und das erst recht mit den heutigen Erfahrungen der praktizierten Partizipation. Verantwortung als antwortendes Verhalten wird dann zu einem gelingenden Teil im Lebensraum Kindergarten.

7. Profil und Qualität

Bevor die Themen Qualitätsentwicklung, -management und -sicherung aufkamen, fand in den sich bildenden Offenen Kindergärten bundesweit das Bemühen statt, für Kinder bessere Entwicklungsbedingungen zu schaffen. Auch bei uns in Niedersachsen kam es zu Veränderungen, weil wache und aufgeschlossene Erzieherinnen ihre Pädagogik weiterentwickeln wollten. Es entstand, wie schon erwähnt, aus dem offenen Arbeiten eine Basisbewegung. Der Vorteil einer solchen Anstrengung bestand darin, dass aus der täglichen Arbeit heraus die Eigenkräfte eines Teams mobilisiert wurden. Nach und nach kam es zu dem Bewusstsein, dass auch Erwachsene permanent Lernende sind und der Kindergarten sich als eine lernende Organisation

Freiheit
Epilog aus „Hundert Sprachen hat das Kind“

Aus Erfahrung wissen wir,
dass Kinder ein großes Maß an *Freiheit* brauchen.

Freiheit zum Entdecken und Ausprobieren,
zum Fehlermachen und Fehlerkorrigieren,
zum Aussuchen neuer Ziele,
für ihre Neugier, Intelligenz und Gefühle.

Sie brauchen *Freiheit*
für das Begreifen und Würdigen
der unendlichen Möglichkeiten
ihrer Hände, ihres Seh- und Hörvermögens,
verschiedener Formen, Materialien, Geräusche und Farben.

Sie brauchen *Freiheit*
um zu begreifen,
wie Vernunft, Gedanken und Phantasie
immerwährende Wechselwirkungen
zwischen Dingen bewirken,
so dass sie die Welt ebenso steuern
wie auch in die Irre führen können,
ohne dass jemand von außen
Fristen und Maßstäbe für sie festlegt.

Sie müssen allerdings auch sicher sein können,
dass sie breite und aktive Unterstützung finden,
die notwendig ist,
um diese wertvolle Lehre,
die niemand wahl- oder ziellos machen sollte,
erfolgreich zu Ende zu führen.

Loris Malaguzzi

definieren kann. Und noch ein Weiteres muss erwähnt werden: Mit dem zunehmenden Gefühl, auf einem guten Weg zu sein, wuchs das Bewusstsein und der Stolz, im gemeinsamen Prozess *für, mit und mit allen* Kindern ein eigenes Profil zu schaffen und so eigenständig Pädagogik zu gestalten. Als die Qualitätsoffensive begann, fanden sich Teams vorwiegend bei Qualitätsentwicklungsansätzen mit dialogischer Ausrichtung wieder und zugleich bestätigt (z. B. TPS Profil, Qualität im Dialog entwickeln, Kronberger Kreis). Das erklärt wesentlich, warum in manchen Offenen Kindergärten bis heute ein von außen gesetztes Qualitätskonzept nicht ankam.

Die Cuxhavener Kindergärten nahmen in Kooperation mit einem Elternverein den Erwartungsdruck zum Anlass, für alle kirchlichen Kindergärten gemeinsam Leitsätze zu formulieren und so ihrer offenen Pädagogik Ausdruck zu verleihen. Auf Zertifizierungen wird bis heute verzichtet, auch in dem Bewusstsein, dass die entscheidenden Prozesse *mit* Kindern keine darzustellenden Dienstleistungen sind, sondern auf Beziehungsgeschehen basieren.

Der Begriff „pädagogisches Profil" hat schon länger Bedeutung. So wurde z. B. im Herbst 1998 im Kindergartenbereich der evangelischen Landeskirchen Norddeutschlands eine Darstellungsoffensive mit dem Motto „Wir haben Profil" gestartet. Die Teams der Kindergärten zeigten sich hier in vielfältiger Weise kreativ und öffneten ihre Häuser, auch Offene Kindergärten.

Qualitätsdenken war von Anfang an prägendes Bewusstsein. Das Grundverständnis von Qualität wird inzwischen vor allem als das Bemühen um personale Voraussetzungen für frühkindliches Lernen akzentuiert und deckt sich mit den Aussagen in Erziehungs- und Bildungsplänen, Kindern individuell zu folgen und sie angemessen zu begleiten, zu unterstützen und ggf. besonders zu fördern. Bildungsbegleitung wird in diesem Zusammenhang als bezogene kontinuierliche Kommunikation verstanden, mit und ohne Sprache.

Qualitätsentwicklung unter neueren Gesichtspunkten wird auch vermieden, weil Teams aufgrund des Missverhältnisses von Rahmenbedingungen und Anforderungen (siehe Schlusskapitel) andere Prioritäten setzen. Ein Erwägen in diesem Zusammenhang ergibt eindeutig, dass es wichtiger ist, den fließenden Themen wie z. B. der Inklusion, Partizipation, Förderung von Kindern mit besonderem Entwicklungsbedarf und Erziehungspartnerschaft mit Eltern nachzugehen. Qualitätsentwicklungen in Offenen Kindergärten erfolgen mit und ohne Konzepte von außen. Deshalb strebt nicht jede offene Einrichtung die Zertifizierung an. Verzichtet sie darauf, so kommt die eigene Definitionsmacht zum Tragen.

Bleibt abschließend festzustellen, dass bisher empirische Untersuchungen über die Wirksamkeit der offenen Pädagogik fehlen, auch im Blick auf die Vorbereitung auf die Schule. Den Herausgebern sind sie zumindest bisher nicht bekannt. Solche Untersuchungen wären wünschenswert. Solange sie jedoch noch nicht vorhanden sind, muss in vertrauensvoller Zusammenarbeit mit den Familien und Schulen der Wert offener Pädagogik für eine gedeihliche Entwicklung der Kinder offen gelegt werden. Rückmeldungen durch Elternhaus und Schule geben Teams dann endgültige Sicherheit, auf einem guten Weg zu sein (siehe Seite 288 Beitrag vom Elternpaar Leinhäuser und von der Lehrerin E. Oellerich siehe Seite 268).

8. Netzwerkarbeit

Die Anfänge vor ca. 20 Jahren sind ohne Vernetzung nicht denkbar. Es galt damals, sich durch regelmäßige Kontakte Mut zu machen, Erfahrungen auszutauschen, Praxisprobleme zu lösen und theoretische Inhalte weiterzugeben und zu vertiefen. Mit zunehmender Sicherheit verebbten diese gemeinsamen Klärungen. Mit drei Kongressen der Uni Oldenburg, veranstaltet von A.J. Wieland, kam es dann zu größeren Forumsebenen.

Netzwerke, die sich zum Teil auch Qualitätszirkel nennen, gibt es heute bundesweit. Beispielhaft will ich Näheres zu dem Netzwerk mitteilen, das ich schon mehrfach erwähnt habe und an dem ich beteiligt bin. Es besteht seit 2005 und kam dadurch zustande, dass Uwe Santjer, der Mitherausgeber dieses Buches, die Kooperation mit der Region Hannover suchte. Wir verständigten uns dahingehend, dass VertreterInnen aus je 5 Kindergärten der Stadt Cuxhaven und der Region Hannover eine Arbeitsgruppe bildeten und sich regelmäßig trafen. Damit lebte für mich eine Zusammenarbeit mit Cuxhaven wieder auf, die ich intensiv während meiner Fachberatertätigkeit im Diakonischen Werk Hannover pflegte. Wir verständigten uns am Anfang auf folgende Ziele: Bestandsaufnahme, Wurzeln des Offenen Kindergartens erkennen, heutige Strukturen und Praxisprobleme klären und über Weiterentwicklungen sprechen und diese gemeinsam voranbringen.

Wir begannen mit Tagestreffen und mussten erkennen, dass Cuxhaven und Hannover dafür zu weit auseinander liegen. Aufgrund der Fahrzeit von 5 Stunden war die gemeinsame Arbeitszeit zu kurz, zumal wir aufgrund sehr unterschiedlicher Einrichtungen sehr viel Zeit zum gegenseitigen Austausch benötigten. Deshalb entschieden wir uns zu zweitägigen Klausuren, die ab 2007 zweimal im Jahr stattfinden.

Zur anfänglichen Klärung gehörte auch, wie wir uns als Netzwerk verstehen wollen. Sollte es den Charakter einer Selbsthilfegruppe (mit oder ohne Leitung), einer Fachgruppe (mit Leitung und Referenten) oder eines Qualitätszirkels (mit fachlicher Begleitung) haben? Wir entschieden uns für die erste Möglichkeit und sind ein soziales Netzwerk ohne Hierarchie. Alle TeilnehmerInnen sind gleichwertig und individuell kompetent. Das schnell entstandene Vertrauen ermöglicht Offenheit und kreatives Miteinander. Bei jedem Treffen hat der offene Austausch, haben Praxisprobleme und -themen Vorrang. Jedes Netzwerkmitglied kann sich dadurch entlasten, Bestätigung erfahren und Unterstützung bekommen. Da wir uns besonders durch die in den Einrichtungen gelebte Kindzentrierung verbunden fühlen, hilft oft der Austausch über eigene Erfahrungen weiter. Konkurrenz und Kooperation sind dabei in einer guten Balance. In der übrigen Zeit werden gemeinsam vereinbarte Themen geklärt. Meistens werden diese für das interaktuelle Gespräch von Uwe Santjer und mir vorbereitet.

Neben den Klausuren gibt es für beide Teilgruppen Halbtagstreffen. Sie finden in den einzelnen Kindergärten der TeilnehmerInnen statt. So wird dann zusätzlich Kontakt gepflegt und von neuen Erfahrungen berichtet.

Inzwischen fanden Besuche vom „Netzwerk offene Arbeit“ aus Berlin und von einem von Regina Braun mitbetreuten Netzwerk aus Rheinland-Pfalz statt. Gegenbesuche wurden inzwischen von uns durchgeführt.

Unsere Netzwerkarbeit erweitert den Blick über den eigenen Tellerrand, macht Praxis bewusst, bereichert das Wissen über offene Pädagogik und Zusammenarbeit und bewirkt solidarisches Miteinander. Jedes Treffen wurde bisher zu einer Bereicherung. Zu meiner großen Freude fanden wir gerade durch diese Arbeit engagierte Autorinnen für unser Buch. Wir, die Herausgeber, möchten mit dieser Schilderung Mut machen, Netzwerke als Selbsthilfegruppen zu gründen. Das können auch kleine Gruppen mit VertreterInnen aus drei bis fünf Einrichtungen sein.

9. Zur Bezeichnung des Offenen Kindergartens

Im Titel dieses Buches benutzen wir die geläufige Formulierung „Offener Kindergarten". Sie ist in dieser Schreibweise zu einem Eigennamen geworden. Der Begriff steht, wenn wir von den bundesweiten Anfängen ausgehen, für die Auflösung gewohnter Strukturen, indem ein offener Rahmen mit unterschiedlichen überschaubaren Spielmöglichkeiten geschaffen wird; gleichzeitig auch für eine veränderte Sicht zu den Kindern in Richtung zu mehr Selbstbestimmung und Selbstorganisation bei ihren Lern- und Entwicklungsprozessen.

Später wurden in diesem Zusammenhang die Grundideen der Öffnung und Offenheit als die tragenden Ideen herausgehoben und beschrieben (21). Das bedeutet, dass der Begriff „Offener Kindergarten" erst über Erklärungen verstehbar wird. Das gilt auch für die synonymen Begriffe, die in Offenen Kindergärten verwendet werden, wie offener Ansatz, offenes Konzept, offene Arbeit oder offene Pädagogik. Es fehlt also in der bestehenden Begrifflichkeit der hinweisende und richtungweisende Charakter dieser differenzierten elementaren pädagogischen Weiterentwicklung. Ähnliches gilt für den Schulbereich, wenn von der offenen Schule oder vom offenen Unterricht gesprochen wird.

„Offen" ist ein vieldeutiges Wort, und auch mit dem Wort „Arbeit" verbinden sich vielfältige Erfahrungen und Vorstellungen. Bei meinem Versuch, in der Kindergartenzeitschrift „Betrifft Kinder" (05–06/2007 S. 56/57) eine Diskussion für eine präzisere Benennung anzuregen, gab es lediglich eine Reaktion von Gerlinde Lill vom „Netzwerk Offene Arbeit" Berlin mit einem mich sehr ansprechenden Text zu ihrem benutzten Begriff. Ausgeführt wurde, warum das Netzwerk bei seiner Bezeichnung bleiben wollte und bei seinem Markenzeichen NOA (07/2007, S. 58/59). Leider blieb das die einzige Stellungnahme zu meiner Diskussionsanregung.

Es besteht also Phantasiebedarf, um vielleicht doch noch zu einer präziseren Bezeichnung zu kommen. Sinnvoll erscheint mir, genauer zu werden im Blick auf den beschriebenen Beziehungsansatz mit seiner Achtsamkeit und der damit verbundenen Aufmerksamkeit und Präsenz. Ich habe deshalb in meinem letzten Buch (22) dafür plädiert, von einer offenen Pädagogik der Achtsamkeit oder von einer offenen achtsamen Pädagogik zu sprechen und diese Begriffe entfaltet. Damit wäre der Offene Kindergarten mit einer präziseren Benennung versehen. Eine solche Terminologie würde der offenen elementarpädagogischen Weiterentwicklung genauer entsprechen und zugleich eine zielgebende Perspektive für alle Kindergärten sein, die sich noch auf dem Weg zum Offenen Kindergarten befinden.

Natürlich gilt auch hier, dass jeder Kindergarten seinen Weg zu gehen hat und sich für eine eigene Bezeichnung entscheiden muss. Meine Überlegungen sollen das Bewusstsein dafür stärken.

10. Aspekte zur Weiterentwicklung nach 20 Jahren

Obwohl die Basisbewegung Offener Kindergarten noch eine relativ junge Pflanze ist, hat sie kräftige Blüten hervorgebracht. Was hat sich herausgebildet?

Bringen wir das Wesentliche zu einer Aussage, dann kommen zunächst die Kinder ins Blickfeld. Das wird von manchen offenen Einrichtungen mit dem philosophischen Satz „Das Kind zur Rose machen" zum Ausdruck gebracht (23). Aus erkenntnistheoretischer Sicht sind Kinder *Selbstgestalter oder aktive Gestalter ihrer Entwicklung*. Sie werden es

- als *Akteure*, indem sie durch eigenständiges aktives Handeln Kompetenzen erwerben,
- als *Konstrukteure* ihrer Wirklichkeit (Reggio) , indem sie aus ihren Erfahrungen Rückschlüsse ziehen und ständig ihre Sicht von der Welt verändern und so ihr Wissen aufbauen (Selbstbildung),
- als *Baumeister* ihres Lebens (M. Montessori), indem sie sich originär in 100 Sprachen (Reggio) zum Ausdruck bringen und eine einmalige unverwechselbare Persönlichkeit sind und werden.

Und was sind die Erzieherinnen? Sie sind *Selbstgestalter oder aktive Gestalter ihrer Pädagogik,* durch die offene Zusammenarbeit im Team das Herz des Kindergartens. Im Bewusstsein eigener Autonomie und im Prozess mit einer unendlichen Geschichte gestalten sie einen Lern- und Lebensraum für Kinder und Erwachsene. Sie sind

- *für* Kinder tätig, sichtbar mit der vorher beschriebenen Triade, weitgehend unsichtbar in der offenen, achtsamen, dialogischen Beziehungsgestaltung,
- *mit* Kindern tätig, indem sie vielfältig einbezogen werden und der Kindergarten sich nach und nach zur Kinderstube der Demokratie entwickelt,
- *mit allen* Kindern tätig, indem die Aussonderung von Kindern vermieden wird und die Verschiedenheit zur Normalität werden kann.

Wichtige Stichpunkte in diesem Zusammenhang sind Entwicklung zum Team, entspannte Atmosphäre, Beziehungsgestaltung, Erziehungspartnerschaft mit Eltern, Partizipation, Inklusion, Freiheit (Freiräume), Möglichkeitsraum, Spiel als Priorität und Arbeitsteilung durch eigene Stärken. Auf der übernächsten Seite sind diese Stichworte als Bezugsfeld visualisiert. Dabei wird der Außenbezug lediglich angedeutet, von dem kein Kindergarten losgelöst existiert. Die Punkte können zugleich als Orientierungswerte gesehen werden.

So wie Mitarbeiterinnen sich als Teil des Ganzen verstehen, so gehören auch Eltern selbstverständlich dazu. Sie werden als Experten ihres Kindes gesehen und anerkannt. Erziehungspartnerschaft wird heute zur eindeutigen Perspektive. Einzelheiten dazu sind von U. Hogrefe beschrieben (siehe Seite 273).

Der Offene Kindergarten hat eine gute Bodenhaftung. Die Teams ringen und bemühen sich darum, für *alle* Kinder gute Entwicklungsbedingungen zu schaffen. Herausgekommen ist aufgrund der Handlungsfelder und der damit verbundenen Erfahrungsvielfalt eine umfassende Bildungsplattform und ein Lebensraum durch Gemeinschaft der Kinder untereinander und mit den Erwachsenen. Der Offene Kindergarten kann auch als Einladung für Kinder gesehen werden, sich auf das Leben einzulassen, begleitet und unterstützt von Erwachsenen, die zugleich Vorbild sein wollen. Das bedeutet, dass auch die Erziehenden sich auf Lebensthemen einzulassen haben, die sie in sich entdecken und hier eine Herausforderung erkennen (28). Vom Netzwerk Berlin hat uns in unserem Netzwerk das Motto aus ihrer Anfangszeit beeindruckt: „Alles was für Kinder gilt, gilt auch für uns" (siehe nachfolgenden Kasten). Zur Lebensgemeinschaft mit Kindern gehört demnach, lebenskundig zu sein und zu werden im Bewusstsein der wechselseitigen Abhängigkeit (Interdependenz).

Alles was für Kinder gilt, gilt auch für uns

- Auch wir sind Akteure unserer Entwicklung.
- Auch wir brauchen Lust und Interesse uns einzulassen, Herausforderungen um zu wachsen, Erfolgserlebnisse um mutig zu bleiben.
- Auch wir brauchen Austausch und Anregung, um neue Ideen zu entwickeln.
- Auch wir brauchen Ermutigung.
- Auch bei uns müssen die Fenster geöffnet sein. Damit frischer Wind herein kann.
- Auch wir verschließen uns, wenn wir mit Weisheiten beladen werden, die nicht zu unseren Fragen und Erfahrungen passen.
- Auch wir brauchen mindesten einen Menschen, der uns sieht, ernst nimmt und schätzt.
- Auch für uns gilt, gut ist, was gut tut.

Erzieherinnen des Netzwerks Offene Arbeit Berlin (2004)

Was bedeutet nun in diesem Zusammenhang Erziehung? Schauen wir auf die vorher erläuterte Triade und den dadurch geschaffenen Möglichkeitsraum für Entwicklung und Selbstbildung, dann zeigen sich hier erzieherische Anteile. Die Teams treffen z. B. eine Auswahl bei der Festlegung und Gestaltung der Räume; sie greifen bestimmte Themen der Kinder auf und muten ihnen eigene Themen zu. Sie schaffen Strukturen und initiieren Formen des Miteinanders und der Mitbestimmung. Sie richten Fördergruppen ein, um bestimmte Kinder in ihrer Entwicklung zu unterstützen, schaffen

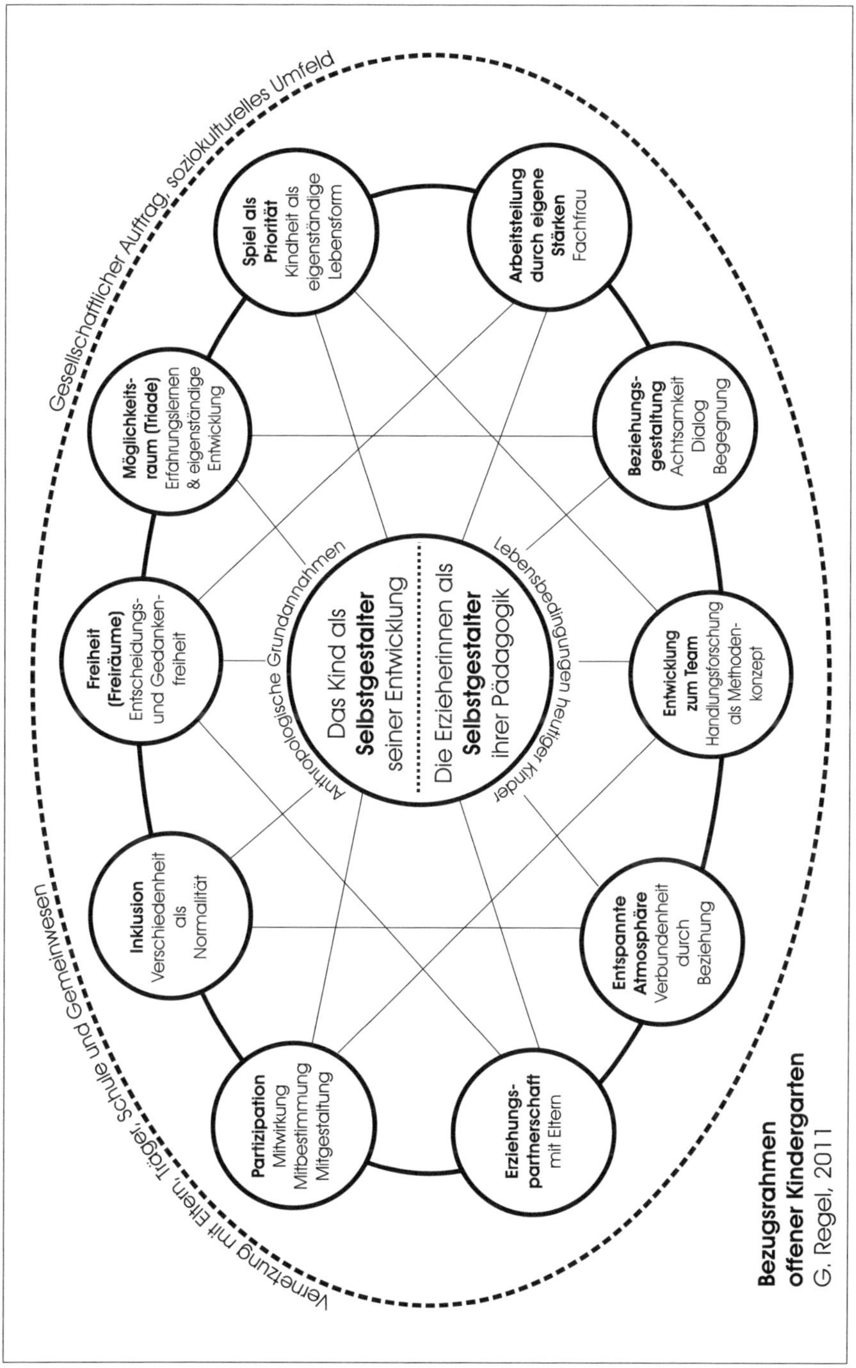
Gesellschaftlicher Auftrag, soziokulturelles Umfeld
Vernetzung mit Eltern, Träger, Schule und Gemeinwesen
Das Kind als Selbstgestalter seiner Entwicklung
Die Erzieherinnen als Selbstgestalter ihrer Pädagogik
Anthropologische Grundannahmen
Lebensbedingungen heutiger Kinder
Spiel als Priorität Kindheit als eigenständige Lebensform
Arbeitsteilung durch eigene Stärken Fachfrau
Beziehungs-gestaltung Achtsamkeit Dialog Begegnung
Entwicklung zum Team Handlungsforschung als Methoden-konzept
Entspannte Atmosphäre Verbundenheit durch Beziehung
Erziehungs-partnerschaft mit Eltern
Partizipation Mitwirkung Mitbestimmung Mitgestaltung
Inklusion Verschiedenheit als Normalität
Freiheit (Freiräume) Entscheidungs- und Gedanken-freiheit
Möglichkeits-raum (Triade) Erfahrungslernen & eigenständige Entwicklung
Bezugsrahmen offener Kindergarten
G. Regel, 2011

Herausforderungen für die zukünftigen Schulkinder einschließlich des gemeinsamen Schulprojektes, achten auf Inklusion und suchen das Gespräch. Selbstbildungsprozesse der Kinder sind ohne solche und andere erzieherische Aktivitäten nicht denkbar und gleichzeitig bleibt Bildung eine Tätigkeit des Kindes (24). Die so wichtige Freiheit wird durch mehr oder weniger bewusste pädagogische Entscheidungen eingeschränkt. So sind wir uns z. B. im Netzwerk einig darüber, dass eine Pflicht zur Teilnahme am Morgenkreis bestehen sollte, im Gegensatz zum Netzwerk Berlin, in dem für die freiwillige Teilnahme plädiert wird.

Durch erzieherisches Handeln besteht keine volle Gegenseitigkeit. Die Erziehenden treffen eine Auslese, auch in ihrer Wahrnehmung und im eigenen Sprechen. Sie präsentieren „Welt" gemeinsam mit den Kolleginnen und Kollegen im Team (25). Das muss jedoch nicht zu einem Machtmissbrauch oder unzumutbaren Zwang führen. Im Bewusstsein der Wichtigkeit der Eigenmotivation der Kinder beim Lernen und dem Einsatz autonomer Kräfte kommt der pädagogische Dialog zum Tragen. Das geschieht durch Offenheit, Achtsamkeit, Transparenz, Sachautorität oder indem Kinder für etwas gewonnen, ermutigt oder eingeladen werden, durch Teilhabe an Entscheidungen und manchem mehr.

M. Buber, der schon Anfang des 20. Jahrhunderts auf das Ungleichgewicht durch Erziehung hingewiesen hat, sieht neben dem pädagogischen Dialog auch das dialogische Prinzip, durch das eine Gleichwürdigkeit in der Kommunikation gelebt wird und eine Begegnung zwischen Kindern und Erwachsenen stattfindet. Hierdurch wird das fundamentale Gefälle des Ungleichen überschritten. Das Spannungsverhältnis in der Gegensätzlichkeit von Erziehung und Begegnung bleibt jedoch bestehen (25).

Zur Bodenhaftung gehört für mich auch das Bewusstsein, dass jeder Kindergarten in erster Linie elementare basale Entwicklung zu ermöglichen hat. Hier kommt unser psychomotorisches Denken und Handeln zum Tragen. Lernen aus dieser Sicht bezieht sich auf Wahrnehmung und Bewegung, Kommunikation mit dem Schwerpunkt Sprache, auf den Erwerb von Fähigkeiten und Fertigkeiten für Selbstsorge, Alltagshandeln und soziales Miteinander. Das alles wird zu einem Teil der kindlichen Persönlichkeit, wenn die Erziehenden einerseits die Kinder loslassen, damit sie sich erproben können, und andererseits mitschwingen, um so den Kindern das Gefühl zu vermitteln, dass sie hier auf einem guten Weg sind. Hierdurch erfüllt sich der bekannte Satz von M. Buber, dass der Mensch am Du zum Ich wird. Mit anderen Worten: Das Ich konstituiert und entwickelt sich im zwischenmenschlichen Wir. Auch die Erziehenden brauchen Rückmeldungen, Wertschätzung und Bestätigung für ihre eigene Sicherheit. Sie wächst durch bezogene Teamarbeit, durch Interessierte von Außen, durch Kooperation mit anderen Offenen Einrichtungen, durch Netzwerkarbeit und den Mut, sich durch Veröffentlichungen – wie in diesem Buch – zu zeigen. Besonders wertvoll sind zufriedene Eltern, die Lebendigkeit der Kinder und positive Rückmeldungen von Schulen, dass die Kinder bei ihnen gut zurechtkommen.

Wertvoll ist die Einschätzung des Offenen Kindergartens in dem „Handbuch Pädagogische Ansätze“ in Kitas von T. Knauf u. a. (26) als modernes Konzept. Das bedeutet für mich, dass der Offene Kindergarten nach 20/25-jähriger Entwicklung mit seiner kindorientierten, partizipatorischen und kooperativen Ausrichtung (27) zu einem eigenständigen Weg gefunden hat.

Ich will mit einem offenen Punkt abschließen. In den geführten Gesprächen mit Kolleginnen und Kollegen tauchte manchmal die Frage auf, in welchem Geist Offene Kindergärten leben und arbeiten. Meine Gedanken dazu will ich hier zurückhalten. Die Frage soll eine Anregung sein. Sicher wird sie auch in unserem Netzwerk zu einem Thema. Ich fände es spannend, darüber das Bewusstsein zu schärfen. Die unendliche Geschichte offener achtsamer Pädagogik geht mit dieser und anderen Fragen und Themen weiter, mit einer klaren Richtung und einem unterschiedlichen Unterwegssein mit Möglichkeiten aus der heutigen Fülle frühkindlicher Pädagogik.

Literatur

(1) Flitner, A.: Reform der Erziehung – Impulse des 20. Jahrhunderts, München 1992

(2) Regel, G./Wieland A J. (Hrsg.): Offener Kindergarten konkret, Hamburg-Rissen, 1993, S. 12ff.

(3) Regel, G.: Plädoyer für eine offene Pädagogik der Achtsamkeit, Hamburg-Schenefeld 2. Aufl. 2008, S. 168–189

(4) dto. S. 75–135
(5) Gruber, R./Siegel, B. (Hrsg).: Offene Arbeit im Kindergarten, Weimar-Berlin 2008, S. 33ff.
(6) wie Nr. 3, S. 130ff. und TPS-Heft 3/2009
(7) Video: Die Laborschule an der Universität Bielefeld Teil VI, Einblicke in eine Reform-Werkstatt, 1999
(8) Aufsatz von G. Schäfer in Kiga heute, 8/2004
(9) Bauer, J.: Warum ich fühle, was du fühlst, Hamburg, 9. Auflage TB 2006
(10) wie Nr. 3, Kapitel 4
(11) wie Nr. 2, S. 9ff.
(12) wie Nr. 3, S. 82–89
(13) Regel, G./Kühne, Th.: Pädagogische Arbeit im Offenen Kindergarten, Freiburg/Breisgau, 3. vollständig überarbeitete Neuausgabe 2010, S. 54ff.
(14) Möller, Christa: Werkstätten – Orte für gemeinsames, produktives Handeln, TPS 2/2010, S. 22ff.
(15) Lill, G.: Neue Muster in der offenen Arbeit: das Fachfrauenprinzip, Betr. Kinder 06/07, 2010, S. 12ff.
(16) Kühne Th./ Regel, G. (Hrsg.): Erlebnisorientiertes Lernen im Offenen Kindergarten, Hamburg 1996, S. 55ff.
(17) wie Nr. 3, S. 20–22
(18) wie Nr. 13, S. 22ff.
(19) Steenberg, U.: Montessori – Pädagogik im Kindergarten, Freiburg/Br. 2002, S. 17–19
(20) Bauer, J.: Prinzip Menschlichkeit, aktualisiertes TB, München 2008
(21) wie Nr. 3. S. 19ff.
(22) wie Nr. 3. S. 11ff.
(23) Klattenhoff, K. u.a.: Das Kind zur Rose machen, 1. Oldenburger Kongressbericht, Info Pädi O – Taschenbuch 1999
(24) Laewen, H.J./ Andres. B.: Künstler, Forscher, Konstrukteure, Neuwied 2002, S. 45
(25) wie Nr. 3, S. 157/158
(26) Knauf, T. u.a.: Handbuch Pädagogische Ansätze, Berlin-Düsseldorf-Mannheim 2007, S. 151ff.
(27) TPS-Heft 2/2000
(28) Wild, R.: Mit Kindern leben. Sein zum Erziehen, Weinheim-Basel, 2002

II. Das offene Miteinander im Team als Grundlage

Uwe Santjer

Das Kindergartenteam als Herz des Offenen Kindergartens

Es waren vier Stationen in unterschiedlichen Stadtteilen von Cuxhaven, die mich das Kindergartenteam als Herz des Offenen Kindergartens erleben ließen. Als Zivildienstleistender, als Erzieher, stellvertretender Leiter und Leiter eines Kindergartens. Immer waren es die unterschiedlichen Potentiale der Mitarbeitenden und die Fähigkeit gemeinsam zu wirken, die das jeweilige Team und damit den Kindergarten auszeichneten.

Immer dann, wenn es uns gelang, der Vielfalt und Verschiedenheit im Team Raum zu geben, konnten wir die pädagogische Konzeption voranbringen. So wurde der Kindergarten nicht nur ein Ort der Bildung, Erziehung und Betreuung, sondern vielmehr ein Ort des gemeinsamen Lebens und Lernens für Kinder und Erwachsene. Wir haben uns nicht durch die räumlichen Bedingungen, personelle Ausstattung oder durch den zeitlichen Rahmen hindern lassen, einen offenen Entwicklungsrahmen zu gestalten und weiterzuführen. Das alles geschah für Außenstehende eher unsichtbar. Sie erlebten engagierte und offene Erzieherinnen, die wussten was sie wollten und die sich den jeweiligen Situationen stellten.

Es war gut zu erfahren, die Arbeit gemeinsam zu tragen. Die Teams waren Impulsgeber und letztendlich entschied sich dadurch, wie der Kindergarten gestaltet war und welches Leben darin möglich wurde. Umso mehr bin ich heute dankbar dafür, dass ich von den jeweiligen Teams die Chance bekam, mich in meiner Eigenart einzubringen. Es ermutigte mich, wenn ich auch von Kolleginnen nach meiner Meinung gefragt wurde, obwohl sie selbst auf einen großen Erfahrungsschatz zurückgreifen konnten. Und es erfüllte mich mit Stolz, wenn meine Anregungen und Impulse ernsthaft diskutiert und umgesetzt wurden. Es war gut, dass von mir eigenständiges Denken und eigenverantwortliches Handeln innerhalb einer gemeinsam definierten Aufgabe gewollt war. Und es war wichtig zu wissen, durch die Leiterin des Kindergartens und die anderen Kolleginnen begleitet zu werden. Durch die gemeinsame Entwicklung von Visionen für Kinder habe ich Teams und Individuen wachsen sehen.

In meiner Funktion als Leiter eines Kindergartens habe ich immer versucht, gemeinsam mit den Mitarbeiterinnen ein Ziel zu erarbeiten, für dessen Erreichung jede Mitarbeiterin gebraucht wurde. Dadurch wurde jede Kollegin besonders bedeutsam, was sich in ihrem Elan und Einsatz für Kinder bemerkbar machte.

Als Fachberater weiß ich, dass die meisten Praxisprobleme nicht durch Kinder, nicht durch Eltern entstehen, sondern durch sie sichtbar werden. Die Ursachen und Lösungen der meisten Probleme liegen im Kindergarteam verborgen. Auf den Punkt gebracht: Ursachen für Praxisprobleme, ablesbar u. a. im Verhalten des Kindes sind nicht selten als Herzerkrankungen, also als Beziehungs- und Teamkonflikte identifizierbar.

1. Wofür steht das Herz

Seit einem Kongress in Oldenburg, auf dem Axel Jan Wieland auf einer Folie das Team des Offenen Kindergartens mit dem Symbol des Herzens in die Mitte stellte, wurde die große Bedeutung des Mitarbeiterteams für mich neu sichtbar. Wofür steht das Herz? Es hat eine zentrale Aufgabe, es pulsiert, hält den Körper lebendig und wärmt ihn. Kulturgeschichtlich wird das Herz seit Jahrhunderten als Zentrum der Lebenskraft gesehen. So las ich in einem Lexikon und fand die Aussage übertragbar auf die Aktivitäten des Kindergartenteams. In der gemeinsamen Ausrichtung auf das kompetente Kind, ja in der Begeisterung für Kinder, für ihre Spontanität und ihren Lebenswillen kommt die Lebenskraft zur Entfaltung. Sie potenziert sich in der Anstrengung, gemeinsam eine pädagogische Gestalt zu schaffen, die Kindern eine eigenständige Entwicklung und ein individuelles Wachsen in entspannter Atmosphäre ermöglicht. Eine solche pädagogische Gestalt, die im Eingangskapitel erläutert wurde, ist das Ergebnis eines zupackenden Tuns, ist bewusstes, kreatives Handeln und Erproben und ohne Kooperation undenkbar.

In der Symbolik des Herzens geht es darüber hinaus um Liebe. „Ein Herz für Kinder“ war vor einigen Jahren ein gängiger Slogan und klebte an vielen Autos. Heute ist er wieder vergessen und dabei nötiger denn je.

Bei meinen Praxisbesuchen erlebe ich immer wieder Kolleginnen, die mit offener Hinwendung zum Kind, zu den Kolleginnen und Eltern, mit großer Hilfsbereitschaft und achtsamer Zugewandtheit den Kindergarten prägen und zur Verbundenheit beitragen. Sie nehmen sich Zeit zu spüren, was Kinder beschäftigt, folgen ihren Spuren, lassen sich von ihren Themen anstecken. Sie üben sich darin, Gefühle und Stimmungen zu verbalisieren und kommen dem Recht des Kindes auf ein Kindergartenteam nach, das nicht müde wird in Bewegung zu bleiben, gewissenhaft zu reflektieren, etwas zu wagen, anzuregen, um Kindern neues Lernen und das Glück der Kindheit zu eröffnen.

2. Teamentwicklung geschieht jeden Tag

Die Teamentwicklung ist nicht selten ein mühevoller, langwieriger und zugleich lohnender Prozess. Sie gelingt, wenn sie von Offenheit, Achtsamkeit, Vertrauen und gemeinsamer Verantwortung geprägt ist. Wir wissen heute, dass die zentralen Antriebe des Menschen auf gelingende Beziehungen ausgerichtet sind. Dies gilt natürlich auch für die Arbeitsbeziehungen innerhalb eines Kindergartens. Deshalb ist es so wichtig, den Umgang im Miteinander immer wieder zu reflektieren, sich selbst zu besinnen auf das, was ich von Anderen wünsche und was ich bereit bin zu geben. Ich habe es als hilfreich erlebt, dass wir gerade in Fragen der Kommunikation immer wieder durch Coaching, Supervision oder Fachberatung begleitet wurden. Im Alltag mussten wir jeden Tag darum ringen, einander Wert zu schätzen und dies in Wort und Tat sichtbar werden zu lassen. Und wir erfuhren, dass unser diszipliniertes Miteinander nicht nur den Arbeitsalltag veränderte, sondern unser ganzes Leben. Einstellungen und Haltungen wurden und werden immer wieder selbst überprüft, wahrgenommen und ggf. verändert. Dem Wunsch nach gelingenden Beziehungen konnten wir jeden Tag aufs Neue nachgehen.

Der Prozess des Miteinanders gelang dann am Besten, wenn wir erkannten, dass unsere unterschiedlichen Fähigkeiten als Chance akzeptiert und unsere unterschiedlichen Begrenztheiten nicht als Fehler getadelt wurden. So konnten wir uns zum Wohle der Kinder entsprechend einbringen, was als große Entlastung erlebt wurde. Nicht mehr alles tun zu müssen, nicht mehr der begeisternde Bewegungsakrobat, der sensible Geschichtenerzähler, der Fünfsternekoch, der akribische Künstler und der erlebnisfrohe Tischler gleichzeitig sein zu müssen, konnte als Chance, ja als Geschenk angenommen werden.

Durch dieses Miteinander wurden wir jeden Tag in unseren Themen sicherer und damit authentischer, interessierter, kooperativer und durch den emotionalen Bezug zum Thema warmherziger. Begeisterung, die die Kinder zum Lernen benötigen, gingen eher von dem aus, der selbst begeistert war. Durch das Ergänzende und durch die Verbundenheit der Erzieherinnen im täglichen Dialog, gestaltet sich ein herausfordernder, lernträchtiger und emotionaler Kindergartenalltag. Er war natürlich auch dadurch gekennzeichnet, dass sich die Erzieherinnen von den Kindern begeistern ließen.

Wenn ich heute zu Fortbildungsveranstaltungen einlade, dann versuche ich die Kolleginnen mit den Themen so zu konfrontieren, dass sie berührt werden, damit etwas „unter die Haut" geht. Hüther weist darauf hin, dass nur dort gut gelernt werden kann, wo ein emotionaler Bezug entsteht. Auch bei Kindern haben wir immer darauf geachtet, diesen emotionalen Bezug herzustellen. Das erforderte natürlich, sie einzubeziehen und das kontinuierliche Gespräch zu suchen, z. B. bei Projekten im partizipatorischen Miteinander.

3. Miteinander durch Gesamtverantwortung

Damit wir als Team wirken konnten, war es wichtig gemeinsam Aufgaben zu definieren und zu verfolgen. Heute würden wir sie als Leistungsziele benennen. Um diese von allen tragen zu lassen, war es hilfreich handlungsforschend vorzugehen. Immer wieder haben wir Fragen formuliert, Informationen gesammelt, im Diskurs abgewogen und nächste Schritte verabredet. Innerhalb dieses Prozesses haben wir uns, egal ob Leiterin, Erzieherin oder hauswirtschaftliches Personal als gleichberechtigt angenommen. Es entstand – neben der Gesamtverantwortung für alle den Kindergarten betreffende Aufgaben – das Vertrauen zueinander, die das Delegieren und das Teilen von Verantwortung erleichterten. Verlässliche Austausch- und Planungszeiten waren dabei unabdingbar.

Wir erlebten uns als kooperative Einheit. Jede Kollegin war mit ihren Stärken wichtig und wurde mit ihren Schwächen ernst genommen. Ich musste nicht alle Bereiche zur Unterstützung kindlicher Entwicklung anbieten. Meine Stärken wurden in Absprache mit dem Team gezielt zur Bewältigung von pädagogischen Vorstellungen und Aufgaben genutzt. Dabei war ich in meinem Tun Modell und Vorbild für Kinder und Erwachsene, was zu einem Transfer von Kompetenzen führte, und das gelang mir am ehesten bei den Tätigkeiten, die mir selbst Spaß und Freude bereiteten.

4. Wer ehrlich kooperiert, verwirklicht sich am besten – 10 Prinzipien der Kooperation

Schaue ich auf meine verschiedenen Erfahrungen in Kindergartenteams zurück, dann ergeben sich für mich 10 Prinzipien der Kooperation, die Indikatoren für gelingende Teamentwicklung und -arbeit sind.

1. Prinzip der Gemeinschaft

- Regelmäßiger, offener Austausch der Beteiligten
- Gemeinsame Grundannahmen über das Lernen finden
- Herausforderungen definieren
- Ziele gemeinsam herausarbeiten
- Umgebung, Räume so gestalten, dass „alle" darin vorkommen
- Arbeitsschritte und Arbeitsprozesse demokratisch verabreden
- Gegenseitige Anerkennung über Lob und Feedback
- Feiern, besonders die Erfolge

2. Prinzip der Weiterentwicklung im Team

- Begleitung durch Supervision, Coaching oder Fachberatung
- Studientage für das gesamte Team installieren
- Fortbildungen für alle Teammitglieder ermöglichen

- Absprachen am Morgen
- Regelmäßige Dienstbesprechungen in denen vor allem pädagogische Fragen erörtert werden
- Regelmäßig über Kinder sprechen
- Konsensbildung über Handlungsforschung
- Gleichwürdigen Dialog pflegen
- Regeln für Gespräche und für den Umgang verabreden

3. Prinzip der Offenheit

- Informationen allen zukommen lassen
- Ergebnisse von Absprachen schriftlich festhalten
- Entscheidungskriterien offen legen
- Eigene Bedürfnisse, Meinungen kund tun
- Partner, wie z. B. Eltern regelmäßig über wichtige Dinge informieren
- Öffentlichkeitsarbeit abstimmen
- Zugang zu Informationsquellen allen ermöglichen (Zeitung/Fachliteratur/Internet...)

4. Prinzip der Echtheit

- Jedes Teammitglied kann zu sich stehen, mit Stärken und Schwächen
- Eigenes Wissen wird anderen zur Verfügung gestellt
- Gefühle werden beachtet und ernst genommen
- Persönliche, biografische Hintergründe haben ihren Platz
- Probleme und Konflikte werden offen angesprochen
- Achtsamer Umgang mit sich und seinen Ressourcen
- Die Rolle als Vorbild vergegenwärtigen

5. Prinzip der Verantwortung

- Für Arbeitsabläufe im Kindergarten Verantwortung übernehmen
- Übernommene Aufgaben eigenverantwortlich ausführen
- Vertrauen in die Kolleginnen setzen
- Sich selbst zutrauen, es zu schaffen
- Als Team gemeinsam die Verantwortung für den Kindergarten und seine Aufgaben übernehmen

- Absprachen treffen, wer etwas mit wem, wann macht
- Abgestimmte Aufgabenverteilung
- Sich gegenseitig ermuntern
- Seiner Freude über das Gelungene Ausdruck verleihen
- Fehlentwicklungen benennen und nach Lösungen suchen
- Arbeitsschwerpunkte finden und Arbeitsteilung organisieren
- Loyalität zum Kindergarten gegenüber Dritten

6. Prinzip des eigenen Lernens und Wachsens

- Bereitschaft zur eigenen Weiterentwicklung
- Neugierde zulassen und ihr nachgehen
- Sich „berühren“ lassen
- Aufkommende Fragen erkennen und ihnen eine Bedeutung geben
- Vermeidlichen Fehlern Anderer freundlich und zugewandt begegnen
- Neuen Erkenntnissen interessiert folgen und sie selbst bewerten
- Eigenes Verhalten reflektieren
- Kolleginnen um Rückmeldung bitten.
  Diese prüfen und verarbeiten
- Beteiligung an Diskussionen innerhalb des Kindergartens
- Mut machen für Auseinandersetzungen und neues Lernen
- Achtsamen, kollegialen Umgang pflegen

7. Prinzip der Identifikation

- Sich einbringen mit Wissen und Gefühlen
- Im Kindergarten mitwirken, mitgestalten und mitbestimmen
- Eigene Spuren hinterlassen, andere Spuren würdigen
- Erfolge feiern
- Niederlagen als Team verarbeiten
- Visionen entwickeln, Zukunft ermöglichen
- Andere einladen und beteiligen
- Gemeinsame Identität durch gemeinsame
  Aufgabenbeschreibung und Profilbildung
- Beteiligung an Öffentlichkeitsarbeit. Den Kindergarten nach außen
  vertreten
- Freiräume für Erprobungen schaffen

8. Prinzip Integrität
- Verlässlich und verbindlich sein
- Absprachen einhalten und deren Einhaltung einfordern
- Vertrauen zeigen
- „Echt sein"
- Vorbild sein
- Eigene Meinungen vertreten

9. Prinzip der Einmaligkeit
- Jedes Teammitglied in seiner Art und Weise wertschätzen
- Die Verschiedenheit als Chance begreifen
- Die Mitarbeit eines jeden ermöglichen
- Anderen vertrauen und etwas zutrauen
- Zuhören, fühlen und sehen

10. Prinzip der Achtsamkeit
- Aufnahmebereit sein für das, was Andere zeigen
- Konflikte benennen und aufarbeiten
- Füreinander einstehen
- Am Anderen interessiert sein
- Sich selbst in den Blick nehmen
- Verantwortung für Raum und Material verabreden

5. Teamgespräch in meiner letzten Wirkungsstätte als Leiter, in der Kindertagesstätte Altenwalde

Im Offenen Kindergarten entwickelt sich die Qualität durch den Dialog. Für die Erzieherin bedeutet dies, dass sie sich vom „Ichling zum Wir", von der Einzelkämpferin zur Kooperationspartnerin weiterentwickelt. Opaschowski fordert in seinem Buch „WIR" dazu auf, mit anderen zusammen und füreinander da zu sein.

Und diese Aufforderung nehmen wir in offenen Kindergärten gern an. Wir erkennen, dass Kinder, Eltern und Erzieherinnen selbst mehr Freude, mehr Lern- und Entwicklungschancen haben, wenn ihnen zugetraut wird, verantwortlich für sich und andere zu sein. Nicht allein für „meine Kinder", „meine Gruppe", „meine Eltern", „meinen Praktikanten" da zu sein, sondern für die in der Einrichtung Tätigen zu denken und zu fühlen. Erzieherinnen werden damit viel intensiver ein Teil des Ganzen und können ihrer Rolle gerechter werden. Die vielfältigen Herausforderungen für die Erzieherinnen hat Thomas Kühne im Anhang dieses Textes beschrieben. Dabei wird sowohl die Verantwortung als auch die Haltung gegenüber der Kinder und der Kolleginnen deutlich.

Es war ein Geschenk, als ich 1994 zum Kindergartenleiter in Altenwalde ernannt wurde. Zu meiner Anfangsaufgabe gehörte die Baubegleitung des neuen Kindergartens, eine dazu passende Konzeptionsentwicklung und der Aufbau des Teams. Bei der Auswahl der Kolleginnen ließ ich mich von zwei Anforderungen leiten. Zum einen war mir wichtig, dass die jeweilige Kollegin bereit und in der Lage war, ihre Potentiale den Kindern als Vorbild und Begleiterin zur Verfügung zu stellen. Zum Anderen, das die Kolleginnen Verantwortung und Sympathie füreinander entwickeln konnten. Deshalb entstand die Idee, das Team an der Einstellung neuer Kolleginnen zu beteiligen.

Um nicht nur aus meinem Erfahrungsschatz zu berichten, besuchte ich voller Neugier die Kolleginnen des evangelischen Kindergartens in Altenwalde, um die Bedeutung des Kindergartenteams als Herz der Einrichtung bestätigt zu bekommen.

Die Teammitglieder wollten zu Beginn des Gespräches eine etwas bescheidenere Formulierung einwerben, denn sie selbst fanden sich als Herz des Kindergartens für zu wichtig genommen. „Zum Herzen gehören Kinder, Eltern, Träger und Mitarbeiter gleichermaßen" war ihre Meinung. Hier wurde für mich das WIR schnell erkennbar. Die Idee im Miteinander die Dinge auszuhandeln, gemeinsam Wege zu finden und zu gehen wurde daran deutlich. Zum Herzen dazuzugehören sei ihnen wichtig, denn dadurch bekommt jede Mitarbeiterin eine besondere Bedeutung: „Es ist wichtig aktiv zu sein, seinen Teil zum Gelingen beizutragen, sich mal zurückzunehmen, mal nach vorn zu gehen, immer im Wechsel, je nach der Situation". Mir wurde deutlich, wie sehr das Miteinander von gegenseitigem Vertrauen, Zutrauen und Wohlwollen geprägt war, u. a. auch dadurch, dass nicht nur Projekte, sondern der gesamte Kindergartenalltag von allen getragen wird. Es ist selbstverständlich, dass die Reinigungsfachkraft auch vormittags arbeitet, damit sie manche Dinge mit Kindern gemeinsam klären kann. Ein Ergebnis dieses Miteinanders ist, dass Kinder im Umgang mit Materialien und Einrichtungsgegenständen sensibler geworden sind. Das Reinigen hat ein Gesicht, einen Namen bekommen und dazu gibt es eine Beziehung. Die Einbindung des hauswirtschaftlichen Personals wurde als Chance entdeckt. Ob bei Umbauten, Renovierungen, Jahresplanungen oder Konzeptionserarbeitungen, „wenn vom Team geredet wird, dann sind alle gemeint". Von daher ist es selbstverständlicher Alltag, dass Kinder und Köchin über den Speiseplan verhandeln und Kinder beim schnibbeln und schneiden helfen. Auch der Hausmeister repariert die Dreiräder in Anwesenheit der Kinder und ist über manche Hilfe dankbar.

Für Eltern ist das Miteinander im Team spürbar. Eltern fragen die Köchin selbst, was es zu Mittag gab. Und sie wissen, dass für Fragen und Rückmeldungen zu ihrem Kind jede Erzieherin ansprechbar ist. Auch wenn Eltern während der Kindergartenzeit ihres Kindes von einer Kollegin konstant begleitet werden, so sind sie sich sicher, dass ihre Informationen bei jeder Erzieherin gut aufgehoben sind und im Haus gut ankommen. Sie erfahren auch, dass die regelmäßig stattfindenden Fallbesprechungen dazu beitragen, ihr Kind aus unterschiedlichen Perspektiven zu betrachten und zu begleiten. Dabei rücken die Ressourcen des Kindes in den Mittelpunkt und lassen eine von Frohsinn begleitete Entwicklung zu.

„Eigene Begrenztheiten sind im Team gut aufgehoben und zugelassen. Ich muss mich nicht um alles kümmern, ich darf abgeben und auch das tun, was mir besonders liegt," wird fast erleichternd festgestellt.

Einstellungsgespräche als Teamverantwortung

In Altenwalde ist es nach wie vor selbstverständlich, dass die Einstellungsgespräche vom gesamten Team begleitet werden. Die Kollegin, die neu in der Kindertagesstätte ist, berichtet, dass es ziemlich viele Menschen waren, sie heute aber spürt, von allen gewollt zu sein. Deshalb fühle sie sich in der Gemeinschaft getragen und will immer mehr Verantwortung übernehmen und am Ende selbst eine Tragende sein. Es machte sie neugierig auf ein Team, das so wichtige Entscheidungsspielräume hat. Und die, die an der Einstellung beteiligt waren, fühlen sich mitverantwortlich. Niemand entzieht sich, wenn eine Kollegin Unterstützung braucht, sei es in der Eingewöhnung oder auch später im Alltag. Eines der Besonderheiten im Team dieses Offenen Kindergartens ist es, dass die Beteiligten einander brauchen. Nicht zuletzt durch die schon angesprochene Methode der Handlungsforschung bekommt die einzelne Mitarbeiterin Verantwortung und Einfluss.

Ich beobachte, dass es dort immer schwerer wird sich zu entziehen, wo der Diskurs lebendig geworden ist. Deshalb ist es richtig, wenn wir in Offenen Kindergärten von engagierten Erzieherinnen sprechen. Sie selbst verstehen sich als Lernende, die gemeinsam mit Kolleginnen, Eltern oder Kindern ihre Antworten finden und zu Lösungen kommen.

„Der Sinn der Gemeinschaft, gebraucht und anerkannt zu werden, fühlt sich gut an. Deshalb komme ich gern in die Kindertagesstätte und mit der Zeit wird sie ein Stück von mir, ein Teil meines Lebens. Wir haben hier Interesse aneinander, wir geben aufeinander Acht und nehmen wenn gewünscht auch an Teilen des Privatlebens teil“, so die erfreuliche Aussage einer Kollegin.

Kooperationszeiten sind unabdingbar

Um das so sagen zu können, braucht es Zeit des Miteinanders. Dazu gehören die Tagesbesprechungen, die wöchentliche Dienstbesprechung, gemeinsame Fortbildungen und auch das Feiern gemeinsamer Feste. Für Kooperationszeiten muss jede Kindertagesstätte kämpfen. Sie sind für die individuelle Begleitung der Kinder unentbehrlich. Der Mitherausgeber geht in diesem Buch auf die Erwägungskultur ein, auf dessen Artikel ich hiermit verweise (siehe Seite 293). *Zeiten für Kinder sind nicht ausschließlich die Zeiten mit Kindern.* Nach meiner Einschätzung benötigen wir noch mehr Mut, Planungs- und Reflexionszeiten einzufordern und sie als Zeiten *für* Kinder zu deklarieren.

Wir waren uns im Teamgespräch einig: Um einander und damit Kinder aufmerksam zu begleiten sind gemeinsame Pausenzeiten wichtig. Die Praxis zeigt, dass Erzieherinnen gern bereit sind, wegen der Anforderungen im Alltag auf Pausenzeiten zu verzichten oder sie so zu gestalten, dass sie nicht wirklich einen Erholungswert haben. Ein Gespräch unter Erwachsenen ist kaum möglich.

Auch wenn ich großes Verständnis dafür habe, dass Betreuungszeiten in der Praxis einen größeren Stellenwert als Planungs-, Gesprächs- und Pausenzeiten haben, so will ich an dieser Stelle für einen Schulterschluss von Erzieherinnen, Trägern und Politik werben. Erzieherinnen müssen genügend Zeit haben, in der sie den Alltag vor- und nachbereiten. Ein Blick zu den Lehrern zeigt, dass dies durchaus möglich ist. Der Kindergarten als erste Stufe des Bildungssystems braucht hier eine Gleichstellung mit der Schule.

Über den Dialog ein Teil des Ganzen sein

Durch die gegenseitige Wertschätzung und Achtsamkeit ist es für die Altenwalder Kolleginnen kein Problem, dass ihr eigenes Verhalten von Kolleginnen beobachtet, angesprochen und reflektiert wird. Die eigene Weiterentwicklung ist erklärtes Ziel eines jeden Teammitglieds. Und dazu ist es gut, sich gegenseitig zu unterstützen. Hilfe anzubieten und sich Hilfe zu holen ist weitgehend selbstverständlich geworden.

Für die Leiterin ist der Dialog das beste Mittel, um zu guten Entscheidungen zu kommen. Sie berichtet, dass sie als Erzieherin selbst erlebt hat, was es bedeutet aktiv mitzubestimmen und mitzuwirken. Das habe sie motiviert und ihr Kraft gegeben, neben der Familie den Kindergarten als wichtige Aufgabe zu platzieren. Auch in ihrer Leitungsfunktion erfährt sie es beteiligt zu sein, denn der Träger stimmt seine Entscheidungen für die Kindertagesstätte immer mit ihr ab. Sie selbst gibt dieses Vertrauen gern an das Kindergartenteam weiter. Auch wenn sie am Ende die Verantwortung für manche Entscheidungen zu tragen hat, will sie vom Weg nicht abweichen und Entscheidungen in einem möglichst großen Konsens mit ihrem Team erreichen.

Im Abschluss des Gespräches betonen die einzelnen Kolleginnen, dass sie im Team gern ein Teil des Herzens der Kindertagesstätte sind. Sie fühlen gerade auf der emotionalen Ebene über Herzlichkeit, Vertrauen, Achtung, dass sie wichtig sind und es auf die gemeinsame Gestalt ihrer Arbeit ankommt. Auf Grundlage dieser emotionalen Sicherheit ist der Einsatz für die Kinder und Eltern, ist die fachliche Weiterentwicklung selbstverständlich.

Ich verließ das Team mit einem guten Gefühl und fand bestätigt, dass Wertschätzung, Zugehörigkeit und Einflussnahme als die entscheidenden Bedürfnisse in Gruppen in Altenwalde gelebt werden. Das Team ist wie zu meiner Zeit lebendig und gemeinsam unterwegs. Es hat auch dadurch zu einem starken WIR gefunden.

An dem Gespräch in der Ev. Kindertagesstätte Altenwalde waren beteiligt: Silke Karallus, Anja Fäscher, Nadine Hauhut, Heike Steffens, Anika Theuerholz, Jana Betzig, Nils Wienecke, Christian Kääs.

6. Was mich zum Thema Teamarbeit noch bewegt

In Offenen Kindergärten treffen wir auf Erzieherinnen, die es gelernt haben, offen und mit anderen gemeinsam auf Fragen und Herausforderungen zuzugehen. Sie stellen sich aktuellen wissenschaftlichen Erkenntnissen und entwickeln ihre Arbeit weiter. Durch die eigene Bereitschaft, sich Neuem zu öffnen und Teil des Miteinanders zu sein, ist es ihnen leichter möglich, auch mit Kindern und Eltern in Beziehung zu treten und den Kindergartentag partizipatorisch zu gestalten. Der Offene Kindergarten ist dadurch auf einem guten Weg Kindern die Möglichkeit zu geben, sich in einer von demokratischen Grundwerten getragenen Einrichtung zu üben und damit erste politische Bildung zu erwerben.

In allen meinen Teamerfahrungen konnte ich erleben, dass sich die heute von der Gruppenforschung herausgestellten Bedürfnisse in Gruppen widerspiegeln: Wertschätzung, Einflussnahme und Zugehörigkeit.

Das der Offene Kindergarten in den letzten 20 Jahren nicht nur seine Bestätigung, sondern auch seine Weiterentwicklung gefunden hat, liegt auch daran, dass es in den Kindergartenteams Frauen gibt, die nicht müde werden, immer wieder Impulse für die Praxis zu setzen. Darüber wollte eine engagierte Leiterin von ihrer Rolle als Impulsgeberin in diesem Buch berichten. Leider ist dieser Beitrag den steigenden Verwaltungsarbeiten und schlechten Rahmenbedingungen zum Opfer gefallen. Auf der einen Seite bedaure ich diesen Umstand zutiefst. Auf der anderen Seite bin ich für die Kinder unserer Kindergärten so dankbar, dass es diese Frauen gibt, die sich Tag für Tag, Jahr für Jahr für gute Entwicklungsbedingungen für Kinder einsetzen, diese erstreiten und dabei dem Offenen Kindergarten das heutige Gesicht geben. Sich auf Wesentliches zu konzentrieren heißt für diese unermüdlichen Impulsgeberinnen, immer wieder über die Haltung zum Kind und sein Lernen, über das Bild vom Menschen und über die Vision vom Miteinander in den Austausch zu kommen und den passenden Rahmen dafür zu gestalten. Dies auch noch in einer Zeit zu tun, in der Egoismus, Ellenbogenmentalität und soziale Ungerechtigkeit den Kindergarten umgeben, verdient besondere Anerkennung. Ich glaube, dass es wichtig ist, in unsicheren Zeiten sich gegenseitig Halt zu geben. Den Impulsgeberinnen rufe ich zu, dass es gut war, was sie geleistet haben und weiter leisten werden, für die Kinder in ihrem Kindergarten aber auch für die Weiterentwicklung frühkindlicher Pädagogik, von der viele profitieren.

Thomas Kühne

Aufgaben der Erzieherin in einem offenen Kindergarten

Anspruch: Jedes Kind soll sich im offenen Kindergarten wohlfühlen, eigenständig in Beziehung sein und Selbstwirksamkeit erfahren können und so zu seinem individuellen Lernen kommen.
Hintergrund: Lernen geht vom Kind aus! Kinder sind „geborene Lerner“ (Spitzer) und haben eine intrinsische Motivation zu lernen und sich zu entwickeln. *„Kinder sind verliebt in die Welt und wir müssen dieser Verliebtheit dienen.“* Oscar Negt
Selbstverständnis: Der offene Kindergarten ist ein Lebensraum für Kinder und in Allem Ort elementaren Lernens und elementarer Bildung. Der lebendige Prozess des miteinander Lebens im Alltag ist dabei „Programm“.

Aufgaben

1. **Bereitstellen** einer herausfordernden Umgebung mit vielen Möglichkeiten zur Selbstorganisation und Platz für die Bedürfnisse jeden Kindes.
2. **Antworten** auf die Bindungsanfragen der Kinder. Ermöglichen einer offenen, nicht einengenden Beziehung zu jedem Kind.
3. **Einlassen** auf die Lern- und Bildungsprozesse der Kinder. Mit Kindern im Dialog sein, den Kindern folgen. (Lernthemen der Kinder erkennen und unterstützen, beobachten, assistieren, Möglichkeiten bereit stellen, ...)
4. **Eröffnen** anderer Lernmöglichkeiten über Angebote, Ag´s, Projekte, ... Fachfrau sein (Kinder können nicht alles kennen. Bildungsinhalte anbieten, die uns wichtig sind, gezielte Fördermaßnahmen für entwicklungsbenachteiligte Kinder und Kinder mit besonderen Lernbedürfnissen)
5. **Wahrnehmen** und **Beschreiben** des Lernens der Kinder. Dokumentation von Lernwegen und Lernprozessen. Dialogische Erziehungspartnerschaft mit den Eltern zur bestmöglichen Entwicklung jeden Kindes.
6. Orientierung **geben**, verbindliche Strukturen einhalten und damit einen Rahmen schaffen.
7. Vorbild **sein** und sich selbst erziehen. Ziele für sich bestimmen, aus eignen Fehlern lernen (eigene Haltung überprüfen, Modell sein).
8. **Pflegen** von Team- und Teamprozessen. Das Team als gemeinsam lernende Organisation begreifen, konzeptionelle Verantwortung und Weiterentwicklung **tragen**.

Ev. Kindergarten Schloß Ricklingen im Internet: www.offener-kindergarten.de

Sabine Schommartz

Handlungsforschung als Handwerkszeug und Stärkung der Zusammenarbeit – Es ist normal, Praxisprobleme und Praxisfragen zu haben

Unser evangelischer Kindergarten, viergruppig und als Offener Kindergarten gebaut, hat zehn pädagogische Mitarbeiterinnen, eine Küchenkraft und mich als gruppenfreie Leiterin. Wenn ich auf unsere pädagogische und kooperative Entwicklung zurück schaue, dann sehe ich uns in einem ständigen Prozess, für Kinder einen angemessenen Entwicklungsrahmen zu gestalten, damit sie zu ihrem bestmöglichen Wachsen finden. Das geht nur in gemeinsamer Anstrengung mit dem Bemühen, die unvermeidlichen Praxisprobleme nicht unter „den Teppich zu kehren", sondern sie immer wieder aktiv anzugehen. Dabei wurde und wird das anfangs in Cuxhaven entwickelte Methodenkonzept der Handlungsforschung (HF) zu unserem wichtigsten Wegbegleiter und zu einem heute nicht mehr wegzudenkendem Handwerkszeug, unser pädagogisches Konzept kontinuierlich zu aktualisieren (siehe Schema auf der nächsten Seite und Kapitel 1, Seite 23). Für mich, und ich denke inzwischen auch für das gesamte Team, gehört es zum Alltag, immer wieder Praxisprobleme zu erleben. Sie ergeben sich z. B. aus Beobachtungen eines Kindes oder einer Kindergruppe, Störungen im Ablauf, Irritationen und Missverständnissen im Team, nicht gelungenen Absprachen zwischen Kolleginnen, Regelungen die nicht mehr stimmig sind...Das ganze Spektrum der Arbeit kann in der HF vorkommen. Manchmal sind es nur die kleinen Dinge im Alltag, die uns unzufrieden machen, manchmal sind es Kinderbeobachtungen, die besonders ernst genommen werden müssen. Wir kennen sie alle, die Herausforderungen des Alltags.

Wir haben verschiedene Möglichkeiten damit umzugehen: wir können uns ärgern, wir können sie ignorieren, wir können hoffen, dass eine andere Kollegin es auch bemerkt, oder wir gehen offensiv und professionell damit um und sprechen sie an. Ich möchte mit diesem Artikel noch einmal ausdrücklich für diese Vorgehensweise werben! Die konsequente Anwendung bei uns im Kindergarten hilft uns den Alltag störungsfreier zu gestalten, hilft uns Kinder besonders im Blick zu haben, hilft uns das offene Konzept weiter zu entwickeln und macht uns mutig, uns mit neuen Ideen auseinanderzusetzen.

Methodenkonzept der Handlungsforschung

Praxisproblem

↓

Wer hat das Problem? (Das Problem definieren)

↓

Informationsgewinnung

↓

Erkenntnis Prozess (Sinnverstehendes Vorgehen)

Lösungssuche im Diskurs aller Beteiligten

↓

Bedingungen im Kindergarten überprüfen

↓

Lösung im Diskurs
ohne Schuldzuweisung

↓

Probehandeln (→ zurück zu Praxisproblem)

(siehe hierzu: Regel/Wieland
„Offener Kindergarten konkret", S. 9ff.)

Dazu einige Anregungen aus unserer praktischen Anwendung

1. Praxisproblem oder Praxisfrage

Jede Erzieherin ist sensibel, Wahrnehmungen im Alltag, die als Störung empfunden werden, dem Team zur Diskussion zu stellen: in der Dienstbesprechung oder in der Fachberatungszeit oder in der Supervision oder auch in der gemeinsamen Vorbereitung mit einer Kollegin. Diese Signale werden oft auf unterschiedliche Weise wahrgenommen. Beobachtung von Kindern oder Kindergruppen ist der klassische Weg um etwas zu erkennen und mit unseren Sinnen tätig zu sein. Es erfordert Präsenz und Achtsamkeit im Miteinander und im Zusammenleben. Im Gespräch mit den Kolleginnen reflektieren wir unsere Gefühle (Ärger, Unsicherheit, Hilflosigkeit, Sorge, Mitleid), unsere Empfindungen, auch diffuse Gefühle, unser Unbehagen wenn etwas nicht stimmig ist, unsere Eindrücke oder auch körperliche Reaktionen, wie z. B. Kopfschmerzen und Schlaflosigkeit, die in einem Zusammenhang mit der pädagogischen Arbeit erlebt werden. All diese Sinneswahrnehmungen sind berechtigt und bedeutsam. Damit sie wirksam werden können, müssen wir sensibel und achtsam werden gegenüber unseren Gefühlen, Empfindungen, körperlichen Reaktionen, feinen Regungen, die sich durch die Gedanken aufdrängen. Diese Wahrnehmungen werden dem Team zur Verfügung gestellt und es wird genau definiert: „Was ist das Thema?“ und „Wie heißt die Fragestellung?“

2. Informationsgewinnung

Jede Erzieherin, die etwas zu dem Thema beitragen kann, erzählt und berichtet aus ihrer Perspektive, ohne Schuldzuweisung und vorschnelle Bewertung. Das Anliegen wird von allen Seiten beleuchtet, genau definiert und es werden Hypothesen gebildet auf der Grundlage des Verstehens. Wir schöpfen also die Informationen in erster Linie aus unseren Erfahrungen und unserem Wissen und bereichern uns gegenseitig. Das Team ist wie ein Pool voller Schätze, die es gilt zu heben und zusammen zu bringen. Dabei korrigieren sich auch bestehende Denkweisen oder sie werden erweitert. Das bezieht Fachliteratur mit ein. Die HF kann auch unterbrochen werden, wenn weitere Beobachtungen oder Gespräche mit Kindern sinnvoll sind oder ein Gespräch mit Eltern, Therapeutinnen oder anderen Personen aus dem Außenbezug erforderlich werden. Durch unsere Praxis bestätigt sich die Aussage aus dem ersten Buch, dass, immer dort, wo Menschen anfangen, in einem gemeinsamen Prozess über die Ursachen, Folgen und Konsequenzen ihres Handelns nachzudenken, dieses dann möglichst aufgrund ihrer Reflexionen zu verändern beginnen, Handlungsforschung stattfindet. (Offener Kindergarten konkret, S. 43ff.)

3. Lösungssuche im Diskurs

Durch die Informationsgewinnung sind verschiedene Perspektiven durch verschiedene Menschen in das Gespräch eingeflossen und münden in einen offenen Problemlösungsprozess. Nun ist die Zeit für kreative Ideen, die im offenen Gespräch weiter bewegt werden. Auf der Grundlage der Hypothesen wird überlegt, welcher Lösungsversuch angemessen sein könnte. Letztendlich muss sich die Gruppe einvernehmlich für einen Weg entscheiden. Es ist ein von allen getragener Konsens auf einem vorläufigen Weg, der sich im Probehandeln fortsetzt. Bei dieser zu Kreativität führenden Vorgehensweise kommt das Dialogische Prinzip zum Tragen, wie es Milani Comparetti bereits in den achtziger Jahren in seinem Schema der offenen Spirale zum Ausdruck brachte. Die Dialogspirale zeigt deutlich, wie Vorschlag – Gegenvorschlag – Vorschlag – usw. sich gegenseitig in einem dialogischen Gespräch befruchten und zu kreativen Ideen führen.

4. Das Probehandeln

Einerseits beendet das Probehandeln den Lösungsprozess und andererseits wird er zu einer Überprüfung und möglichen Weiterentwicklung wieder geöffnet. Der Zeitraum des Probehandelns muss genau festgelegt werden. Es muss ausgemacht werden, wer dieses Thema in welcher Runde wieder einbringt. Wenn sich die erarbeitete Lösung im Alltag zu aller Zufriedenheit bewährt hat, haben die getroffenen Verabredungen weiterhin Bestand. Bewährt sie sich aber nicht, beginnt der Prozess von vorn. Dann erst wird gemeinsam abgesprochen, ob der Prozess beendet wird, oder ob er wieder neu begonnen werden muss. Dieses darf dann auf keinen Fall als Scheitern verstanden werden! Wird ein Probehandeln in einer Kleingruppe von Erzieherinnen vereinbart, muss das restliche Team in die Zielsetzung und Ergebnisfindung unbedingt mit hineingenommen werden. In unseren Dienstbesprechungen bietet es sich an, diese Informationen weiter zu geben. Wir leben inzwischen in dem Bewusstsein, dass Strukturen nicht statisch sind, sondern flexibel an die Gegebenheiten der Einrichtung angepasst werden können. Veränderungen sind immer dann nötig, wenn neue Situationen diese erforderlich machen. In dem Zusammenhang erinnere ich mich auch an einen Satz aus der Anfangszeit: „So wenig Strukturen wie möglich, so viel Strukturen wie nötig." Nur mit dieser Einstellung werden wir einen sinnvollen Weg der Freiheit für Kinder entwickeln können.

Was macht dieses Vorgehen so wertvoll?

Das Team übt sich im Gestalten von gemeinsamen Prozessen ein. Jedes Mitglied der Gruppe ist mit seinen Beobachtungen, Gedanken und Lösungsvorschlägen in diesem Prozess gleichwertig. Vorschnelles Bewerten und spontanes Aussprechen von pädagogischen Lösungen unterbleiben. Sie würden zu Störungen führen und wären kontraproduktiv. HF braucht eine fehlerfreundliche Atmosphäre, in der das Probehandeln zeitlich begrenzt ist, weil alle Abmachungen und Verabredungen als vorläufig verstanden werden. Neue Verabredungen müssen von allen getragen und verantwortet oder entsprechend von allen verändert werden. Das schafft ein gemeinsames Netz der Verantwortlichkeit, Selbstwirksamkeit und Verbundenheit. Gleichzeitig entsteht ein Gefühl, dass eine bestehende Struktur wirksam und sinnvoll verändert werden kann. Durch HF wächst ein lebendiges pädagogisches Konzept, in welchem der Alltag mit seiner Struktur und seinem Regelwerk und der Umgang mit den Kindern gemeinsam von allen getragen und den Kindern gegenüber vertreten wird.

Schlussgedanken:

Missverständnisse, Unstimmigkeiten, Ärger über die HF treten immer wieder auf, wenn nicht streng auf das schrittweise Vorgehen geachtet wird. Ich verstehe mich in solchen Prozessen als Moderatorin, die den roten Faden immer wieder aufnimmt. Nach meiner Wahrnehmung wird die HF in manchen Offenen Kindergärten nicht konsequent von Anfang an angewendet. Das mag einmal daran liegen, dass methodisches Arbeiten keine Stärke von Erzieherinnen ist. Zum anderen kommt kein Team darum herum, sich der Mühe der Einübung zu unterziehen. Nach unseren Erfahrungen ist die HF anfangs anstrengend und zeitintensiv wegen der besagten Einübung, aber viel zeitintensiver ist es, Probleme zu ignorieren oder diese zwischen „Tür und Angel“ klären zu wollen. Durch die konsequente Anwendung der HF in unserem Kindergarten haben wir nur profitiert: es gibt eine hohe Arbeitszufriedenheit bei den Kolleginnen und es ist eine gemeinsame Gesprächskultur entstanden. Wir haben zu einem Profil gefunden, dass sich besonders über die HF entwickelt hat und sich auch noch weiter entwickelt. Entstanden ist weiterhin eine gängige Praxis der Reflektion gemeinsamer Projekte. Jede Aktion im Kindergarten wird anschließend von allen Beteiligten reflektiert, z. B. Gottesdienste, Projekte, Aktionen mit Eltern und Kindern, Projektwochen, Angebote... Alles kommt auf den Prüfstand unter der Fragestellung „Was ist gut gelaufen?“ „Was muss neu überdacht werden?“ Wichtige Anmerkungen werden dabei schriftlich festgehalten, sodass wir beim nächsten Mal darauf zurückgreifen können. Das schafft mit der Zeit eine Atmosphäre des Vertrauens und Mutes. Mit der HF ist dadurch ein Qualitätsbaustein unserer Arbeit entstanden. Wir haben ein Handwerkszeug zur Verfügung, das zu unseren Unterstützungssystemen zählt und unser Alltagshandeln leichter macht und zugleich der Fortschreibung unserer Konzeption dient.

Sabine Schommartz ist Leiterin des Ev.-luth.
Emmaus Kindergarten in Wennigsen
(ab März 2011 Fachberaterin in der
Ev.-luth. Landeskirche Hannovers)

Roswitha Emme

Der Offene Kindergarten und meine Lust am Beruf – Gemeinsam im Team Pädagogik gestalten

1. Gemeinsam im Team Pädagogik gestalten

Eine gute Arbeit in einem Offenen Kindergarten erfordert von den dort arbeitenden Erzieherinnen große Veränderungen, die in ihrem Ergebnis sowohl spannend als auch lehrreich sind. So habe ich nicht mehr nur „meine" 25 Kinder im Blick zu haben, sondern ich beobachte und verfolge die Entwicklung möglichst aller Kinder im Kindergarten. Um dies gemeinschaftlich gewährleisten zu können, muss sich das Team einige Grundlagen erarbeiten. Zu diesen gehört die Beantwortung folgender Fragen:

- Welches gemeinsame Menschenbild wollen wir umsetzen?
- Was gehört zu der Begleitung eines Kindes?
- Was ist unser Bildungsauftrag?
- Wie vermittele ich unsere Sichtweisen an Eltern und andere Institutionen?
- Was bedeutet Kritik und Selbstkritik für meine Arbeit?

Ohne eine gemeinsames Menschenbild, die gemeinsame Sichtweise von Kindern, Kollegen und Eltern, kommt es in unserer Arbeit zu ständigen unproduktiven Auseinandersetzungen. Um sich auf diese Sichtweise zu einigen bedarf es der Erkenntnisse der neuesten Hirn- und Lernforschung und des Wissens um die veränderten Lebensbedingungen für Familien. Auf diesen Grundlagen ist es uns im Team gelungen, sich an ein gemeinsames Menschenbild heranzutasten. Dabei ist uns im Laufe der letzten Jahre aber auch immer wieder deutlich geworden, dass dieses Thema nicht abgeschlossen wird, sondern dass wir immer wieder an den Punkt kommen, uns erneut damit auseinander zu setzen. Dies liegt sowohl daran, dass wir im Alltag immer wieder in Routinen verfallen und dabei zum Teil den Blick auf das Kind verlieren, aber auch daran, dass sich die gesellschaftliche Situation für Familien in einem ständigen Wandel befindet und wir darauf zu reagieren haben.

Gerade auch der Aspekt von Kritik und Selbstkritik ist ein Bereich, der für alle im Team immer wieder eine große Herausforderung darstellt. Durch unsere gesamte Sozialisation, besonders durch die Schule, haben wir Kritik als Abwertung unsere Person erfahren und nicht als Hilfestellung für unsere Arbeit. Gehen wir davon aus, dass wir gerade in der Arbeit mit Menschen nicht ohne Gefühle und emotionale irrationale Betroffenheit auskommen, wird deutlich, dass unser darauf resultierendes Handeln nicht immer objektiv richtig sein kann. Hierfür Kolleginnen zu haben, die sich gegenseitig helfen, das eigene Handeln zu reflektieren, zu objektivieren, kann als Unterstützung begriffen und gelernt werden. Dies erfordert von uns Erzieherinnen sehr viel: Wir müssen lernen, dass wir alles ansprechen können und sollten. Es ist wichtig, dabei auf dem Sachohr zuzuhören. Wenn sich ein Team dieser schwierigen Aufgabe stellt, wird das Getratsche hinter dem Rücken stark reduziert und die gemeinsame vertrauensvolle Arbeit kann beginnen.

An dieser Stelle möchte ich ein Beispiel aus unserer Einrichtung erzählen, dass sich erst in jüngster Zeit ereignet hat. Wir haben seit zwei Jahren Kinder unter drei Jahren in unserer Einrichtung, eine Kollegin hat dazu die „Fortbildung U3“ gemacht. Daraus ergaben sich für uns viele neue Fragestellungen, auf die wir individuell und sehr unterschiedlich reagierten:

- Brauchen diese jungen Kinder eigene Räumlichkeiten?
- Brauchen sie feste Ansprechpartner?
- Müssen wir diese Kinder mehr „betüteln“ und es ihnen besonders kuschelig machen?

Fragen über Fragen, mit denen wir uns bevor die Kinder kamen nicht beschäftigt hatten. So wollten einige von uns die Kinder am Liebsten auf dem Arm tragen und sie nicht alleine lassen, während andere sie genauso behandeln wollten, wie die Kindergartenkinder und sie begleiten und nicht betüteln. Dies führte zu großen Spannungen im Team. Auf einem extra dafür angesetzten Studientag konnten folgende Aspekte herausgearbeitet werden:

- Alle Kinder, egal welcher Altersgruppe, zeigen uns, was sie für eine Begleitung benötigen.
- Es gibt Kinder, die brauchen eine Ruhezone, einen Rückzugsraum, auch dies ist nicht altersabhängig.
- Unsere Reaktion auf die Krippenkinder ist stark geprägt von der eigenen Lebenssituation. Wer jüngere Kinder hat, dachte im Umgang mit den „Kleinen" an die eigenen Kinder; die anderen waren von ihren älteren Kindern geprägt und emotional nicht mehr so eingebunden.

Gerade am letzten Punkt hatten wir alle sehr zu knacken. Nachdem wir ihn aber herausgearbeitet hatten, konnten wir uns darauf verständigen, dass jede dieser Haltungen ihre Berechtigung hat und die Erzieherin, die gerade eine Situation mit einem Kind klärt, das ohne Misstrauen von anderen zu Ende bringt. Seit diesem Studientag sind die Spannungen im Team hierzu beseitigt.

2. Fortbildung – Weiterbildung – Teamentwicklung

Die Fort- und Weiterbildung einzelner Kolleginnen wird nicht ausschließlich als eine persönliche Fort- oder Weiterbildung gesehen, sondern unter dem Aspekt ausgewählt, was wichtig für unsere Einrichtung, unser ganzes Team ist. Dann findet sich eine Kollegin, die Lust auf dieses Thema und die dafür nötige Zeit hat und fährt zur Fortbildung. Wichtig ist jedoch, dass die Inhalte wieder zurück in das Team gebracht werden und dieses von der Fortbildung profitiert. Wenn dies nicht passiert, kommt es leicht zu Störungen im Team, weil wir die Kollegin, die sich neue Erkenntnisse erworben hat, in ihrer Arbeit nicht mehr verstehen.

Das Gute an diesem Prinzip ist, dass sich möglichst alle gemeinsam weiterentwickeln und dass sich das ganze Team inhaltlich immer wieder mit neueren Erkenntnissen auseinander setzt. So entsteht ein ständiger Lernprozess im ganzen Team. Das hält uns rege im Denken und zwingt uns, die eigene Arbeit immer wieder einmal zu reflektieren. Außerdem ist es wichtig nach einer Fort- oder Weiterbildung mit dem Erfahrenen nicht allein gelassen zu werden, sondern im Team darüber zu reflektieren, was von dem neuen Wissen für uns in der Arbeit wichtig und von Bedeutung ist und was nicht zu uns passt.

3. Themenarbeit und Alltagsgeschehen

Neben der alltäglichen Arbeit kommt es immer wieder zur gemeinsamen Bildungsarbeit. Im ganzen Haus wird in allen Bereichen an einem gemeinsamen Thema gearbeitet. Das ist für uns ein wichtiger Bestandteil der offenen Arbeit. Das fängt schon bei der Planung an. Als erstes überlegen wir ein Thema, das wir in Verbindung mit unseren Bildungsbausteinen den Kindern intensiver vermitteln wollen, und stecken den Zeitrahmen für das Thema ab. Dann planen wir gemeinsam, wer im Team welche Angebote und in welchem Raum durchführen will. Dabei ist es wichtig, alle Altersgruppen im Hause anzusprechen und das ausgesuchte Thema mit möglichst allen Sinnen zu erfassen.

Obwohl wir schon lange diese Arbeit machen, ist die Themenarbeit auch immer wieder ein Auseinandersetzungspunkt bei uns im Team. Das hat verschiedene Gründe. Einige Kolleginnen empfinden diese Form der offenen Bildungsarbeit als zusätzliche Belastung, während andere diese Form des Arbeitens zwar als intensiv, aber eher als entlastend empfinden. Sie genießen es, dass im ganzen Haus gemeinsam Hand in Hand gearbeitet wird. Auch das Tempo der Planung und Durchführung wird nicht gleich gesehen. Einigen geht es zu schnell oder das Thema ist ihnen zu umfangreich, andere haben viel Schwung und wollen nicht gebremst werden. Trotzdem gelingt es uns immer wieder, auf einen Nenner zu kommen; und wir freuen uns im Anschluss solcher gemeinsamen Aktivitäten über die Erfolge in der Arbeit, die wir an der Begeisterung der Kinder ablesen.

4. Persönliche Schlussbemerkung

Ich bin seit 1979 im Erzieherberuf und habe in der Zeit von 1979 bis 1983 in der Vereinigung städtischer Kindertagesheime in Hamburg in festen Gruppen gearbeitet. Schon nach diesen nicht ganz vier Jahren empfand ich die

Arbeit dort als zu gleichförmig und langweilig. Ich hatte das Gefühl, mich nicht mehr weiterzuentwickeln. Im Anschluss daran habe ich selber ein Ausbildungsprojekt mit aufgebaut, die Autonomen Jugendwerkstätten. Auch dort habe ich nur drei Jahre gearbeitet und brauchte für mich einen neuen Input. Die nächsten drei Jahre habe ich dann im Kinderhaus Heinrichstraße, einer alternativen Kita, gearbeitet und hatte dann wieder das Gefühl auf der Stelle zu treten. Dann bin ich für zwei Jahre ganz aus dem Beruf ausgestiegen und zu See gefahren. Nach meiner Familienzeit bin ich nach Cuxhaven gezogen und wollte wieder arbeiten. Natürlich bot es sich an, dies in einem Kindergarten zu tun. Das war für mich der einfachste Weg, Arbeit und Kinder unter einen Hut zu bekommen. So machte ich dann meine ersten Erfahrungen mit der Offenen Kindergartenarbeit in einem Kindergarten. In diesem Kindergarten bestand leider nicht der Anspruch, sich ein gemeinsames Menschenbild zu erarbeiten, im Prinzip arbeitete das Team zwar in Funktionsräumen statt in Gruppenräumen, es fand jedoch keine gemeinsame Arbeit statt und es gab keine gemeinsame fachliche Weiterbildung. Nach sechs Jahren in diesem Kindergarten begann ich mich auf eigene Kosten zur Entwicklungsbegleiterin in Bremen auszubilden. Dies brachte mir unendlich viele neue Erkenntnisse, und ich erfuhr einen ganz neuen Ansatz in der Arbeit. Leider war es mir nicht möglich diese neuen Erkenntnisse in das Team dieses Kindergartens einzubringen, es interessierte keinen. Also wurde mir klar, dass ich in dieser Einrichtung nicht bleiben konnte, und ich wechselte in einen evangelischen Kindergarten. Durch den Vergleich dieser beiden Einrichtungen ist mir klar geworden, dass offene Arbeit dann gut läuft, wenn dort eine engagierte Leitung und engagierte Kolleginnen sind, die Lust haben in einem permanenten Diskussions- und Entwicklungsprozess zu stehen. Jetzt macht die Arbeit auch noch nach neun Jahren Spaß und ich muss nicht wieder woandershin wechseln, um mich weiterzuentwickeln.

Roswitha Emme ist Erzieherin und
Entwicklungsbegleiterin in der
Ev.-luth. Kindertgagesstätte
St. Nicolai in Cuxhaven-Altenbruch

III. Kinder als gleichwürdige kleine Menschen

Angelika Oest

Der Weg zur Partizipation als Lebensphilosophie – Zur vielfältigen Mitwirkung unserer Kinder

Voller Stolz und Tatendrang übernahm ich vor über 10 Jahren die Leitung einer nagelneuen Kindertagesstätte. Ein wunderschöner Klinkerbau mit großzügigen und lichtdurchfluteten Räumen, versehen mit Fenstererkern aus Naturholz in Kinderhöhe und einer Hochebene in jedem Gruppenraum. Ein Haus, das erst einmal wenige Kinderträume offen ließ. Das Konzept der offenen Arbeit und die gemeinsame Erziehung von Kindern mit und ohne Behinderung waren die letzten ausschlaggebenden Punkte, um meinen Traum, in dieser Kindertagesstätte arbeiten zu dürfen, zu verwirklichen. Mir zur Seite stand ein hoch motiviertes und engagiertes Team, bestehend aus weiblichen Kolleginnen, und völlig ungewöhnlich, auch einem Anteil männlicher Kollegen. Es erfüllt mich mit einem ganz besonderen Stolz, über einen so langen Zeitraum gemeinsam mit diesem engagierten und leidenschaftlichen Team den Weg der Weiterentwicklung zur Partizipation gegangen zu sein.

Das Wort Partizipation war zum damaligen Zeitpunkt für mich und meine Kolleginnen und Kollegen noch ein Fremdwort. Uns war gar nicht klar, dass wir schon von Beginn an wichtige und bedeutsame Grundsteine für Partizipation gelegt haben. Anfangs war es die Philosophie und das Konzept unserer Einrichtung, in der wir den Kindern vermittelten, dass es normal ist, verschieden zu sein, und gemeinsam mit ihnen sehr viele Entscheidungs- und Entfaltungsspielräume gestalteten.

Schon damals erlebte ich es als etwas ganz besonderes, dass sich die Kinder in unserer Einrichtung entsprechend ihrer Bedürfnisse und Befindlichkeiten eigenverantwortlich für Räume und Angebote entscheiden konnten. Die Kinder zeigten uns aber noch viel mehr. Wir lernten von ihnen, dass sie sehr wohl in der Lage sind, verantwortlich mit sich selbst und anderen umzugehen, und ihre Bedürfnisse einfordern können. Wir Mitarbeiter lernten, uns immer stärker zurückzunehmen, sensibler hinzuschauen, uns auf ihre Welt einzulassen und ihre Träume mitzuträumen, gemeinsam mit ihnen Antworten auf ihre Fragen zu suchen und ihren Stolz und ihre Erfolge mit ihnen teilen zu dürfen. Unsere pädagogische Arbeit veränderte sich. Wir wurden Begleiter und Unterstützer unserer Kinder, aber auch Herausforderer, Berater und Beobachter.

Heute erlebe ich partizipierte Kinder während des gesamten Tagesablaufes. Besucher werden von Kindern empfangen, Kinder gestalten verantwortlich Morgenrunden und Angebote, Kinder bieten Kindern Hilfestellungen in fast jeder Lebenslage, Kinder übernehmen verschiedene Dienste wie Blumen gießen, kleine Reinigungsdienste, Tischdecken und abräumen, Frühstück einkaufen und zubereiten, „Erste Hilfe"- Maßnahmen, Telefondienste, ... Kinder mischen sich ein, sie wollen mitreden, miteinbezogen werden, Partner sein. Es geht nicht über sie, es geht nur noch mit ihnen.

Bei meinen Streifzügen durch die Einrichtung erlebe ich mich des Öfteren als heimlicher Beobachter, von respektvoll und wertschätzend geführten Aushandlungsgesprächen zwischen Mitarbeitern und Kindern oder zwischen Kindern untereinander.

Es sind für mich bedeutungsvolle Augenblicke miterleben zu dürfen, mit wie viel Begeisterung und Motivation die Kinder in unserer Einrichtung ihre Ideen verantwortlich planen, aushandeln und in den Alltag integrieren. Der respektvolle und wertschätzende Umgang von unseren Mitarbeiterinnen und Mitarbeitern mit unseren Kindern berührt mich immer wieder aufs Neue. Im Laufe der Jahre ist Partizipation für uns in der Kindertagesstätte zu einer Lebensphilosophie und einer ständiger Herausforderung geworden. Einige Beispiele sollen das deutlich machen:

1. Herzlich willkommen in der Kindertagesstätte Nimmerland, heute begrüßt sie: ...

Unser Empfangsdienst besteht jeweils aus drei Kindern. Ihre Namen stehen mit Kreide geschrieben, manchmal gut leserlich, hin und wieder mit geheimen Kürzeln versehen auf einer Tafel über dem Empfangstresen unseres Eingangsbereichs. Beim Eintritt in unsere Kindertagesstätte wird jeder Besucher von einem Kinderempfangsdienst zwischen 8.00 und 8.30 Uhr herzlich begrüßt. Was ist ein Kinderempfangsdienst? Wird sich jetzt vielleicht der eine oder andere fragen. Es sind Kinder, die voller Stolz täglich hinter einem selbstgebautem Tresen stehen und Eltern, Kinder und uns Mitarbeiter empfangen, um die verantwortungsvolle Aufgabe der Anwesenheitsliste zu führen, wichtige Infos von den Eltern in schriftlicher Form in den Empfangsordner zu kleben und alle wichtigen Telefonate entgegenzunehmen und entsprechende Infos weiterzuleiten. Die Qualifikation haben unsere Kinder in freiwilligen Angebotsschulungen im Umgang mit dem Telefon und den Begrüßungsabläufen in unserer Einrichtung erworben.

2. Rettungsmäuse

„Erste Hilfe" leisten, dass können wir auch! Und, dass unsere Kinder das wirklich können, haben sie uns seit vielen Jahren bewiesen. Ausgestattet mit einem roten Rettungsmaus T-Shirt versorgen die geschulten Ersthelfer voller Stolz und hoch motiviert je nach Verletzung der Kinder diese mit Kühlkissen, Hilfe holend, Pflaster klebend oder tröstend. Auf einem Dienstplan gekennzeichnet, wissen die Rettungsmäuse genau, an welchem Tag sie „Dienst" haben. Kein einfacher Job! Die Rettungsmäuse werden überall gebraucht. Weint ein Kind, weil es sich wehgetan hat, flitzt sofort die Dienst habende Rettungsmaus los, um in der Küche ein Kühlkissen zu besorgen, saust zurück zum Verletzten, um die Verletzung zu kühlen und tröstende Worte auszusprechen. Ist die Verletzung größer, wird sofort Alarm bei einem Erwachsenen geschlagen, und die notwendigen Informationen werden weitergeleitet. Pflaster kleben gehört aber auch zu den ehrenvollen Aufgaben der Rettungsmaus. Damit der Spaß an der Sache nicht verloren geht, werden in regelmäßigen Abständen „Erste Hilfe"-Maßnahmen in Rollenspielen geprobt. Dabei darf es dann auch mal schwerverletzte Mitarbeiter geben, die an fast allen Körperteilen verbunden werden müssen. Unsere Rettungsmäuse haben für ihre ehrenvolle Aufgabe einen Kursus absolviert. Die anschließend verliehene Urkunde befähigt sie als ausgebildete Rettungsmaus, diesen besonderen Dienst leisten zu dürfen.

3. Werkstattführerschein

In unserer Werkstatt ist fast immer Betrieb. Was passiert mit dem kaputten Trecker aus dem Bauraum oder mit dem abgebrochenen Fuß von dem Puppenbett? Auch der Holzhammer ist beim letzten Schlag während des Hammerspiels abgebrochen. Wegschmeißen und neu kaufen? Bei uns erst einmal nicht! Die Kindergartenhandwerker müssen her. Die Kinder zeigen, dass es Spaß macht, das Spielzeug zu reparieren. Dieses gelingt natürlich nicht immer, aber der Versuch zählt, und von den Kindern repariertes Spielzeug gewinnt enorm an Wert und Achtung. Ausrangierte Haushaltsgeräte laden aber auch dazu ein, diese aufzuschrauben und einmal einen Blick hineinzuwerfen. Spannend, was sich da hinter so alles verbirgt. Vielleicht kann man ja noch irgendetwas davon gebrauchen? Um ein richtiger Kindergartenhandwerker zu werden, lernen unsere fleißigen Handwerker vorab den sachgemäßen Umgang mit Werkzeug und die entsprechenden Verhaltensregeln in der Werkstatt und erhalten abschließend die Auszeichnung zum Gesellen durch einen Werkstattführerschein. Somit wurden auch schon mal die Gesellen zum Ausbilder für die nächste Generation.

4. Kinderbeirat und Kinderversammlung

„Wir wollen uns einmischen und mitreden!"
Kinderparlament, Kinderversammlungen und Kindersprecher kannten wir damals nur aus der Schule. Klassensprecher setzen sich für die Bedürfnisse ihrer Mitschüler ein. Geht so etwas auch im Kindergarten? Diese Frage stellten wir uns vor vielen Jahren. Da wir aber zu diesem Zeitpunkt schon

unsere verantwortungsvollen und selbstbewussten Kinder erlebten, die mitreden und sich einmischen wollten, gestalteten wir diesen Prozess mit den Kindern gemeinsam. Einmal im Jahr werden in unseren Basisgruppen zwei Gruppensprecher gewählt. Das allein ist schon eine spannende Angelegenheit. Jede Gruppe wählt ihren Sprecher individuell, aber auf jeden Fall streng geheim. Da werden z. B. Fotos der Kandidaten neben ein Wasserglas gelegt und die Kinder werfen ihre Murmeln für ihren Kandidaten in das Glas, oder auf einem Blatt neben dem Foto der Kandidaten werden Striche gemalt. Die Bekanntgabe der Wahlergebnisse ist dann immer eine hoch spannende Angelegenheit und erfüllt die neu gewählten Gruppensprecher mit besonderem Stolz.

Unsere Gruppensprecher haben eine besondere Aufgabe im Kindergarten. Sie notieren sich mit ihren eigenen Symbolen in einem Gruppenordner die Belange ihrer Gruppe und tragen diese im Kinderbeirat vor. Der Kinderbeirat tagt einmal wöchentlich am „Runden Tisch", eine enorm wichtige Angelegenheit. Der Kinderbeirat wird von einer Kollegin und mir begleitet. Die Gruppensprecher tragen hier ihre Ideen aus der Gruppe vor, machen Vorschläge für Veränderungen und treffen dann mit uns gezielte Vereinbarungen, die schriftlich in ihren Gruppenordnern festgehalten werden.

Es erfüllt mich mit großem Stolz, miterleben zu dürfen, wie die Kinder in ihre Rolle als Gruppensprecher hineinwachsen und dieses Amt zunehmend genießen. Mit wachsendem Selbstbewusstsein tragen sie anschließend auf einer Bühne während der Kinderversammlungen unsere Vereinbarungen, Bekanntmachungen und Ideen über ein Mikrophon vor.

5. Frühstücksbuffet

Verantwortung erleben unsere Kinder auch bei der Gestaltung unseres Frühstücksbuffets. Wenn anfangs die Kinder sich noch damit zufrieden gaben, den Servierwagen in unser Bistro zu schieben und die Speisen nett auf dem Buffetwagen drapierten, so forderten sie über die Jahre hinweg eine andere Beteiligung ein. Sie brachten ihre Speisewünsche ein und wollten sich bei der Zubereitung beteiligen und interessierten sich dafür, wo unsere Speisen herkamen. Es ist schon klasse, was sich auch in diesem Bereich partizipierend verändert hat. Gemeinsam sitzen Mitarbeiter und Kinder am Tisch in einem so genannten Küchengremium und planen das wöchentliche Buffet. Einkaufslisten müssen geschrieben und Überlegungen getroffen werden: wo kaufen wir was?

1x wöchentlich wird der große Wochenmarkt besucht. Man kennt uns dort schon. Für die Kinder ist es immer wieder ein besonderes Erlebnis, die Vielfalt der Lebensmittel an den Marktständen vorzufinden. Sie zeigen sich interessiert und neugierig. Sie wollen ihre Fragen stellen, probieren, anfassen, riechen, für unser Frühstücksbuffet auswählen und bezahlen. Aber auch verschiedene Supermärkte in der Umgebung werden angesteuert, um die gesamte Ideenvielfalt der Kinder auf unser Frühstücksbuffet zu zaubern.

Es gibt eine Reihe von Kindern, die es kaum abwarten kann, morgens umgehend in unsere Kinderküche zu stürmen, um bei der Zubereitung der Speisen für das Frühstück tatkräftig mitwirken zu können. Ich erlebe Kinder, die sich inzwischen für bestimmte Quarkspeisen alleine verantwortlich fühlen und vom Pürieren bis hin zum Abschmecken alles eigenständig zubereiten.

Unser Frühstücksbuffet ist der Hammer! Es ist die Vielfalt und die Auswahl des täglich wechselnden Angebotes. Neben selbst zubereiteten Quarkspeisen und Jogurts gehören verschiedene Brotsorten, Obstsalate, überbackene Pizzabrötchen, Bretzeln, Brucetta Brote, Fischangebote, wie z. B. Krabben zum selbst pulen und Eierspeisen zu unseren Angeboten. Ein Müslibuffet mit verschiedenen Sorten steht den Kindern täglich zur Selbstbedienung zur Verfügung.

So ist vielleicht auch nachzuvollziehen, dass gleich nach der Morgenrunde der Kinder die große Schlacht am Buffet beginnt. Das ist die Zeit des Hauptandranges, anschließend wird's überschaubarer und ruhiger. Unsere Kinder bestimmen für sich, ob, wann und mit wem sie frühstücken möchten, was und wie viel sie essen möchten und an welchem Tisch sie an welchem Platz sitzen wollen.

Die Frühstückszeit gehört bei fast allen Kindern zu einer der beliebtesten Zeiten im Tagesgeschehen. In unserem Bistro wird in gemütlicher Atmosphäre geklönt, gelacht, sich verabredet, probiert und vieles Neue kennen gelernt. Die leckeren und vielseitigen Speisen wecken jeden Tag aufs Neue nicht nur die Neugier und den Appetit der Kinder. Es gibt mitunter selbst gewählte Jungentische und natürlich auch Mädchentische, oder eine Paarkonstellation im Separée, Einzeltische oder gemischte Gruppentische.

6. Bewegungsbaustellen

Vielfältige Materialien bestehend aus Brettern, Baumstämmen, Reifen, Töpfen, Seilen, Fässern, Getränkekisten, Steinen und vieles mehr laden die Kinder ein, ihre Phantasiewelt zu gestalten. Mit großem Eifer und voller Tatendrang vergessen sie um sich herum Raum, Zeit und Ort und leben ihre Abenteuer. Dabei machen die Kinder wichtige Erfahrungen im Spielgeschehen, auszuhandeln, Kompromisse zu schließen, ihre Ideen einzubringen, Rollen zu verteilen und Erfolge und Misserfolge zu erfahren.

Es gibt noch viele weitere Angebote, in denen Kinder durch Mitbestimmung Partizipation-Teilhabe erfahren. Wer Lust auf mehr Information zu diesem Thema hat, ist herzlich eingeladen, bei uns hospitieren.

Angelika Oest ist Leiterin in der Kindertagesstätte Nimmerland in Langen im Landkreis Cuxhaven. Sie ist Mitarbeiterin im Netzwerk Offener Kindergarten

Natalie Ackermann

Auf dem Weg zu einer Kinderstube der Demokratie – Erste Erfahrungen mit unserem Kinderrat

Unsere Kindertagesstätte ist ein „Baumhaus" für Kinder und seit 20 Jahren ein Offener Kindergarten. Von dem Bild „Baumhaus" leiten wir unser Zusammenleben mit Kindern ab. Der Baum ist fest verwurzelt in der Erde und das Haus bietet Schutz, Geborgenheit und Grenzen. Die Bewohner müssen sich auseinandersetzen, zusammenrücken und aufeinander achtgeben. In einer Atmosphäre des Vertrauens sollen sich Kinder im Baumhaus entwickeln können; Vertrauen zu Gott, zu sich selber, zu den Menschen und ihrer Mitwelt entfalten.

Baumhaus – evangelische Kindertagesstätte Nikolausberg

Der Stadtteil Nikolausberg liegt außerhalb Göttingens Stadtgebiet und ist mit öffentlichen Verkehrsmitteln aus der Innenstadt in 30 Minuten zu erreichen.

Die Kindertagesstätte ist eine integrative Einrichtung mit 68 Kindergartenkindern im Alter von 3–6 Jahren, 32 Hortkindern im Alter von 6–10 Jahren in den Räumen der Grundschule und 15 Krippenkindern im Alter von 1–3 Jahren.

Die Einrichtung ist von 7.30 Uhr bis 17.00 Uhr geöffnet. Die personelle Besetzung besteht aus 15 pädagogischen Fachkräften, einer sozialpädagogischen Fachkraft für das Familienzentrum, drei FSJ-Kräften, PraktikantInnen, vier Hauswirtschaftskräften und ehrenamtlichen Fachkräften.

Auf der Grundlage des niedersächsischen Orientierungsplanes für Bildung und Erziehung im Elementarbereich und des Evangelischen Bildungskonzeptes für den Elementarbereich nimmt die Baumhaus-Kindertagesstätte ihren Erziehungs- und Bildungsauftrag wahr, die Entwicklung von Kindern zu einer eigenverantwortlichen und gemeinschaftsfähigen Persönlichkeit zu fördern. Weiterhin ist die Kindertagesstätte den Familien ein verlässlicher Partner bei der Bewältigung ihres Alltages. Seit August 2009 sind wir ein Familienzentrum (siehe Seite 249).

1. Mein neuer Anfang mit der Partizipation

Alles begann mit der Fortbildungsreihe zum Thema: „Partizipation – Mitwirkung, Mitbestimmung, Mitgestaltung." Die Fortbildung bestand aus drei Teilen:

- Grundlagen der Partizipation – Die Kinderstube der Demokratie
- Wer Kinder beteiligen will, muss sie einfach fragen, was sie wollen
- Reflektion des Praxistransfers

Die Fortbildung wurde von Rüdiger Hansen vom Institut für Partizipation und Bildung, Kiel geleitet.[1]

Bereits nach der Einführung, spätestens aber nach der theoretischen Auseinandersetzung mit dem Thema, war ich sehr beeindruckt und habe Parallelen zu unserer Einrichtung gefunden oder dort in Gedanken eingebaut. Es kamen mir Gedanken wie: „Ist ja ganz einfach." „Das kann ich mir ja gar nicht vorstellen." „Würde ich aber gern ausprobieren." Die Aussage: „Partizipation fängt in den Köpfen der Erwachsenen an" hat mich lange beschäftigt. Mir war klar, damit müssen wir uns auseinandersetzen und zwar das ganze Team. Der Film „Die Kinderstube der Demokratie", Vorlagen zur Planung eines Beteiligungsprojekts und zehn Tipps für die Moderation von (Kinder-) Gesprächen haben mich nachhaltig beeindruckt und in meinem Tun bestärkt.

Zurück in der Einrichtung, habe ich gleich von der Fortbildung geschwärmt, allen von der Thematik berichtet, und schon haben wir lebhaft diskutiert und beschlossen, wir machen uns alle auf den Weg.

---

1 Anschrift: Damaschekweg 86, 24113 Kiel, Tel.: 0431/658050.
E-Mail: IPB-Kiel@t-online.de

Planung eines Beteiligungsprojektes

1. Themenfindung
   Um welches Thema geht es in dem Projekt?
2. Zielformulierung
   Welche/s Ziel/e verfolgt das Projekt?
3. Zerlegung komplexer Fragestellungen
   Welche Teilschritte sind zur Erreichung der Ziele erforderlich?
4. Klärung der Entscheidungsbefugnis
   Worüber sollen die Kinder (mit) entscheiden? Worüber nicht?
5. Meinungsbildungsprozess
   Was brauchen Kinder, um den jeweiligen Projektschritt zu gehen / die jeweilige Entscheidung fällen zu können?
6. Entscheidungsprozess
   Welche Entscheidungsgremien sind jeweils erforderlich?

2. Unser Verständnis von Partizipation

Mit dem Thema Partizipation beschäftigen wir uns im Kita Team schon längere Zeit. Partizipation heißt, Entscheidungen, die das eigene Leben und das Leben der Gemeinschaft betreffen, zu teilen und gemeinsam Lösungen für Probleme zu finden. Oder Partizipation in drei Worten: Mitwirken, mitbestimmen, mitgestalten.

Im Rahmen eines Studientages haben wir gemeinsam mit dem Träger unserer Einrichtung an diesem Thema gearbeitet und festgehalten, wo die Kinder mitwirken, mitbestimmen, mitgestalten können. Die Kinder gestalten ihren Geburtstag, sie laden Gäste ein, suchen sich eine Geburtstagskarte aus und bestimmen, was sie mit ihren Gästen machen.

Die Kinder suchen sich ihre Spielpartner und Freunde selbst aus, sie können entscheiden, was und wie viel sie essen wollen, sie entscheiden, an welchen Angeboten sie teilnehmen, welche Lieder gesungen oder Spiele gespielt werden, sie werden bei der Lösung problematischer Situationen mit einbezogen, und sie wirken bei der Gestaltung von Festen, Feiern, Übernachtungen mit. Irgendetwas fehlte uns noch. Ja, ein Kinderrat, der die Interessen der Kinder vertritt, an uns weiter gibt und so mit uns kooperiert. Wir haben uns für den Baumhausrat entschieden, der sich aus zwölf Kindern und zwei Erzieherinnen zusammensetzt.

Vor zehn Wochen, am 7. Oktober 2010, war es soweit: Es wurde gewählt. Bevor ich darüber berichte, möchte ich zunächst an zwei Praxisbeispielen deutlich machen, wie wir Kinder bisher einbezogen haben.

3. Erstes Praxisbeispiel: Wir richten im Eingangsbereich eine Geburtstagsecke ein!

Wir, das Kita Team, hatten den Wunsch, eine Geburtstagsecke, einen Platz im Kindergarten zu finden, an dem deutlich wird, welches Kind Geburtstag hat. Jeder machte sich Gedanken und überlegte, wie wir das Umsetzen. Dann kam uns die Idee, diese Aufgabe mit den Kindern zu besprechen.

Beim nächsten Treffen der „Schlauen Füchse", das sind in unserer Einrichtung die Vorschulkinder, wurde das Thema erläutert und die Kinder gefragt, wer Lust hat mit zu arbeiten. Spontan und voller Freude haben sich gleich 10 Kinder für diese Arbeitsgruppe gemeldet. Wir verabredeten uns für den nächsten Tag und vereinbarten, dass wir uns in der Angebotszeit im Mitarbeiterzimmer treffen.

Unsere Treffen finden immer im Mitarbeiterzimmer statt, und gleich beim ersten Treffen haben wir einen festen Ablauf entwickelt. Bevor wir anfangen, holen wir Gläser und Wasser und jeder hat einen Platz am Tisch.

Es wird ein Protokoll geschrieben und nach jeder Sitzung werden die Gläser wieder weggeräumt. Wir haben uns viermal getroffen, um an der Geburtstagsecke, Geburtstagsvitrine zu arbeiten. Es entstanden kurze Protokolle, die auch zur Information für die Eltern ausgehängt wurden.

Erstes Treffen

Das erste Treffen findet im Mitarbeiterzimmer statt. Bevor wir anfangen, holen wir Gläser und Wasser. Dann braucht jeder noch einen Platz. Erst wenn alle sitzen fangen wir an. Gemeinsam sammeln wir, was uns alles zum

Geburtstag einfällt. Schnell sind wir im Gespräch. Jeder hat etwas zu erzählen und möchte mitteilen, wie er seinen Geburtstag feiert und was für ihn wichtig ist. Essen und ein Geburtstagskuchen dürfen nicht fehlen. Geschenke sind auch wichtig. Auf einem Plakat wird alles aufgeschrieben. Dann sind wir in den Eingangsbereich gegangen und haben einen „Geburtstagsplatz". ausgesucht. Nach kurzer Besichtigung war die Entscheidung gefallen. Wir möchten eine Geburtstagsvitrine neben der Eingangstür einrichten. Nun hat jeder ein Blatt bekommen und seine eigene Geburtstagsvitrine gemalt. Die Kinder haben Malvorschläge für eine Vitrine, einen Tisch, Geburtstagskerzen und Teelichthalter mit Teelicht an das Flip-Chart gemalt. So konnte jeder eine Vitrine malen und sich daran orientieren. Wer noch Unterstützung beim Malen brauchte, hat diese von einem Kind bekommen.

Alle sind am planen und zeichnen. Es gibt noch Malvorschläge für eine Rakete, ein Geburtstagsmädchen mit Krone und einen Geburtstagsjungen mit Krone. In Tobias Geburtstagsvitrine z. B. soll unten die Geburtstagskarte sein, dann kommt die Lebenskerze, die Wunschblume, das Foto vom Geburtstagskind und Raketen zum Geburtstag. Wir haben alle Zeichnungen aufgehängt und jeder hat seinen Vorschlag vorgestellt.

1. **Protokoll: Gespräch über Geburtstag**
   - Essen, Geburtstagskuchen und Geschenke sind wichtig
   - Wir sammeln alles am Flip-Chart
   - Besichtigung des Eingangsbereiches
   - Konsens über eine Geburtstagsvitrine
   - Jeder malt seine Geburtstagsvitrine

Zweites Treffen

Wir treffen uns kurz im Mitarbeiterzimmer und besprechen, was heute zu tun ist. Heute holen wir alle Geburtstagsmaterialien aus den Gruppen und sammeln sie auf dem kleinen Tisch neben der Vitrine. Bestandsaufnahme. Wir haben drei Geburtstagskerzen, viele Wunschblumen, viele Geburtstagskarten, Tücher und Teelichthalter.

Danach räumen wir die Vitrine aus und machen sie sauber. Nach getaner Arbeit stellen wir alle Geburtstagsmaterialien in die Vitrine. Im unteren Fach stehen die Geburtstagskarten, darüber die drei Geburtstagskerzen, im mittleren Fach soll ein Foto vom Geburtstagskind stehen und ganz oben steht die Schatzkiste mit den Wunschblumen. Neben der Geburtstagsvitrine steht ein kleiner Tisch. Dort sollen immer frische Blumen in einer Vase stehen und die Teelichtgläser, die uns das Alter des Kindes verraten.

2. **Protokoll: Alle Zeichnungen werden aufgehängt und jeder stellt seine Vitrine vor**
   - Die Geburtstagsmaterialien werden aus den Gruppen geholt und auf den Tisch gestellt
   - Die Vitrine wird ausgeräumt und sauber gemacht
   - Die Geburtstagsmaterialien werden in die Vitrine geräumt
   - Alle sind zufrieden

Drittes Treffen

Bei unserem nächsten Treffen haben wir uns für zwei Geburtstagskerzen entschieden. Die große weiße Kerze haben wir noch mit Glitzer verziert. Wir finden sie richtig toll. Sie glitzert so schön. Wir haben noch Geburtstagskronen gebastelt. Die Mädchen haben eine Blumenkrone und die Jungs haben eine Raketenkrone gebastelt. Die sollen auch in die Vitrine. Das Geburtstagskind kann sich für eine entscheiden und den ganzen Tag tragen, wenn es möchte. Bevor das Geburtstagskind nach Hause geht, muss es die Krone wieder in die Vitrine stellen.

3. **Protokoll: Treffen an der Vitrine**
   - Überprüfen: Fehlt noch etwas
   - Wir basteln noch zwei Geburtstagskronen
   - Wir einigen uns auf zwei Geburtstagskerzen
   - Eine Geburtstagskerze wird noch verziert
   - Wir räumen die Vitrine ein

Viertes Treffen

Wir haben uns die Vitrine nochmal angeschaut und waren sehr zufrieden. Dann haben wir über die Nutzung der Vitrine gesprochen und wie die Kinder und Eltern informiert werden.

4. **Protokoll: Absprachen über die Nutzung der Vitrine und alle erfahren es**
   - Jeweils zwei Kinder informieren ihre Gruppe und zeigen ihnen die Geburtstagsvitrine und erklären die Benutzung
   - Natalie informiert die Erwachsenen und kümmert sich gemeinsam mit den Kindern um die frischen Blumen auf dem Tisch

So sieht unsere Geburtstagsvitrine aus

Oben steht die kleine Schatztruhe mit den Geburtstagsblumen. Auf der Kiste stehen die beiden Geburtstagskronen. Dann kommt die Staffelei auf der das Foto vom Geburtstagskind steht. Davor liegen blaue Muggelsteine; die verraten uns das Alter des Kindes. Dann kommen zwei Geburtstagskerzen. Unten steht die große Schatzkiste mit den Geburtstagskarten. Auf dem Tisch stehen immer frische Blumen und sechs Teelichthalter, die am Geburtstag das Alter darstellen. Für die frischen Blumen ist Natalie zuständig und manchmal helfen die Kinder mit.

Info zur Benutzung: Das Geburtstagskind entscheidet, ob und wann sein Foto in der Vitrine stehen soll. Manche stellen ihr Foto morgens mit der Erzieherin rein, andere beauftragen Kinder damit, andere möchten schon mit ihrem Foto in der Vitrine begrüßt werden. Die Geburtstagsblume und Geburtstagskarte darf sich das Geburtstagskind aussuchen. Dieses geschieht schon Tage davor, damit am Geburtstag alles fertig ist.

Die Geburtstagskrone darf am Geburtstag getragen werden. Alle Geburtstagsmaterialien kommen nach der Feier wieder in die Vitrine. Die Geburtstagsgruppe ist nun fertig mit ihrer Arbeit, und ihnen gefällt die Geburtstagsvitrine sehr. Jeder hat in seiner Gruppe die Geburtstagsvitrine vorgestellt und die Nutzung erklärt. Die Eltern sind von den Kindern informiert worden.

4. Zweites Praxisbeispiel

Wir planen unser Faschingsfest

Das Thema wurde den Kindern vorgestellt und gefragt, wer Lust hat das Faschingsfest mit zu planen. Die Kinder waren sehr interessiert und wollten gleich beginnen. Insgesamt haben sich 16 Kinder dafür entschieden. Wir verabredeten uns für den nächsten Tag und trafen uns zur Angebotszeit im Mitarbeiterzimmer.

Erstes Treffen

Es war etwas eng am Tisch, aber jeder hatte einen Platz und für Gläser und Wasser war schon gesorgt.

Der Termin und die Uhrzeit standen fest, aber das Drumherum musste noch organisiert werden. Alle waren aufgeregt und haben sich darüber ausgetauscht, wie sie Fasching gefeiert haben, als was sie schon verkleidet waren und als was sie sich verkleiden möchten. Dann ging es los.

Zuerst überlegten wir, ob wir draußen oder im Haus feiern. Es gab heftige Diskussionen: „Draußen ist es doch zu kalt. – Wenn es regnet wird mein Kostüm ja nass. Draußen ist nicht so gut, da wird alles dreckig – Man kann aber Wasserbomben schmeißen. – Ja, das kann man und wenn ich eine abbekomme, bin ich ja ganz nass. Das ist doof. – Wir feiern lieber drinnen. – Wasserbomben können wir im Sommer werfen. – Gut dann feiern wir nur drinnen!"

Anschließend überlegten wir, welche Räume genutzt werden. Allen war gleich klar, in der Krippe wird nicht gefeiert. Für unsere Feier sind das Atelier, die Werkstatt, das Theater, der Speiseraum, das Mitarbeiterzimmer und der Bewegungsraum offen. Das war schnell geklärt. Weiterhin überlegten wir, wer eingeladen werden soll.

Nach einem allgemeinen Gemurmel wurde auf dem Flip-Chart festgehalten, wer alles eingeladen werden soll: Alle Kinder aus den Gruppen, Vater, Mutter, Bruder, Baby, Schwester, Schulkinder. Über die Einladung sprachen wir beim nächsten Treffen.

Ein großes Thema war noch das Schmücken der Räume. Wer schmückt das Haus, was brauchen wir zum schmücken und wer besorgt was? Gemeinsam haben wir uns auf folgendes geeinigt: Alle Kinder, die Lust haben, schmücken am Rosenmontag das ganze Haus. Hierfür brauchen wir Luftschlangen, Tröten, Luftballons, Konfetti und Lichterketten.

Auf diese Art und Weise verliefen alle Treffen. Gemeinsam haben wir uns eine Aufgabe vorgenommen, sie besprochen und das Wichtigste festgehalten.

Wichtig ist bei jedem Beteiligungsprojekt, die Mitarbeiter, alle Kinder und Eltern über die Planung zu informieren. Hier folgt noch die Zusammenfassung von unserem Faschingsprojekt, die jedes Mitglied in seine „Ich-Mappe“ bekommen hat.

Projekt: „Faschingsfeier planen“
Häufig haben wir uns im Mitarbeiterzimmer getroffen und überlegt, wie wir unser Faschingsfest gestalten wollen?

- Wer wird eingeladen?
- Wo feiern wir?
- Wie verkleiden wir uns?
- Was gibt es zu essen?
- Welche Angebote soll es geben?

Wir haben beschlossen:

- Jeder darf sich verkleiden wie er möchte!
- Jeder bringt eine Kleinigkeit zum Essen mit!
- Wir erstellen eine Essensliste!
- Eingeladen wird die ganze Familie!
- Wir feiern im Haus, damit unsere Kostüme nicht dreckig werden.

Angebote:

- Im Atelier gibt es einen Fisch, der mit Süßigkeiten gefüllt ist.
- Den kann man dann kaputt schlagen, und die Bonbons werden gerecht geteilt.
- Brezel schnappen.
- Musikspiele im Bewegungsraum.
- Brezel schnappen in der Werkstatt.
- Topfschlagen im Ruheraum.
- Es gibt einen Raum voller Luftballons, die mit Gas gefüllt sind.
- Dann kann man Luftballons schnappen.
- Essen gibt es im Speiseraum.

Alle waren mit dem Fest zufrieden und würden es wieder so feiern. Der Raum mit den Luftballons war cool. Die Bonbons aus dem Fisch wurden nicht gerecht aufgeteilt, das war nicht so schön. Aber es hat Spaß gemacht.

5. Planung der Übernachtung im Kindergarten

Anhand der Vorlage von Rüdiger Hansen „Planung eines Beteiligungsprojektes“ (siehe Kasten) planten wir die Übernachtung der Vorschulkinder. Wir sind wie folgt vorgegangen. Zuerst haben wir das Thema festgelegt. „Übernachtung mit den Schlauen Füchsen in der Kita!“

Dann erarbeiteten wir gemeinsam das Projektziel. „Die Übernachtung wird zur Zufriedenheit aller durchgeführt.“ Anschließend wurden 7. Projektschritte erarbeitet und festgelegt, wer darüber entscheidet.

Projektschritte	**Wer entscheidet?**
1. Info über die Übernachtung	Erzieher
2. Wer plant mit?	Kinder
3. Was muss alles geplant und bedacht werden?	Kinder + Erzieher
4. Aufteilen in Interessengruppen	Kinder
5. Gespräche in den Gruppen mit Ergebnisprotokollen	Kinder + Erzieher
6. Zusammentragen der Ergebnisse	Kinder + Erzieher
7. Aufgabenverteilung	Kinder + Erzieher

Die ersten Schritte für die Durchführung des Projektes waren getan und nun konnten wir beginnen. Im Vorfeld wurden noch der Termin und die Zeit für die Übernachtung festgelegt. Alles weitere haben wir gemeinsam mit den Kindern geplant und durchgeführt. Wir waren sehr erstaunt, wie klar und detailliert die Kinder in ihren Aussagen und Ideen waren. Da die Kinder mitbestimmen und mitwirken konnten, hatten wir eine schöne und entspannte Übernachtung, von der noch alle schwärmen.

6. Der Baumhausrat wird gewählt und nimmt seine Arbeit auf

Im Vorfeld waren wir mit den Kindern im Dialog und haben ihnen die Aufgaben des Baumhausrates und die Wahl erklärt. Es gab gleich Verbindungen zu dem Elternrat. „Ich kenne das, meine Mutter ist auch im Rat, die hat eine

Blume bekommen". „Dann kann man sagen, ich komme aus der Werkstatt und wir wollen einen Ausflug nach Hannover in den Zoo machen." – „Kann man sich auch mal Nutella zum Frühstück wünschen?" – „Da muss man gut reden können." – „Ich muss erst mal überlegen, ob ich das will!" – „Ich weiß, was heut ist, der Tag der Wahl."

Wir haben gruppenweise gewählt. Die Kandidaten haben ihre Fotos in die Mitte gelegt, so konnte jeder sehen, welche Kinder zur Wahl stehen. Jedes Kind bekam zwei blaue Muggelsteine; dann wurde der Reihe nach gewählt. Die Kinder haben die Wahl genau verfolgt: > „Guck mal, der hat schon drei!" – „Ich lege beide bei mir hin." – „Ich lege einen bei mir und einen bei meinem Freund." – „Der hat ganz viele, komm wir zählen mal." < Dann standen die Gewählten fest und wir haben ihnen gratuliert. Sie waren sehr stolz und wollten, dass alle sehen, dass sie zum Baumhausrat gehören. Die Mitglieder des Baumhausrates haben ihre Fotos auf den Geburtstagstisch gelegt, und so war allen klar, welche Kinder zum Baumhausrat gehören.

Am folgenden Tag hat sich der Baumhausrat das erste Mal im Mitarbeiterzimmer getroffen. Die Kinder bekamen als Dankeschön ein Überraschungsei. Es wurde ein Gruppenfoto vom Rat gemacht und ein Protokoll geschrieben. Im Baumhausrat sind: Callum, Katharina, Ben, Leonard, Aaron, Philipp, Shawn, Mika, Bora, Linus, Svenja, Kimberly sowie Dani und Natalie aus dem Team.

Der Baumhausrat trifft sich 14-tägig, dienstags um 11.00 Uhr im Mitarbeiterzimmer. Die nächste Frage, mit der sich der Baumhausrat beschäftigt, heißt: „Bekommt jedes Kind ein Geburtstagsgeschenk und wenn ja, was für ein Geschenk?"

Wir freuen uns auf eine gute und kreative Zusammenarbeit. Da sich für unser nächstes Treffen bereits ein Thema ergeben hatte, konnten wir gleich anfangen. Gemeinsam haben wir unser erstes Praxisbeispiel reflektiert und überprüft. Anhand von Gesichtern, die einen fröhlichen (finde ich gut), traurigen (damit bin ich nicht einverstanden) oder neutralen (ist o.k.) Gesichtsausdruck haben, überprüften wir unsere Geburtstagsrituale. Jedes Kind konnte mit drei Gesichtern seine Meinung kundtun. Alle Kinder waren mit der Art, wie wir Geburtstag feiern, und mit der Geburtstagsvitrine zufrieden. Über Geschenke mussten wir noch sprechen. Die Frage war: „Geburtstagsgeschenke ja oder nein?"

Schnell waren sich alle einig: „Wenn man keine Geschenke bekommt, ist man sehr traurig."

So wurde bei Ute (Kita-Leitung) nachgefragt, wie viel Geld wir zur Verfügung haben, um Geburtstagsgeschenke zu kaufen. So hatten wir gleich wieder eine Aufgabe. Dieses hatte der Baumhausrat gut besprochen, durchgeführt und alle Kinder informiert. Nun gibt es vier verschiedene Geburtstagsgeschenke, von denen sich das Kind ein Geschenk aussuchen kann.

Der Baumhausrat hängt seine Protokolle im Eingangsbereich aus, um die Eltern von unserer Arbeit zu informieren. Darüber hinaus führt der Baumhausrat einen Ordner, indem alle Protokolle abgeheftet werden. Dieser Ordner liegt im Eingangsbereich aus und kann von allen eingesehen werden. Derzeit arbeitet der Baumhausrat an dem Thema: „Regeln für ein gutes Miteinander".

Wie geht es weiter

Nun haben wir einen Baumhausrat und treffen uns regelmäßig. Die Treffen sind gut strukturiert und alle sind mit Begeisterung bei der Sache. Themen, die unser Zusammenleben in der Kita betreffen, gibt es genug. Die Kinder werden durch offene Fragen aufgefordert sich mitzuteilen und mitzuwirken. Die Eltern werden durch unsere Protokolle und Aushänge informiert, und darüber hinaus werden wir einen Elternabend über „Partizipation" anbieten.

Im Sommer werden wir die Arbeit des Baumhausrates reflektieren und festhalten, was sich bewährt hat und Neues entwickeln.

Zum Abschluss möchte ich noch erwähnen, dass für uns Partizipation auch Mitwirkung und Mitverantwortung am gemeinsamen Zusammenleben umfasst. Das bedeutet, dass Kinder bestimmte Aufgaben im täglichen Leben übernehmen, z. B.: den Tisch decken, abräumen, Blumen gießen, anderen Kindern helfen usw.

Literatur

DVD: „Die Kinderstube der Demokratie" Deutsches Kinderhilfswerk e.V. Leipzigerstr. 116–118/ 10117 Berlin

Kindergarten heute : So geht's – Partizipation in der Kita (Sonderheft: Titelnummer 393 ISBN 978-3-451-00393-6)
TPS Ausgabe Nr. 8/2010, Teilhabe, Einfluss, Mitbestimmung/Kinder mischen sich ein (sehr empfehlenswert)

Natalie Ackermann ist stellvertretende Leiterin in der Ev. Kindertagesstätte Nikolausberg, Göttingen. Die Einrichtung ist ab August 2011 Konsultationskindertagesstätte des Landes Niedersachsen. Hospitationen sind erwünscht.

Christiane Feuersenger

Sich auf Kinder einlassen – Abenteuer erleben, Schätze sammeln und dokumentieren

Der Kindergarten „Eene meene mopel" – Wer ist das?

„Eene meene mopel", kurz auch „Mopelhaus" genannt, ist eine Eltern-Kinder-Tagesstätte in Berlin-Lichtenberg. Sie wird getragen vom „eene meene..."- Verein zur Förderung selbstbestimmter Kindheit e. V.

Als wir 1990 nach einem Namen für den Kindergarten suchten, kam uns der altbekannte Berliner Abzählreim „eene meene mopel, wer frisst Popel ..." gerade recht.

Die Mehrheit der Mitglieder des Vereins sind Eltern der betreuten Kinder. Ihre Mitgliedschaft wird aber nicht zwingend vorausgesetzt. Deshalb gibt es außer dem Vorstand und der Mitgliederversammlung des Vereins ein gewähltes Elternaktiv. Erzieherinnen sind gern im Verein gesehen und können Mitglied werden. Zwischen dem Vorstand des Vereins, dem Team und dem Elternaktiv gibt es eine klare Aufgabenverteilung und eine enge Kooperation. Die Verantwortung für den Betrieb des Kindergartens trägt der Vorstand des Vereins.

In unserem Kindergarten leben sechzig Kinder gemeinsam mit zehn Erzieherinnen, einer Köchin und einer Beiköchin. Zum Kindergarten gehört ein wunderbarer großer Garten, der sich in jedem Jahr durch die gemeinsame Arbeit von Eltern, Erzieherinnen und Kindern verändert.

Die Räume und ihre Strukturen sollen drinnen wie draußen allen Kindern viele verschiedene Möglichkeiten für ihre individuelle Entwicklung und für gemeinsame Erlebnisse bieten. Kinder im Alter von drei bis sechs entscheiden selbst, in welcher Etage und in welchen Räumen (drinnen oder draußen) sie sich aufhalten wollen. Auch Kinder unter drei, die bereits aus dem Nestbereich herausgewachsen sind, haben diese Möglichkeit. Die „Nestkinder" im Alter von ein bis drei leben in einem geschützten Bereich, der aus drei Räumen und einem langen Flur besteht. Innerhalb dieser Räume und zwischen ihnen, bewegen sich die „Nestkinder“ selbständig. Ab 7.00 Uhr können die Kinder in das Mopelhaus kommen. Um 17.00 Uhr schließt es.

Was ist uns wichtig? – Wofür stehen wir?

Wir betrachten den Kindergarten als einen Lebensort, an dem Kinder einen großen Teil ihrer frühen Kindheit verbringen. Jedes Kind soll in seiner Autonomie und Lebensfreude bestärkt werden und zugleich die Solidarität einer Gemeinschaft erfahren.

Zeit und Muße immer dann für jedes Kind zu haben, wenn es sie braucht, ist ein großer Schatz, der behütet werden muss. Gemessen an den vielen Anforderungen, die von „draußen“ kommen, grenzt das manchmal an ein „Kunststück“. Es wird leichter, wenn wir uns in solchen Situationen immer wieder die Frage stellen, was ist wirklich wichtig und was nicht.

Wir denken, dass es wichtig ist, sich nicht ablenken zu lassen und sich tatsächlich den Kindern zuzuwenden. Das bedeutet, nicht oberflächlich zu sein, die innere Beteiligung der Kinder an Prozessen zu erspüren, die vielen „kleinen“ täglichen Sorgen und Wünsche im Alltag („Mach mir mal den Schuh zu... such mal meine Puppe..., rufe meine Mama an..., lies mir mal was vor... usw.) ernst zu nehmen. Das schafft Vertrauen und Sicherheit und ist unserer Meinung nach die Hauptsache. Erst dann fühlen sich kleine Kinder wohl.

Für den Aufbau von Beziehungen ist das unersetzlich. Wenn es gelingt, dann findet sich oft auch Zeit für Anderes. Unsere Erfahrungen zeigen, dass die Beziehungsqualität zwischen den kleinen und großen Menschen die Lebensqualität und damit auch die Qualität der Bildung im Kindergarten bestimmt.

Das Wesentliche unserer offenen Arbeit sehen wir darin, eine Atmosphäre zu schaffen in der sich kleine und große Menschen achtsam begegnen können. Dafür tragen die Erwachsenen die Verantwortung. Die gemeinsame Erarbeitung und praktische Umsetzung einer Haltung, die von Respekt und gleicher Würde von Erwachsenen und Kindern zeugt, ist deshalb das anspruchvollste Projekt für das Erzieherinnenteam, das nie beendet ist. (1)

Wenn wir es damit ernst meinen, dann wachsen Reflexionsbereitschaft, Handlungsforschung und immer wieder Mut für Veränderungen und Freude daran, obwohl selten „alles glatt geht". Das ist oft „Schwerstarbeit". Wenn sie gelingt, dann wächst das Selbstbewusstsein der Teammitglieder und das Vertrauen, „auf dem richtigen Weg" zu sein. Mit dieser Haltung versuchen wir seit vielen Jahren alle Erwachsenen (Eltern, Gästen, Handwerkern u. a.), die in unser Haus kommen, „anzustecken".

Seit 1990 haben wir unser pädagogisches Konzept mehrfach überarbeitet. Dieser Anspruch ist allerdings immer geblieben. Und daran wollen wir uns auch messen lassen. Heute vertreten wir ein Konzept, das für eine „Offene Pädagogik der Achtsamkeit" (2) steht. Es entspricht aus unserer Sicht einer Lebenskultur, die die Ansprüche des Berliner Bildungsprogramms am ehesten berücksichtigt. Mit den nachfolgenden zwei Beispielen lade ich Sie als Leserin oder Leser ein, an Abenteuern mit Kindern teilzunehmen. (3)

1. Beispiel: Eine Einladung ins „Schulrestaurant"

Im eene meene Mopelhaus gibt es drei Restaurants, das „Nestrestaurant" für die Kinder unter drei, das große Restaurant und das „Schulrestaurant". Das „Schulrestaurant" ist ein langer kleinerer Raum, in dem die Kinder essen, die bald eingeschult werden. Erwachsene und jüngere Kinder dürfen nur in das Restaurant, wenn sie von den größeren eingeladen werden. Die großen Kinder organisieren selber, was sie zum Essen brauchen, geben die Essenbestellung in der Küche auf, sorgen für Nachschub, wischen die Tische ab. Das klappt meistens, manchmal auch nicht.

Kinder, die sich die meiste Zeit zum Essen nehmen, löschen die Kerze und nicht diejenigen, die zuerst fertig sind. Das ist bei uns schon eine recht lange Tradition. Hier im Schulrestaurant ist es eine Kerze mit Batterie, weil ja meistens kein Erwachsener dabei ist. Uns ist es sehr wichtig, dass jeder in seinem eigenen Tempo essen kann und Muße erlebt. Deshalb essen wir auch in mehreren Runden. Oft bleiben Kinder, die schon längst fertig sind mit dem Essen noch sitzen, warten auf ihre Freunde oder erzählen interessante Dinge.

In dieses Restaurant wurde ich von Theresa eingeladen. Alle Kinder, die mit Theresa an einem Tisch saßen, waren einverstanden. Wir beginnen zu essen… Da legt sich Peter der Länge nach auf die Bank, schaut alle sehr fröhlich und auffordernd an und fragt, ob er mal seinen Witz erzählen soll. Da alle Kinder den Witz sehr oft gehört haben und ihn schon selber erzählen können, sagen sie ihm, dass das langweilig wäre. Peter bleibt nun erst recht auf der Bank liegen und wird immer lauter: „Wer will meinen Witz hören, der ist mein Freund, wer will meinen Witz hören, der ist mein Freund…"

Ich halte mich zurück, obwohl es mir schwerfällt. Eigentlich möchte ich „pädagogisch" intervenieren, aber eine innere Stimme sagt zu mir: „Halte das mal aus, du bist ja hier Gast, äußere dich nur, wenn du gefragt wirst; und wenn das so weiter geht, kannst du ja auch gehen".

Nun streiten sich die Kinder an Peters Tisch. Sie sagen ihm, dass sie nicht in Ruhe essen können, wenn er solchen Quatsch macht. Davon lässt er sich aber nicht beeindrucken. Plötzlich werde ich gefragt, ob ich einen Witz kenne. Alle schauen gespannt zu mir und es ist ganz ruhig geworden. Auch Peter, der nun wieder „kerzengerade" auf der Bank sitzt, sagt kein Wort mehr. Ich erzähle den „Witz von Onkel Fritz, der in der Badewanne sitzt…". Da meint Theresa, ob sie mal ihren „Witz von den drei Knallköppen" erzählen soll. Alle Kinder nicken heftig. Der Witz ist sehr lang, aber es herrscht gespannte Aufmerksamkeit. Die Kinder lachen gleich. Dann „pruste ich los". Zu meiner eigenen Überraschung habe ich die Pointe später begriffen als die Kinder. Darüber muss ich so laut lachen, dass nun wiederum die Kinder lachen müssen. Anscheinend sind sie so überrascht darüber, dass sie mich im wahrsten Sinne des Wortes „angesteckt" haben und eine Erwachsene erleben, die „lauthals" gemeinsam mit ihnen lachen kann. Jetzt entwickelt sich ein wahrer Witzwettbewerb. Jeder will mich ganz schnell zum Lachen bringen. Es werden kleine Witze, kuriose Wortschöpfungen und sogar Grimassen erfunden. Die Kinder lachen dann und schauen mich gespannt an. Natürlich lache ich jedes Mal. Das ist ganz schön anstrengend.

Nun ist Peter endlich an der Reihe und kann seinen bekannten Witz erzählen…

Im Anschluss bedanke ich mich für die Einladung und verlasse beschwingt das „Schulrestaurant". Übrigens hat eine andere Kollegin den Witz von Peter aufgeschrieben. Er hat dazu gezeichnet und das Ganze wurde in einen Bilderrahmen gebracht und aufgehängt. Dadurch gewann sein Witz eine große Bedeutung und Peter war sehr stolz darauf, dass er einen so langen Witz, der sich reimt, aufsagen kann. Manchmal zeigt er anderen Kindern das Bild und sagt: „Das ist mein Witz". Den Witz von den drei „Knallköppen" soll ich aufschreiben. Theresa will ihn dann in ihrem „Ich-Buch" aufbewahren.

2. Beispiel: „Schatzsuche"

Kyara hat Geburtstag. Geburtstagskinder sind den ganzen Tag „Bestimmer" im Mopelhaus. Das Geburtstagskind bestimmt, dass es nach der Feier eine Schatzsuche geben soll. „Schätze" hat sie von zu Hause mitgebracht. Das finden viele Kinder so toll, dass es eine Wochen lang täglich eine Schatzsuche gab. Eine richtige Schatzsuche muss natürlich vorbereitet werden. Das wussten nach einigen Tagen auch die fast dreijährigen Kinder. Zuerst wurden Schatzkarten gefunden, die die Erzieherinnen gezeichnet hatten. In die Schatzsuche wurden beide Etagen des Hauses und der Keller einbezogen. Wichtig für die Orientierung war, dass die Treppen zwischen den beiden Etagen und zwischen Erdgeschoss und Keller eingezeichnet wurden.

Kleine Muggelsteine, alter Schmuck (so etwas sammeln wir immer), kleine Bleistifte, die in schönes glänzendes Konfektpapier eingewickelt waren, wurden versteckt. Nach drei Tagen gab es keine attraktiven Schätze mehr. Nun kamen die Kinder auf die Idee, dass Gummibärchen ja auch ein Schatz sein können. Aber die gibt es ja nur, wenn gefeiert wird. Nun mussten sie in die Küche und überzeugten sogar unsere Köchin davon, dass sie unbedingt die Gummibärchen für die Schatzsuche brauchten. Nach der Gummibärchenschatzsuche gab es keine Schätze mehr im ganzen Mopelhaus, sagten die Kinder.

Sie ließen sich wieder etwas Anderes einfallen. Es entstand ein regelrechtes „Schatzkartenfieber". Sie stellten jetzt selbst die Schatzkarten her und die Erwachsenen wurden aufgefordert, mit zu suchen. Jetzt wurde der Schatz von den Kindern versteckt.

Wo nahmen die Kinder die Schätze her? Aus der Holzwerkstatt. Dort gibt es eine Kommode mit vielen Schubfächern. In den Schubfächern sind Dinge, die Eltern und Freunde für uns sammeln: kleine Schachteln, Kronkorkenverschlüsse und richtige Korken, Knöpfe, kleine Dosen, Gummiringe, Muscheln, besonderes glitzerndes Papier, Wollreste, leere Papierrollen, Pappreste und v. a. m.

Abermals wurde die Schatzsuche verändert. Bisher war die geheimnisvolle Fundstelle immer mit einem roten Kreuz eingezeichnet worden. Jetzt waren viele rote Punkte darin, die mit einem Kreuz durchgestrichen waren. Das bedeutete: Hier ist der Schatz **nicht** zu finden. Nun wurden Strategien entwickelt, wie der Schatz am schnellsten zu finden war. Einige Kinder verbündeten sich. Es entstand eine regelrechte Arbeitsteilung. „Schatzkartenleser" und „Schatzsucher" entwickelten sich, je nach dem, wer was am besten konnte. Die Kinder rannten „blitzschnell" die Stellen ab, wo sich der Schatz nicht befand und stellten fest, dass er meistens auf dem Weg dahin, versteckt war.

Die Erwachsenen konnten nur staunen. Einige Erzieherinnen waren auch vom „Schatzsuchfieber" befallen. Sie rannten mit den Kindern durch das Haus, suchten im Keller, schauten hinter Türen und in Ecken. Dabei vergaßen sie leider die Kinder bei der Schatzsuche zu fotografieren. Zum Glück gab es ja die vielen Schatzkarten. Einige Kinder nahmen sie mit nach Hause, andere steckten sie ihren Freunden in den Briefkasten und wieder andere hefteten sie in ihre „Ich-Bücher" ein. So halfen die Kinder den Erwachsenen bei der Dokumentation.

Noch einmal erfuhr die „Schatzsuche" eine Veränderung. Jetzt wurden persönliche Lieblingstücke (Kuscheltier, Legofigur, Puppe, Bilderbuch) versteckt. Bevor die Suche losging, mussten alle, die am Spiel teilnahmen, einverstanden sein, dass der Schatz wieder an seinen ursprünglichen Besitzer zurückgegeben wird. Die jüngeren Kinder verstanden das oft nicht und wollten den gefundenen Schatz behalten. Jetzt flossen Tränen, es gab einen Haufen Konflikte, die Kleinen wurden rigoros ausgeschlossen.

Und was machten die Erzieherinnen? Sie organisierten gemeinsam mit den jüngeren Kindern eine eigene Schatzsuche. Erfahrungen konnten sie ja genug sammeln und Schätze wurden auch noch gefunden.

Wenn mich an diesen Tagen jemand gefragt hätte: „Na, wie habt ihr denn heute das Bildungsprogramm umgesetzt?" Dann hätte ich erschöpft geantwortet: Ich war auf Schatzsuche, die Kinder hatten mich dazu eingeladen.

3. Wie werden Schätze der Kinder gesammelt?

Wer sich auf Kinder einlässt, mit ihnen lebt, findet viele Schätze, erwartete und unerwartete. Schätze, die Erwachsenen gefallen wie z. B. ein „schön" gemaltes Bild, einen wunderbar geformten Kerzenhalter aus Ton... Der eigene Namenszug, den die Kinder manchmal auf Wände schreiben, weil sie stolz sind, dass sie ihn schreiben können und es alle lesen sollen, findet nicht unbedingt die Zustimmung der Erwachsenen. Aber auch Meinungen, Philosophien von Jungen und Mädchen, die sie über „ihre Welt" äußern, halten wir fest.

Seit unserer Gründung vor zwanzig Jahren, schreiben wir spontan Äußerungen der Kinder auf eine große Papierrolle. Neu ist, dass die Kinder vorher gefragt werden, ob wir die wichtigen Dinge, die sie gesagt haben auch auf die Rolle schreiben können. Nicht alle sind damit einverstanden.

Wir haben festgestellt, dass diese „Kinder-Weltsichten" Erwachsene oft nachdenklich machen. Sie helfen, Kinder besser zu verstehen. Wenn mehrere Rollen beschrieben sind, finden wir immer Eltern, die unsere gesammelten Werke abschreiben und in Form bringen. So sind schon zwei Ringbücher mit „Mopelweisheiten" entstanden. Und damit alle großen Leute wissen, dass das nicht der „sprichwörtlich lustige Kindermund" ist, den wir aufschreiben, haben wir für alle Erwachsenen eine kleine Erklärung hinzugefügt, die da heißt:

An alle LeserInnen:
Dies sind aufgeschriebene Philosophien, Phantasien und Gespräche von Mädchen und Jungen. Wir fragen sie vorher, ob ihre Gedanken aufgeschrieben werden dürfen. Bitte geht sorgsam damit um, denn wir nehmen ihre Gedanken ernst!
Uns Erwachsenen kann es helfen, Kinder besser zu verstehen! Also leise lesen! Die großen Mopels.

Und hier zwei Kostproben:
Lola(5): *„Wie kommt man ins Märchenland?"*
Lilli(4): *„Mit Zauberwasser."*
Jakob(4): *„Märchenbuch aufschlagen und reinplumpsen lassen."*

Paul(5): „Krach mag ich überhaupt nicht – da kriege ich Kopfschmerzen!“
Nina(4): „Ja, aber jeder macht mal Krach, auch die Erzieherinnen. Nämlich wenn sie rufen: Mach mal keinen KRACH!“

Wer Schätze sammelt, ist reich. Darum sammeln wir gemeinsam mit den Kindern eine ganze Menge, was Kinder in unserem Haus erschaffen. Dazu braucht jedes Kind mehrere Orte und persönliche Plätze.

Einige davon, möchte ich vorstellen: So hat bei uns jedes Kind ein persönliches Fach, in dem seine Wechselwäsche und viele Dinge gelagert werden, die nur derjenige kennt, dem das Fach gehört. Nur mit Erlaubnis des jeweiligen Kindes kann ein Anderer das Fach öffnen. Was in diesem Fach liegt, ist erstmal außerhalb der Sichtweite anderer Kinder und Erwachsener. Welche Schätze hier ihre Unterkunft gefunden haben, ist oft ein Geheimnis.

Alle Kinder haben Fächer im Atelier und in der Holzwerkstatt. Im Atelier sind es Regalfächer, in der Holzwerkstatt große Stofftaschen, die an der Decke hängen. Hier werden die Mal- und Zeichenarbeiten jedes Kindes gesammelt. Die Kinder können die Regalfächer im Atelier selber bestücken, frühere Arbeiten herausholen, sich anschauen, wieder hineinlegen. Wenn das Fach zu hoch ist, wird ein Stuhl geholt.

Jedes Kind, das aus dem „Nestbereich“ herausgewachsen ist, verfügt über einen eigenen Briefkasten und kann MOPELPOST erhalten. Die Kinder können großen und kleinen Leuten Post schicken. Das sind oft Karten, Briefe, gefaltete kleine Bücher, große und kleine Zettel... Sie malen, zeichnen oder schreiben ihre Nachrichten selber oder bitten Erwachsene aufzuschreiben, was sie mitteilen möchten. Jeder Briefkasten soll nur von dem Kind geöffnet werden, dessen Name und Zahl oder Foto auf dem Briefkasten steht. Wichtig ist, dass es ein Briefkasten bleibt und kein „Nasch- oder Spielzeugkasten“. Damit die Eltern das verstehen, haben wir eine kleine Erklärung über den Briefkästen angebracht. Briefe werden z. B. geschrieben, wenn ein Kind Kummer oder große Wut hat. Dann möchte es oft seiner Mama oder seinem Papa das mitteilen. So kann in einem Brief schon mal stehen: „Lieber Papa, Du sollst morgen drei Bücher vorlesen und nicht nur zwei...“ Aber auch Eltern können hier ihren Kindern schreiben. Es ist schon eine kleine Tradition geworden, dass Eltern z. B. ihren Kindern am Morgen kleine Briefe oder Karten in den Briefkasten stecken und damit manchmal auch den Abschied erleichtern oder sie damit überraschen. Alle Erwachsenen wissen, wie schön es ist, wenn man den Briefkasten öffnet und Post von Freunden bekommt. Deshalb soll jedes Kind mindestens einmal in der Woche Post erhalten. Das wirklich für alle Kinder zu organisieren, ist für uns immer wieder eine große Herausforderung und manchmal schaffen wir es nicht.

Darum haben wir den Eltern erklärt, welche Bedeutung die Post für ihre Kinder hat, damit wir gemeinsam dafür sorgen können, dass jedes Kind Post erhält. Und das haben wir Ihnen u. a. geschrieben:

Was hat die „Mopelpost" mit Bildung zu tun?

Es ist ein kleiner Mosaikstein, um sich im Mopelhaus wohlzufühlen.

Die Kommunikation der Kinder untereinander aber auch mit den Erwachsenen wird unterstützt. Eltern und Erzieher können sich mit den Kindern über ihre Post unterhalten und sie als Sprachanlässe nutzen.

Das Interesse der Kinder an der geschriebenen Sprache wird geweckt oder weiterentwickelt. Sie erkennen ihren eigenen geschriebenen Namen, probieren ihn selber zu schreiben. Sie können den großen Leuten Wichtiges „diktieren", damit sie es schriftlich festhalten. So erfahren alle mehr über die Interessen, Wünsche und Sorgen der Kinder. Die Kinder zeigen sich untereinander ihre Post und „lesen" sie vor. Vielleicht bekommen sie ja Lust, selbst Briefe zu verfassen, ihren Freunden zu schicken und darüber zu reden. Dabei lernen sie sich zu orientieren, den Namen anderer Kindes zu erkennen bzw. die Zahl des Postkastens.

***Jedes Kind ist wichtig!** Deshalb lasst uns gemeinsam dafür sorgen, dass jedes Kind mindestens einmal in der Woche Post bekommt.*

Das Team

Manche Briefe werden mit nach Hause genommen, manche landen auch wieder in anderen Briefkästen. Oft werden die Briefe der Kinder in ihren „Ich-Büchern" oder „Was kann ich-Büchern" gesammelt. Und so bin ich bei einer weiteren „Schatzkiste" angelangt:

Die „Ich-Bücher"

Es gibt sie schon seit der Gründung von „Eene meene mopel". Anfangs waren es einige Fotos der Kinder, die meistens die Erzieherinnen aussuchten und hübsch verzierten. Zum „Schultütenfest" bekamen dann die künftigen Schulkinder ihr „Ich-Buch" als Überraschung ausgehändigt. Das hat sich gründlich verändert. Inzwischen ist aus dem Büchlein ein großer Aktenordner geworden. Die Kinder schreiben ihren Namen darauf, manche bekleben den Deckel oder bemalen ihn.

Jedes Kind kann selbst entscheiden, welche Bilder es aus seiner Fototasche in das „Ich-Buch" klebt. Die Blätter mit den Fotos kommen in eine Klarsichtfolie und werden eingeheftet. Das sind Fotos, die für die Kinder wichtig sind und nicht jene, die die Erwachsenen gern einkleben würden.

Wenn die Kinder Unterstützung brauchen, helfen die Erzieherinnen. Sie fragen die Kinder, ob sie etwas zu den Fotos schreiben sollen. Kleine Kommentare können zu den Fotos festgehalten werden. Es gibt aber auch Kinder, die nicht möchten, dass das, was sie sagen aufgeschrieben wird. Das ist dann eben so. Die Kinder können ihre „Ich-Bücher" auch mit nach Hause nehmen. Sie müssen das mit den Erzieherinnen absprechen. Auf diese Weise finden manchmal auch Fotos der Eltern oder der Großeltern und der Geschwister ihren Platz darin. Die Eltern erfahren, wie ihre Kinder im Kindergarten leben und was sie können. Die Kinder können ihren Eltern zu Hause erzählen, was ihnen im Kindergarten wichtig ist, welche Freunde sie haben, wo ihr Lieblingsplatz ist usw.

Einige „Ich-Bücher" werden von ihren Besitzern regelmäßig gefüllt. Sie sind so dick, dass noch ein zweiter Ordner angeschafft werden muss. Es gibt aber auch ganz dünne Bücher, weil es Mädchen und Jungen gibt, die an dem „Ich-Buch" erstmal gar nicht interessiert sind. Sie haben offenbar Wichtigeres zu tun und das ist auch in Ordnung. Wenn die Erwachsenen diesen Zustand manchmal gar nicht aushalten, kleben sie mit Einverständnis des Kindes einige Fotos ein. Wir machen zunehmend die Erfahrung, dass ganz sicher die Zeit kommt, wo auch diese Kinder ihre Fotos aufkleben wollen.

So z. B. Felix, sechs Jahre alt. Er interessierte sich nicht so sehr für sein „Ich-Buch". Das dachten wir jedenfalls. Zur Zeit ruft er täglich seinen Vater an, um Wichtiges mit ihm zu besprechen. Dafür gibt es bei uns ein Kindertelefon. Kinder können ihre Eltern anrufen. Eltern können mit ihren Kindern sprechen. Die Telefonnummer seines Vaters haben wir ihm auf ein A4 Blatt geschrieben. Auch der Vorname und der Nachname des Vaters sollte darauf festgehalten werden. Felix hat das Blatt in eine Folie gelegt und in seinem „Ich-Buch" abgeheftet. „Weil es so wichtig ist und nicht irgendwo liegenbleibt", hat er gesagt. Im Moment braucht er das Blatt aus dem Ordner nicht mehr herauszunehmen. Er kann die Telefonnummer auswendig und ruft stolz seinen Vater an.

So „wächst“ das „Ich-Buch“ während des ganzen Kindergartenlebens, wie die Kinder. Es ist das Buch der Kinder. Sie können mit diesem Buch selbst umgehen. Deshalb sehen einige sehr abgegriffen, ja manchmal auch „zerfleddert“ aus. Es gibt Tage, da kann man manche Kinder sehen, die ihr „Ich-Buch“ durch das Haus tragen. Sie nehmen Seiten heraus und heften sie um. Sie zeigen es ihren Freunden, Eltern, Erzieherinnen und der Köchin und unterhalten sich mit ihnen darüber. Sie benutzen die Bücher eben.

Die „Kunst“ der Erzieherinnen besteht darin, genau dann „da zu sein“ und Zeit zu haben, wenn ein Kind in seinem „Ich-Buch“ etwas festgehalten haben möchte. Gelingt das, entwickeln sich oft Situationen, in denen Erwachsene und Kinder miteinander in einen vertrauensvollen Dialog treten können. Solche Situationen können wir nicht planen. Aber wir bemühen uns darum, durch bewegliche Strukturen und durch häufige tägliche kleine Absprachen für dieses Kind da zu sein.

Wir fotografieren schon über viele Jahre. Dabei lernten wir zunehmend, wie man fotografieren muss, um Prozesse darzustellen und um die innere Beteiligung der Kinder einzufangen. Wenn es so etwas wie eine „fotografierende Beobachtung“ gibt, dann üben wir uns schon einige Zeit darin. Wir haben uns auch eine Digitalkamera für die Kinder angeschafft. Sie ist robust und für Kinderhände gut zu handhaben.

Nach Absprachen können sich die größeren Kinder auch schon allein auf „Fotojagd“ begeben. Auf diese Art und Weise ist z. B. ein Memory entstanden. Die Kinder haben selber das fotografiert, was für sie im Mopelhaus bedeutsam war. Die Erwachsenen konnten nur staunen und im wahrsten Sinne des Wortes neue Einsichten gewinnen.

Kleine Gespräche und Beobachtungen, die wir protokollieren, heften wir zum Abschluss der Kindergartenzeit im Ich-Buch ab. Aber nur, wenn es dazu das Einverständnis der Kinder gibt. Das ist ein großer Zeitaufwand. Oft schaffen wir nicht das, was wir uns vorgenommen haben. Aber was ist entscheidend? Das jedes Kind sein „Ich-Buch“ hat, in dem es nachschauen kann, wie es gewachsen ist und welche kleinen und großen Menschen ihn dabei begleitet haben.

Literatur

(1) Korczak, Janusz: Das Recht des Kindes auf Achtung. Hrsg.: Elisabeth Heimpel u. Hans Roos; 5. Auflage, Göttingen, Vandenhoeck & Ruprecht

(2) Regel, Gerhard: Plädoyer für eine offene Pädagogik der Achtsamkeit. 2. Auflage 2008, Schenefeld, EB-Verlag

(3) Lill, Gerlinde: Dem Geist des Abenteuers auf der Spur. Bericht vom dritten bundesweiten Fachgespräch des NOA Berlin am 27./28. 04.2009. Betrifft Kinder, Heft 07–08/2009

Christiane Feuersenger ist Leiterin der Eltern-Kinder-Tagesstätte „Eene meene mopel“. Sie gehört zum Netzwerk Offene Arbeit Berlin.

Petra Diedrich

Vom feinfühligen Umgang mit Kindern – Mein Lernprozess mit einem beziehungsstiftendem Thema

Bis Juli 2010 war ich Leiterin in Morbach, in einem 5-gruppigen Kindergarten im Hunsrück, der nach dem offenen Konzept arbeitet. Dann nahm ich die Chance wahr, eine Leitungsstelle im Ludwigskindergarten in Freiburg-Herdern, einer Einrichtung mit 65 Kindern in 3 Gruppen zu übernehmen. Ich war neugierig und fand den Neuanfang spannend. Schon die ersten Tage haben mir gezeigt, dass der Kontakt zu den Kindern lebendig, zu den Eltern herzlich und zu den Kolleginnen offen ist. Es machte mir Freude, mich einzulassen, und ich erlebte Offenheit, Engagement und Gestaltungsfreude. Es ist die Bestätigung meiner Weiterbildung und eine Steigerung meiner beruflichen Erfüllung. In meinem Beitrag möchte ich davon berichten, wie das Thema vom feinfühligen Umgang mit Kindern zu meiner Herzenssache wurde, und wie wir es in meinem Kindergarten bewegten.

1. Bestärkung durch eine Weiterbildung

Das Sozialpädagogische Fortbildungszentrum in Mainz bietet den bundesweit einzigen berufsbegleitenden Kurs „Fachkraft für offene Arbeit und frühe Bildungsbegleitung“ unter der Leitung von Hans-Joachim Rohnke an (Infos: hjrohnke@t-online.de). Über einen Zeitraum von 15 Monaten werden in fünf einwöchigen Bausteinen Erkenntnisse und Informationen zum Thema „offene Arbeit“ zusammengeführt. In einer gut ausgewogenen Mischung von Theorie und Praxis geht es darum, sich mit den wichtigsten Grundlagen vertraut zu machen und viele Anregungen für die Praxis zu erhalten. Die Weiterbildung schließt mit einem Zertifikat ab. Voraussetzung sind die regelmäßige Teilnahme sowie eine Abschlusspräsentation, die in der Erstellung begleitet wird.

In Verbindung mit dieser Weiterbildung setzte ich mich mit der Thematik der Feinfühligkeit im Zusammenhang mit der Bindungstheorie besonders auseinander. In Diskussionsrunden mit dem Referenten Gerhard Regel und den anderen Teilnehmerinnen spürte ich plötzlich, wie mein Interesse und mein Empfinden für die Feinfühligkeit besonders im Umgang mit Kindern wuchs. Für die Zertifizierung der Weiterbildung schrieb ich eine Projektarbeit zu diesem Thema. Sie war die einzige Arbeit, die sich mit der Haltung zum Kind beschäftigte. Die Auseinandersetzung mit meinen Gedanken zur Feinfühligkeit wollte ich unbedingt zum Ausdruck bringen. Es war für mich ein wichtiger Entwicklungsprozess, gerade auch als Leiterin einer großen Einrichtung. Ich wollte Vorbild sein, zum Denken anregen, auf Nuancen aufmerksam machen und eine neue Lebendigkeit in den Kindergarten bringen. Es hat gut getan, sich einmal von dieser Seite mit der Kindzentrierung in der Offenen Arbeit zu befassen. Ich erkannte die Wichtigkeit der Feinfühligkeit in der Beziehung zum Kind und im Zusammenleben (siehe: ***Meine Interpretation von Feinfühligkeit am Schluss***).

2. Bedeutung von Feinfühligkeit

Der Begriff der Feinfühligkeit hat seinen Ursprung in der Bindungstheorie. Darunter wird die besondere Beziehung eines Kindes zu seinen Eltern oder zu anderen Bezugspersonen verstanden. Auch Erzieherinnen sind als Bindungspersonen für Kinder wichtig. Die Grundvoraussetzungen für einen feinfühligen Umgang mit Kindern sind zum einen das Wahrnehmen ihrer Signale und zum anderen das angemessene Reagieren darauf. Feinfühliges Verhalten einer Bezugsperson von Kindern besteht darin, dass diese sich darauf einstellt, den kindlichen Ausdruck wahrzunehmen. Feinfühligkeit ist nicht angeboren; sie wird vielmehr erlernt und kann jederzeit gelernt werden. Für Kinder bis zum zweiten Lebensjahr ist die Feinfühligkeit ihrer Betreuungsperson die unerlässliche Voraussetzung, um Sicherheit zu gewinnen und eine optimale Entwicklung und Bildung zu genießen.

Auf die Bindungstheorie möchte ich nicht näher eingehen, da mir der Zusammenhang mit der Feinfühligkeit zum Zeitpunkt der Weiterbildung noch nicht klar war. Mein Fokus lag vielmehr auf dem feinsinnigeren Umgang mit Kindern. Ich wollte ihnen zeigen, dass ich zu erkennen versuche, wie sie fühlen, was sie wollen, was sie interessiert, wie sie handeln und was sie gerade brauchen. Als ich nach dem 4. Modul aus Mainz zurück kam, spürte ich meine Veränderung. Meine Kontakte zu den Kindern und auch zu ihren Eltern wurde intensiver, lebendiger und liebevoller. Eine deutlich spürbare Vertiefung der Beziehungen begann. Auch meinen Kolleginnen fiel die Veränderung auf. Sie wurden neugierig und wir begannen, uns mit dieser Thematik auseinander zusetzen. Mir wurde klar, dass ich meine pädagogische Arbeit ändern und mein Team feinfühlig mit auf den Weg der Veränderung nehmen möchte. In einem Gespräch mit einer Kollegin entwickelten wir die Begriffe lebendiges Miteinander (erkenne die Augenblicksstimmung), lebendige Kommunikation (höre die feinen Zwischentöne) und lebendiges Wahrnehmen (achte auf den Gesichtsausdruck). Diese Vorstellungen von Feinfühligkeit fehlten kaum auf einer Dienstbesprechung, bei fast keinem Entwicklungsgespräch und auch bei Mitarbeitergesprächen hatten sie ihre Bedeutung. Die Zeit zur Veränderung war reif.

Feinfühligkeit war für die Erzieherinnen im Morbacher Kindergarten kein neuer Begriff. Neu war, dass der Begriff weiter gefasst werden musste, wenn wir die Lernprozesse und Entwicklungen von Kindern erfolgreich unterstützen wollen. Warum wurde gerade jetzt dieses Thema bei uns interessant und diskutiert? Was bedeutete es konkret, feinfühlig auf die Signale unserer Kinder zu reagieren? Warum lohnte es sich, genauer hinzusehen? Die nachfolgend aufgeführten Beispiele sollen es verdeutlichen. Um wirklich feinfühlig auf Kinder eingehen zu können, genügte es nicht, die Feinfühligkeit im eigenen Verhalten (Grundhaltung) zu haben. Es ist auch das Zusammenspiel im gesamten Team nötig, in dem sich die Kolleginnen gegenseitig unterstützen. Feinfühligkeit wäre dann eine Teamaufgabe und ein Lernen voneinander:

- Alle lassen sich auf die Kinder wertschätzend ein und sind mit Freude, Interesse und Engagement bei der „Sache“.
- Sie verhalten sich authentisch, sind unvoreingenommen, aufnahmebereit, aufgeschlossen und zugänglich.
- Sie nehmen Kinder in ihren vielfältigen Ausdrucksformen ernst und sind präsent für den gegenwärtigen Moment. Sie haben Zeit für die

Bedürfnisse der Kinder und sind als Kommunikationspartner auf Augenhöhe.

3. Zwei Beispiele aus der Praxis

Ein Nachmittag im Sommer

Der Sommer war in diesem Jahr besonders heiß und trocken. In unserem Außengelände wuchs kaum noch Gras und die Spielflächen waren ziemlich versandet. Es war sehr heiß an diesem Nachmittag und die Kinder wünschten sich, dass wir unsere Wasserstelle in der Nähe des Sandkastens öffnen. Die Freude war unbeschreiblich. Wasser, Sand und Matschen bis die Eltern kommen. Die Kinder verwandelten mit ihren Eimern, Schaufeln, vielen bunten Sandförmchen, einem Rasensprenger und unserem Wasserschlauch die Spielplatzwüste in eine Oase.

So gegen 16:00 Uhr mussten die Kinder ihr Spiel abbrechen, denn Aufräumen war angesagt. Eine Kollegin legte Handtücher und trockene Unterwäsche für die Kinder bereit. Eine andere Kollegin drehte den Wasserhahn am Wasserschlauch auf, um die bis über beide Ohren versandeten Kinder mit dem Schlauch abzuspritzen. Die älteren Kinder (5–6-jährig) hatte ihre Freude am kalten Wasser und schrieen um die Wette: „Noch mal, noch mal!" Einigen jüngeren Kindern (3–4-jährig) stand allerdings die „Angst" ins Gesicht geschrieben. Ein Junge fiel mir besonders auf. Seine ganze Körperhaltung und Mimik ließen nur eine Deutung zu: ***„Mit mir macht sie das nicht - ich will das nicht - es ist mir zu kalt - der Wasserstrahl tut mir weh - nein - nein - nein!!"***

Durch das Beschreiben meiner Beobachtung und das Umschreiben der Empfindungen, wenn ein kalter Wasserstrahl auf meinen warmen Körper trifft, veränderten die Kolleginnen ihr Handeln. Mein Vorschlag, auf die Empfindungen der jüngeren Kinder einzugehen, war hilfreich. So gingen zwei Kolleginnen mit den „ängstlicheren" Kindern in den Waschraum. Dort wurden sie mit einer warmen Dusche abgewaschen, abgetrocknet und angezogen. Am Ende dieses Nachmittags strahlten mich zwei Kinderaugen an. Sie sagten mir: ***„Du hast mich verstanden - jetzt fühle ich mich wohl - morgen komme ich wieder - danke!***

Das Mittagessen in der Grundschule

In unserem Kindergarten bieten wir auch die Ganztagsbetreuung an. Das Mittagessen wird in der nahegelegenen Grundschule eingenommen. Dazu versammeln wir die Essenskinder im Flur und gehen dann gemeinsam zur Schule, eigentlich keine besondere Situation, sondern Routine für die Kinder und die Kolleginnen. An diesem Mittwochmittag fiel mir Maira besonders auf. Sie ist 3 Jahre alt und seit 4 Wochen in unserem Kindergarten. Sie ging an diesem Mittag zum ersten Mal mit zum Essen in die Grundschule. Sie stand einfach da, abseits der Gruppe, Tränen liefen über ihr Gesicht und in der Hand hielt sie ihren Rucksack. Sie hielt ihn mit beiden Händen fest umklammert und zeigte damit eindeutig: ***„Ich will meinen Rucksack unbedingt aufsetzen - ich will meinen Rucksack unbedingt mitnehmen - ich weiß nicht was jetzt passiert - ich habe Angst - meine Mama soll kommen - ich brauche Hilfe - versteht mich denn keiner?!!"*** Ich wendete mich dem Mädchen zu. Auf Augenhöhe trocknete ich ihre Tränen und während ich leise mit ihr sprach, half ich ihr den Rucksack anzuziehen und versprach ihr, dass sie ihn mitnehmen könne. Auf meine Fragen antwortete sie: *„Ich will das Essen von meiner Mama essen - das habe ich von zu Hause mitgebracht - das schmeckt mir!"*

Zufrieden ging sie nun mit der Gruppe in die Schule und hat dort ihr mitgenommenes Brot gegessen. An den nächsten 2 Tagen trug sie wieder ihren Rucksack auf den Schultern und ging fröhlich schwatzend mit zum Essen. Am 3. Tag ließ sie ihren Rucksack am Garderobenhaken hängen und aß mit den anderen Kindern das warme Mittagessen in der Grundschule.

4. Arbeiten an der Grundhaltung zu Kindern im Team

In Teamsitzungen und Mitarbeitergesprächen haben wir uns über „Feinfühligkeit" als Grundhaltung intensiv ausgetauscht. Es wurde schnell deutlich, wie unverzichtbar eine einfühlsame Beziehung für die Entwicklung der Kinder ist. Wir wollten eine engagierte feinfühlige Weiterentwicklung, denn eine offene, wertschätzende, respektvolle und akzeptierende Haltung spiegelt sich in guten und vertrauensvollen Beziehungen zwischen Erzieherinnen und Kindern wider.

Durch wechselseitige Rückmeldungen und durch den Erfahrungsaustausch stärkten wir uns gegenseitig. Schnell erkannten wir, wie sehr sich die intensive Auseinandersetzung mit dem eigenen pädagogischen Verhalten mit der Zielsetzung eines feinfühligeren Umgangs für die Kinder auszahlt. Gemeinsam gestalteten wir unser Leitbild um. Unsere Grundhaltung sollte auch nach außen in der Konzeption sichtbar werden. An einem Planungstag setzten wir uns mit folgenden Fragen auseinander:

- Welches Bild haben wir vom Kind?
- Welche Grundhaltung hat jede einzelne Erzieherin?
- Kann sich jede Kollegin auf „Feinfühligkeit" einlassen?

So stellten wir unsere Stammgruppenarbeit um und richteten ein „Stammgruppenzimmer" ein. Dort hat eine täglich wechselnde feste Gruppe von Kindern die Möglichkeit, mit ihren Bezugserzieherinnen durch individuelle Angebote ganzheitlich (mit allen Sinnen) Gemeinschaft zu erleben. Zwei Erzieherinnen haben Zeit, ihre Bezugskinder intensiver zu beobachten, die kindlichen Fähigkeiten zu entdecken und entsprechend zu handeln. Wir dokumentieren die Aktionen der Kinder in einem Bildungsordner und haben damit besondere Grundlagen für die Entwicklungsgespräche mit den Eltern.

Zusätzlich räumten wir ein Zimmer für die Nestgruppe um. Es war für uns wichtig, die Anfangssituation für neue Kindern besonders sorgfältig zu planen, damit sie schrittweise in unser offenes System hineinfinden können. Dazu führen wir intensive Aufnahmegespräche und legen eine individuelle Eingewöhnungsphase fest. Patenschaften mit größeren Kindern haben sich ebenfalls bewährt. Wir suchten den regen Austausch mit den Eltern, um von ihnen zu erfahren, ob sich ihre Kinder in unserer Einrichtung wohl und integriert fühlten. So erweiterten sich die Eindrücke über das Kind und seine Familie. Es entstanden längere „zwischen Tür- und Angelgespräche". Diese intensiven Gespräche machten nicht nur Freude, sondern sie ließen unsere Ernsthaftigkeit erkennen, wie sehr uns das Wohl ihrer Kinder am Herzen liegt.

5. Zum Selbstverständnis im Umgang mit Kindern

Unser Ziel war es, dass wir uns alle auf den feinfühligen Umgang mit den Kindern stärker einlassen, um mit echtem Interesse die Signale von Kindern sensibler wahrzunehmen und angemessen darauf zu reagieren. Dazu gehörte auch, das eigene Verhalten und das Verhalten der Kolleginnen immer wieder kritisch zu hinterfragen und zu reflektieren. Schließlich kann eine Beziehungsarbeit von hoher Qualität nur unter diesen Voraussetzungen wirklich gelingen und dadurch eine nachhaltige Entwicklung und Bildung.

Feinfühliger Umgang mit Kindern umfasst nun für uns als Team, ...
... dass sich die Kinder bei uns wohl und zugehörig fühlen.
... dass sie ernst genommen werden.
... dass sie sich ohne Angst auf vielfältige Weise mitteilen können.
... dass sie alles sagen können, was sie bewegt.
... dass wir respektvoll und feinsinnig auf Kinder zugehen.
... dass wir stärker mit den Kindern kommunizieren.
... dass wir mit innerer Zeit beobachten und uns offen darüber austauschen.
... dass wir für Kinder und ihre Bedürfnisse einstehen und sie nach außen vertreten.
... dass unsere Kinder deutlich spüren: ***hier bin ich richtig – ich bin euch wichtig!!***

Personalengpässe, häufige Unterbrechungen der Planungen, Veränderungen der Zuständigkeiten für Kinder, Zeitdruck und ein voller Terminkalender standen uns zeitweise im Weg. Manchmal planten wir den „morgigen" Tag gut, doch dann kam es anders als wir dachten. Es war für einen Teil meiner Kolleginnen erst nach und nach selbstverständlicher, auf das einzugehen, was unsere Kinder interessiert. Wir sind gemeinsam einen guten Weg gegangen. Eine spürbare Sicherheit in der wertschätzenden Grundhaltung ist entstanden. Die ehemaligen Kolleginnen legen heute großen Wert auf Partizipation, Wertschätzung und Präsenz. Es ist inzwischen mehr oder weniger selbstverständlich geworden, auf das einzugehen, was unsere Kinder wirklich bewegt und was sie uns entgegenbringen. Darüber freue ich mich.

Lernen musste ich allerdings, dass auch Erwachsene mit unterschiedlichem Tempo lernen.

6. Schlussgedanken

Die Auseinandersetzung mit diesem Thema kam zum richtigen Zeitpunkt für mich. Der Spruch: „***Wenn du die Welt verändern willst, musst du bei dir selbst anfangen***“ umschreibt mit wenigen Worten meine Veränderung in der Grundhaltung. Es hat sich auch gezeigt, dass feinfühliger Umgang mit Menschen mich „wachsen“ lässt, sensibler macht und ruhiger werden lässt. Heute beobachte ich intensiver, genauer und habe große Freude an der Kommunikation und beim Philosophieren mit Kindern. Mein feinfühliger Austausch mit ihnen zeichnet sich durch Merkmale aus, deren Zusammenspiel entscheidend ist. Meine Sprache, meine Stimme, besonders mein Gesichtsausdruck und meine Körperhaltung sind Ausdruck meiner Grundhaltung. Die Beispiele aus unserem Kindergartenalltag zeigen, welche Auswirkungen ein feinfühliges Verhalten der Erzieherinnen auf das Erleben von Kindern hat.

Mein Ziel ist es nun, für kostbare Augenblicke im Leben der Kindergartenkinder zu sorgen, ihren Lebensrucksack zu füllen und selbstbewusste, feinfühlige und starke Kinder in die Welt zu entlassen. Der Kindergarten muss für die Kinder ein vertrauter und sicherer Ort sein. Wir können eine Atmosphäre schaffen, in der sich die Kinder wohl und geborgen fühlen. Nur so finden sie emotionale Sicherheit, Selbstvertrauen und Mut sich zu entwickeln.

Folgende Leitgedanken begleiten mich in meiner Arbeit:

„Ein Kind ist, was in ihm steckt, finden wir es feinfühlig heraus“
„Erziehung ist Beispiel und Liebe, weiter nichts.“

Ich denke, dass der feinfühlige Umgang mit Kindern nicht nur zu einem Veränderungsprozess im Elementarbereich führt. Kinder lernen durch das Beispiel, das wir ihnen geben. Wenn Kinder geschätzt und feinfühlig geachtet werden, profitiert später die gesamte Gesellschaft davon.

Meine Interpretation von Feinfühligkeit

- **F**einsinnigkeit
  mit allen meinen Sinnen dabei sein, das bedeutet für mich:

hin hören und zuhören können	-	hellhörig
hin sehen und zusehen	-	umsichtig
zu sprechen und sprechen zu lassen	-	verstehend
zu berühren und berühren lassen	-	kontaktfreudig

- **E**chtheit
  Es ist die Glaubwürdigkeit und Aufrichtigkeit meines Handelns. Das Kind weiß, was ich meine und woran es ist. Es kann sich auf mich verlassen. Das ist erkennbar an meiner Körperhaltung, meiner Sprache und Mimik.
- **I**mpulse
  Ideen und Gedanken von Kindern greife ich auf und „spinne" sie mit ihnen weiter. Ich lasse mich von ihrer Lust anstecken (Geschichten erfinden, Quatschwörter erfinden, Reimwörter sammeln, philosophieren, kommunizieren).
- **N**uancen
  Wir müssen die feinen, kleinen Unterschiede der Menschen immer wieder sehen und entsprechend „einfühlsam" handeln. Das macht die Lebendigkeit unseres Alltages aus. Denn: ***Du bist Du und Ich bin Ich - Du bist o.k. und Ich bin o.k.***
- **F**ürsorge
  Die Kinder wissen, dass ich mich um sie sorge. Sie <u>spüren</u> es: wenn ich mit ihnen spreche, wenn ich sie ansehe, wenn ich bei ihnen bin. Sie <u>erleben</u> es: wenn ich ihnen die Mütze aufsetze, wenn ich ein Taschentuch für die Schnupfennase hole, wenn ich ihnen bei Konflikten zur Seite stehe, wenn ich sie am Morgen begrüße und beim Nachhausegehen verabschiede.
- **Ü**berlegen
  In den Aufnahme- und Entwicklungsgesprächen überlegen wir gemeinsam mit den Eltern, was ihr Kind braucht, damit es sich in unserer Einrichtung wohlfühlt, z. B. eine feinfühlige Eingewöhnung, eigene Wechselwäsche, das Kuscheltier, ein Bild von der Familie. Diese Über-

legungen werden auch dem Team mitgeteilt, damit jede Kollegin über Besonderheiten des Kindes informiert ist.

- **H**erzlichkeit
  bedeutet für mich: Wärme, Liebe, immer willkommen sein. Mein Arbeitsbereich ist der „Flurdienst“ (Empfangsbereich). Dort bin ich auch für die Begrüßung und Verabschiedung zuständig. Deshalb ist es sehr wichtig, dass ich trotz Kindergartenalltag Herzlichkeit und Ruhe ausstrahle.
- **L**achen
  Es ist ein tolles Gefühl, wenn ich mich vom Lachen der Kinder anstecken und mitreißen lasse. Wir sind dann auf einer Ebene, auf Augenhöhe. Lachen macht frei und tut einfach nur gut.
- **I**ntensiv
  Die Mittagsbetreuung in der Kompaktzeit ist meine intensivste Zeit mit Kindern. Wir sitzen in der Küche und essen gemeinsam. Da wird der Tisch gedeckt, gelacht, geplaudert, der Morgen reflektiert, aus dem Fenster geschaut und natürlich auch gegessen. Es gibt keine Störungen von außen und wir sind ganz bei „uns“ (***In dieser Zeit kann ich mich sogar erholen***).
- **G**anzheitlich
  Es kommt immer das „ganze“ Kind in unsere Einrichtung. Es hängt weder seine Gefühle mit dem Anorak an den Garderobenhaken, noch wartet es mit leerem Kopf darauf, mit Wissen gefüllt zu werden. Wir müssen „Lernen“ als einen ganzheitlichen Reifungsprozess von Geist, Körper und Psyche zu verstehen.
- **K**ostbare Kindheit
  Die Kindergartenzeit ist ein kostbarer Teil der Kindheit und wir müssen alles dafür tun, dass sie in Erinnerung bleibt. Wir sorgen für kostbare Augenblicke, füllen den Lebensrucksack und entlassen selbstbewusste starke Kinder in die Welt. Kinder brauchen menschliche Werte, Regeln und Rituale: konkret, praktisch und lebensnah!
- **E**instellung
  Feinfühligkeit ist ein sichtbares Zeichen der inneren und äußeren Haltung der Erzieherin. Täglich mache ich mit Menschen aus unserem Erziehungsumfeld neue Erfahrungen. Ich bin im ständigen Austausch mit Kolleginnen, Eltern und Kindern. Da kann es schon mal passieren, dass

meine feinfühlige Einstellung ins Wanken gerät und meine Haltung hinterfragt wird, denn es gibt keine Entscheidung ohne emotionale Bedeutung. In solchen Momenten reflektiere ich meine Haltung. Dabei richtet sich mein Blick immer wieder auf meine Zielgruppe, der ich täglich mit dieser einfühlsamen Haltung begegne und dann freue ich mich wieder auf meine „Arbeit".

- **I**nnere Erfüllung
  stellt sich innerlich ein, wenn Kinder bei uns:
  - mit Freude und Neugier forschen und entdecken;
  - mit allen Sinnen die Welt wahrnehmen und begreifen;
  - eigene und konkrete Erfahrungen machen;
  - Bewegungsfreiräume erleben;
  - ins Gleichgewicht mit sich und der Umwelt gelangen;
  - Konzentration und Entspannung spüren;
  - mit Kopf, Herz und Hand lernen können;
- **T**rost
  im Zusammenleben mit Kindern. Trost = in den Arm nehmen, trösten, Tränen trocknen, Pflaster holen, Kühlakku auflegen, Verständnis haben, Konflikt lösen, Gummibärchen verteilen, auf den Schoß nehmen, ein Taschentuch holen, am Winkfenster stehen, gemeinsam auf die Mama warten, zusammen lachen, ...
  Doch wenn ich auf die Zeit im Morbacher Kindergarten zurück blicke, fällt mir auf, dass auch mir manchmal etwas Trost gut getan hat. Trost in Form von = Mut geben, Pause machen, Wasser trinken, beruhigen, Schokolade essen, wieder hoffen lassen, bestärken, unterstützen, helfen, zustimmen, weiter machen ...
  Trost bedeutet auch, die Hoffnung nicht aufzugeben. Die Hoffnung, dass es immer mehr feinfühlige Menschen geben möge. Von meinem feinfühligen pädagogischen Verhalten profitieren nicht nur die Kinder. Die Nähe zu den Kindern war noch nie so groß und intensiv wie jetzt.

Petra Diedrich ist Leiterin im Ludwigskindergarten in Freiburg-Herdern.
(www.ludwigskindergarten.de)

Uwe Santjer

Jungen können Freude machen – Vom Ärgern zum Verstehen

Nicht selten beginnt es im Februar des Jahres, etwa ein halbes Jahr vor der Einschulung. Es sind die Jungen, die die Erzieherinnen besonders herausfordern. Die meisten Kindergärten haben es verstanden, eine Pädagogik zu entwickeln, die den individuellen Bedürfnissen des Kindes Rechnung trägt. Sie wissen, dass jedes Verhalten Sinn macht und kennen die Wechselwirkung des Einzelnen mit seiner ihn umgebenen Lebensumwelt. Und dennoch werden Teams von den Jungen vor besondere Fragen gestellt. Nicht selten finden Zuschreibungen statt, die den Jungen wenig gerecht werden. Gerade in Offenen Kindergärten müssen wir uns fragen, was wir dazu beitragen, dass die Jungen sich so verhalten, wie sie auftreten? Der Ruf nach mehr männlichen Vorbildern ist das eine. Er sollte aber nicht davon ablenken, was noch zu leisten wäre. Ein Vorschlag: Gehen sie doch bitte einmal mit offenen Augen durch ihren Kindergarten und suchen die Dinge, die einen 5,5 Jahre alten Jungen interessieren könnten. Wo kann er sich messen, sich ausprobieren, seine Grenzen erfahren, Erfolge feiern und Niederlagen verdauen? Wo erlebt er Begeisterung und wo ist sein Tun bedeutsam? Gehört ihr Kindergarten auch zu denen, die eigentlich für Mädchen im Alter von 3–4 Jahren gebaut und eingerichtet sind? Was wäre, wenn Männer diesen Kindergarten einrichten dürften?

Ich will mit diesen Fragen nicht anklagen, sondern den Versuch unternehmen, zum Verstehen der Jungen beizutragen und dazu anregen, Bewertungen des Verhaltens von Jungen zu hinterfragen. Wir wissen, dass ein und dasselbe Verhalten sehr unterschiedlich beurteilt werden kann. Untersuchungen haben gezeigt, dass eigene Bilder von Männlich- und Weiblichkeit unsere Wahrnehmung beeinflussen. So wurde ein Baby zwei Gruppen von Erwachsenen vorgestellt. Die eine hatte die Information, es sei ein Mädchen, die andere, es sei ein Junge. Interessanterweise wurde das Mädchen als lieb, hübsch, artig und ruhig, das gleiche Baby von der anderen Gruppe als kräftig, stark und unruhig bewertet. Wir sehen an diesem Beispiel, wie befangen wir in unseren Annahmen und Zuschreibungen sind.

1. Mädchen und Jungen brauchen Bedingungen um mit ihrer Unterschiedlichkeit aufwachsen zu können

Gerald Hüther weist in seinem Buch „Männer, das schwache Geschlecht und sein Gehirn" darauf hin, dass Männer und Frauen sehr verschiedene Wesen sind und er fordert uns auf, Bedingungen zu schaffen, die es Jungen und Mädchen erlauben, mit ihrer Unterschiedlichkeit aufzuwachsen. Unterschiedliche genetische Anlagen, die sich in der Hormonbildung widerspiegeln, dürfen nicht negiert werden. So sorgt nach Hüther das Testosteron dafür, dass Jungen mit mehr Bewegungsdrang auf die Welt kommen als Mädchen. Schon mit 10–12 Monaten zeigen sie eine Vorliebe für Autos, Technik und irgendwie allem, mit dem sie den Raum erkunden können. Im dritten Lebensjahr beginnt die Vorliebe für spielerisches Raufen, nicht um jemanden zu verletzen, sondern um sich selbst auszuprobieren, zu erfahren und eine Stellung innerhalb der Gruppe zu erlangen.

Diese Feststellungen sind nichts Neues. Die Frage die sich stellt ist die, welche Schlussfolgerungen sich für die Kindergärten dadurch ableiten lassen?

Kinder bräuchten auch in Kindertageseinrichtungen männliche Modelle, an denen sie sich orientieren können. Sind keine vorhanden, werden sie außerhalb gesucht. So werden manchmal die coolen 15-Jährigen das Maß aller Dinge. Im Offenen Kindergarten haben wir vielleicht die Chance, über Netzwerkarbeit Männer in die Einrichtungen zu bekommen. Warum soll nicht der Hausmeister immer dann seine Dienstzeit haben, wenn Kinder anwesend sind, warum soll es nicht den Lesepaten geben oder warum sollen nicht Fußballtrainer, Schlagzeuger oder Feuerwehrmänner in AGs eingebunden werden?

Jungen bewegen sich gern in größeren Gruppen und liebend gern im Freien. Auch deshalb darf das Außengelände nicht nur ein Teil des Tages zugänglich sein, sondern sollte gleichberechtigt mit allen anderen Erfahrungsräumen gelten.

Jungen brauchen Hierarchien und Rivalitäten und benötigen für ihre Entwicklung die Chance, großflächig zu toben, zu rennen, sich auszupowern und ausgelassen zu raufen. Sie sind deshalb in den Kindergärten häufig draußen, im Bewegungsraum oder in unbeobachteten Nebenräumen anzutreffen, da sie erfahren haben, dass die Erwachsenen sehr schnell einmischend das Spiel beeinflussen und einschränken.

2. Jungen zeigen, was sie brauchen

Während ich diesen Artikel schreibe – das Büro ist voller Aufsätze, Bücher und Dokumentationen der aktuellen Jungenforschung – treibt es mir ein Schmunzeln ins Gesicht und ich entscheide mich mit dem Lesen aufzuhören. Vieles was erforscht oder was zum Teil von Frauen über Gefühle von Jungen geschrieben wurde, habe ich in meiner eigenen Entwicklung erlebt und sie im Alltag als Erzieher im Kindergarten vom Verhalten der Jungen ablesen dürfen. Und ich freue mich darüber, für den Offenen Kindergarten zu arbeiten, weil er auch durch sein Raumangebot für Jungen Chancen bietet, ihren Neigungen nachzukommen. Es ist so gut, dass Erzieherinnen sich nicht darauf reduzieren müssen, den Kindern mitzuteilen, was sie nicht dürfen, wie z. B.: „Bitte hört auf zu raufen, rennt doch nicht so schnell, seid nicht so laut, werft nicht mit den Kissen“ usw. Im Offenen Kindergarten haben wir die Chance den Kindern zu sagen: „Rauft gern weiter, geht dafür in den Bewegungsraum, rennen ist für Euch wichtig, passt nur nicht so gut in die Cafeteria, geht doch auf den Hof“ usw. Wir haben Räume, in denen Kinder ihrem Bewegungsdrang nachkommen können. Bei meinen Besuchen in Cuxhavener Kindergärten erlebte ich immer wieder, wie mir Jungen mit durchnässten Hemden und puterroten Köpfen sehr zufrieden entgegenkamen, um etwas im Cafe zu trinken. Manche kamen aus dem Bewegungsraum, wo sie gerade mit anderen Jungen auf der Weichbodenmatte kämpften. Sie hatten ihre Regeln untereinander ausgehandelt und vereinbart. Eine wichtige Absprache war: „Wenn jemand STOP sagt, hören wir auf.“ Diese Regel ließ es zu, dass Kinder sich selbst testen und erfahren konnten, wie weit sie beim Kämpfen gehen durften und was sie selbst einstecken wollten. Wie konzentriert gelang es den Jungs letzte Woche, den sehr anspruchsvollen Parcours zu bewältigen, nachdem sie mit sechs Jungen die große Matte immer wieder aufrichteten, sie dann umschmissen und auf ihr durch den Raum schlidderten. Andere fuhren in schnellem Tempo auf dem Rollbrett über den Flur und erprobten sich. Wir wissen in den Kindergärten, dass Jungen nach ihren Powerphasen sehr konzentriert arbeiten können. Dies gilt besonders auch für Schulkinder, die dies täglich nach der Schule und vor Erledigung der Hausaufgaben zeigen. Und ob wir es nun wollen oder nicht, das Kämpfen und das ausgelassene Toben, vor allem draußen, sind für das Wohlbefinden der Jungen unerlässlich. In diesen Kampfspielen haben Jungen nicht das Bedürfnis andere zu verletzten, sie haben eher die Not, sich einen Platz in der Hierarchie der Jungengruppe zu erobern und sich selbst zu finden.

3. Jungen basteln, wenn wir sie lassen

Ja, es stimmt: Jungen sind weniger in den Bastel- und Malräumen zu finden. Und wenn sie dann da sind, dann beschäftigen sie sich mit Themen, die nicht überall erwünscht sind. Ich habe oft an Diskussionen teilgenommen, in denen sich Erzieherinnen sorgten, dass Jungen auf ihren Bildern nur Raketen malten oder mit Bastelmaterialien Waffen bauten. Ich erinnere mich an meine Kinderzeit, in der es neben dem Fußball Indianerspiele gab, in der wir uns als Soldaten verkleideten und im Gelände spielten. Wir haben uns an den von uns gemeinsam bemalten Materpfahl gebunden und mit Taschenmessern unsere Speere geschnitzt. Mit Bändern, Nadel, Faden und Federn stellten wir den Kopfschmuck her und schminkten uns gegenseitig. Ganz kreative Stammesfahnen wurden entworfen und verwirklicht. Wir komponierten Gesänge und entwarfen Tänze, schrieben mit den Zeichen, die wir uns ausdachten, auf alten Bettlaken unsere Stammeszeichen. Als Soldaten zeichneten wir Routenpläne, die uns durch das Gelände lotsten, knüpften Kordeln für die Uniform, wir banden von uns gestaltete Besenstiele an die Fahrräder und errichteten ein Lager mit Kantine, Wall, Feuerstätte, Aussichtsturm und vielem mehr. Da fällt mir ein, dass wir auch Piraten waren. Und wieder hatten wir das Muster mit Säbel, Fahne, Augenklappe, Schiff u.a. Das Spiel war oft laut und manchmal mucksmäuschenstill, je nach Auftrag. Es war ein bis ins Detail verabredetes Regelspiel. Im Rückblick finde ich nicht, das Jungen nicht malen, basteln und handarbeiten wollen. Vielleicht sind die Angebote, die wir den Kindern unterbreiten, nicht entsprechend.

Ich kann auch berichten, dass von meinen damaligen Freunden niemand jemals einen Menschen absichtlich verletzt hat, geschweige denn auf einen Menschen geschossen hat. Soziales Lernen fand auch wesentlich in solchen Spielen statt, wie beschrieben.

4. Jungen spielen sehr konzentriert

Neben dem großräumigen Spiel, neben der Lust am kreativen, künstlerischen Gestalten, so es für ihr Spiel benötigt wird, haben Jungen Freude an Konstruktionsspielen. Auch sie werden die Jungen kennen, die ganz versunken beim Spielen mit Legosteinen die Zeit vergessen. Michael, ein Kindergartenkind nässte auch mit fünf Jahren noch ein, wenn er so ganz konzentriert im Bauraum spielte. Er entwickelte sich sehr schnell zu einem Spezialisten. Es war ihm wichtig, die Flugzeuge der Bauzeichnung entsprechend sehr perfekt zu bauen. Durch zwei seiner Freunde erhielt er Unterstützung, von denen einer selbst an einem Flugzeug und der zweite an der Herstellung eines Flughafens arbeitete. Nachdem die Flugzeuge und der Flughafen fertig waren, begann ein Rollenspiel, das nicht gerade sehr leise war. Die Flugzeuge flogen durch den Raum, während die Gesichter der Jungen voller stolz strahlten.

Michael und seine Freunde waren auch daran interessiert, selbst zu forschen und physikalische Zusammenhänge zu erkennen. Von daher ist es gut, dass sich in unseren Offenen Kindergärten vermehrt Werkstätten und Forscherräume etablieren. Wenn es uns gelingt herauszufinden, was Jungen wirklich interessiert, und wir ihnen dann entsprechendes Spiel- und Experimentiermaterial zur Verfügung stellen, dann arbeiten sie sehr intensiv an einem Projekt und lassen sich durch nichts ablenken.

5. Jungen wollen verstanden werden

Um eine Geschlechtsidentität zu erlangen brauchen Kinder Vorbilder. Da wir für Jungen im Kindergarten nur wenige Vorbilder haben, sollten wir über eine gute Beobachtung und über ein ehrliches Bemühen um Einfühlung dieses Fehlen durch den Versuch des Verstehens kompensieren.

Wir wissen, dass Jungen die Kindergartenräume immer wieder verändern. Durch ihren Platzbedarf werden nicht selten Tische und Stühle anders angeordnet, als von der Erzieherin gewünscht. Das im Bauraum oder Bewegungsraum Gebaute verändert sich mit dem Spiel der Jungen. Deshalb werben sie dafür, die Dinge auch über mehrere Tage stehen lassen zu dürfen. Dies ist auch ein Zeichen dafür, dass die Spielzeit von Jungen anders wahrgenommen wird, als von uns Erwachsenen. Nicht selten gibt es Unstimmigkeiten mit den Eltern, wenn sie den Jungen vom Kindergarten abholen wollen oder mit der Erzieherin, wenn sie zum Aufräumen bittet, obwohl das zu Bauende noch nicht fertig ist. Jungen haben feste Vorstellungen über das Ergebnis und sind dann ungehalten, wenn sie ihre Arbeit nicht zu Ende bringen können. Wenn sich aus solchen Situationen Sanktionen ergeben, dann verstehen dies die Jungen nicht, denn aus ihrer Sicht haben sie kein Unrecht getan, sie wollten nur das Angefangene zum Abschluss bringen.

Ich hoffe sehr, dass meine hier aufgeführten Gedanken und Beschreibungen dazu beitragen können, sich weniger über die aufgeweckten, oft sehr lebhaften und manchmal sehr konzentrierten Jungen zu ärgern, sondern sie als lebendige Suchende zu verstehen.

Das Mädchen auch männliche und Jungen auch weiblich Teile in sich haben und diese ganz unterschiedlich leben wollen, soll als bekanntes Wissen abschließend nicht fehlen. Aber das ist ein neues, erweitertes Thema.

Literatur

N. Neuber, Supermann kann Seilchen springen. Bewegung, Spiel und Sport mit Jungen. Borgmann Media 2009

Bendels/Anders, Wo rohe Kräfte sinnvoll walten, Handbuch zum Ringen, Rangeln und Raufen. Borgmann Media 2001

Zimmer, Alles über den Bewegungskindergarten, Herder 2004

Hüther, Männer – das schwache Geschlecht und sein Gehirn, V&R

IV. Nichtaussonderung und Inklusion

Uwe Santjer

Zwanzig Jahre Pädagogik der Nichtaussonderung in Cuxhaven

Als Fabian eines Morgens in den Kindergarten rannte und erzählte, dass er eine kleine Schwester bekommen würde, haben wir uns alle mit ihm gefreut. Er sprudelte förmlich über und auch der Mutter war die Freude ins Gesicht geschrieben. Gut ein Jahr danach, wurde die kleine Lisa angemeldet und zwei weitere Jahre später hatte Lisa ihren ersten Kindergartentag.

Wie bei jedem Kind gingen wir der Frage nach, was Lisa für ihre Entwicklung in unserem Kindergarten benötigte. Die Plätze im Waschraum und in der Garderobe wurden vorbereitet. Der Kindergruppe wurde Lisa angekündigt und eine Patenschaft verabredet. Meine Kollegin bereitete sich als Bezugserzieherin auf Lisa vor, freute sich zum Einen, hatte aber auch Bedenken, denn sie begleitete das erste Mal ein Kind mit Down Syndrom.

Obwohl es einen Sonderkindergarten der Lebenshilfe in Cuxhaven gab, entschieden die Eltern, Lisa in dem Kindergarten anzumelden, den alle Kinder des Wohnumfeldes besuchten. Sie wollten, dass Lisa gemeinsam mit den anderen aufwächst. Über das gemeinsame Spiel sollte Lisa sozial eingebunden bleiben und mit den anderen Kindern gemeinsam lernen.

Kinder wie Lisa gab es Ende der 80er Jahre viele. Erzieherinnen in Cuxhaven, aber auch in ganz Niedersachsen und wahrscheinlich weit darüber hinaus haben allen Kindern die Türen geöffnet und eine Pädagogik entwickelt, die von nichtaussondernden Aspekten getragen wurde. Für die kirchlichen Einrichtungen ergab sich schon aufgrund des christlichen, für andere eines humanistischen Menschenbildes der Auftrag, jedes Kind mit allen Stärken und Schwächen, mit seiner Einzigartigkeit wertzuschätzen und anzunehmen. Es entwickelte sich eine Pädagogik der gemeinsamen Erziehung über die Ansprüche und Bedürfnisse der Eltern, Kinder und Erzieherinnen. Hilfreich war hier der in Cuxhaven geleistete Schulterschluss zwischen Kindergartenträgern und der Stadt Cuxhaven, denn schon zum 01.08.1987 sollte die Integration in den Regelkindergärten beginnen. Erklärtes Ziel war, die nötige Hilfe und Unterstützung zu den Kindern zu bringen, nicht umgekehrt. Das war ein völlig neuer Ansatz. Bis dahin sind Kinder mit Behinderung in spezielle Kindergärten und zu Therapeuten gefahren worden. Für die neue Idee, dass sich die Hilfeleistung dem Kind anpasst, musste ein neuer, auch für uns unbekannter Rahmen entwickelt werden. Mit Hilfe einer Arbeitsgemeinschaft der Kindergartenträger, heute bestehend aus der evangelischen Kirche, der katholischen Kirche, dem DRK und einem Elternverein, der Aktion Kinderbetreuung, konnten Bedingungen geschaffen werden, die die gemeinsame Erziehung in Cuxhaven zur Selbstverständlichkeit haben werden lassen.

1. Grundlage zur gemeinsamen Erziehung: Fortbildung für Erzieherinnen

Mit vereinten Kräften dieser Trägerarbeitsgemeinschaft, der Lebenshilfe und der Stadt Cuxhaven konnte 1987 eine Langzeitfortbildung konzipiert werden, die durch Axel Jan Wieland von der Universität Oldenburg begleitet wurde. In dieser Fortbildung sollten Bedingungen für eine gelingende Pädagogik für alle Kinder entwickelt werden. Dabei waren die Praxisfragen der Erzieherinnen handlungsleitend. Durch das Regionalisierungsprinzip musste sich jeder Kindergarten darauf einstellen, auch Kinder mit Behinderung zu betreuen, zu erziehen und bei den Bildungsprozessen zu unterstützen. Das bedeutete, dass sich aus jedem Kindergarten Erzieherinnen der Fortbildung stellten und bereit waren, die Kindergartenkonzeptionen den neuen Anforderungen anzupassen. Wir suchten eine Pädagogik, die dem einzelnen Kind die Möglichkeit gab, sich in der Gemeinschaft nach seinen Möglichkeiten zu entwickeln. Das dies nur mit den Kindern zusammen ging, lag auf der Hand. Die Handlungsforschung wurde ein gutes Instrument zur Konzeptionsentwicklung.

Als dann das Land Niedersachsen 1988 ein Erprobungsprojekt zur gemeinsamen Erziehung behinderter und nichtbehinderter Kinder in Kindergärten initiierte, beteiligten wir uns als ein Projekt, mit allen Kindergärten der genannten Kindergartenträger. Ziel war es herauszufinden, unter welchen Bedingungen die gemeinsame Erziehung gelingen könnte. So hat Niedersachsen mit der 2. DVO u.a. die Kind/Erzieherinnen Relation festgeschrieben und sich zur Weiterqualifizierung von Erzieherinnen zu heilpädagogischen Fachkräften bekannt.

Für uns stellt sich bis heute nicht die Frage, wie Kinder integriert werden, sondern wie Kinder von Anfang an zu ihren Rechten nach Gemeinschaft und individueller Förderung kommen können. Dies gelingt nach unserer Erfahrung am Besten innerhalb offener Strukturen. Deshalb entwickeln wir seit 1987 bis heute für Kinder den Offenen Kindergarten. Dabei gleicht nicht eine Einrichtung der Anderen. Durch die Individualität der Gebäude, der Träger, der Erzieherinnen, der Eltern und der Kinder bietet der Offene Kindergarten viele Gesichter. Eines ist ihm aber gleich. Er ist für alle Kinder da und er sorgt dafür, dass jedes Kind die Unterstützung erfährt, die es benötigt. Dafür werden alle Erzieherinnen zu heilpädagogischen Fachkräften in Langzeitfortbildungen weiterqualifiziert, können die Teams ein auf sie abgestimmtes Fortbildungsprogramm und von ihnen organisierten Fachgruppen nutzen.

2. Grundlage der Gemeinsamen Erziehung: Kompetenztransfer zwischen Therapeuten und Erzieherinnen

Auch wenn sich Diagnosen wiederholen, Kinder sind nicht gleich. Es war gut, dass wir ein Therapeutenpool bestehend aus einer Logopädin, einer Ergotherapeutin, einer Krankengymnastin und einem Physiotherapeuten installierten, um die Erzieherinnen in ihrer Tätigkeit zu begleiten. Neben der Beobachtung des Kindes, der Entwicklungsstandsmessung, der Beteiligung an Angeboten haben die Therapeuten den Auftrag, im sogenannten Kompetenztransfer, ihr jeweiliges Spezialwissen zur Verfügung zu stellen, um hieraus begleitende Maßnahmen für den Kindergartentag des Kindes abzuleiten. Heilpädagogische und therapeutische Begleitung erfahren die Kinder in ihrem Alltagshandeln, indem Therapeutinnen und Erzieherinnen ihr Wissen austauschen und die Begleitung des Kindes abstimmen. Wenn Kinder z. B. in der Sprachanbahnung Hilfe benötigen, dann werden die vielen Sprachanlässe des Alltags dazu genutzt, Kinder entsprechend zu begleiten und auch anzuleiten. Immer am Interesse des Kindes anzusetzen, in einer herausfordernden Lernumgebung, die vom Kind mit gestaltet wird, ist für uns Maßstab integrativer therapeutischer Begleitung. Da die Therapeutinnen bei den Kindergartenträgern angestellt sind, wird ihr Einsatz von uns Fachberatern koordiniert. Das hat u.A. den Vorteil, dass Kindern auch ohne ärztliche Verordnung therapeutische Hilfe gegeben werden kann. In der Praxis hat es sich etabliert, dass Erzieherinnen und Therapeuten in gemeinsamen Fallbesprechungen Förderpläne für Kinder entwickeln. Und dabei entscheiden Erzieherinnen, welche Therapeutin zu Rate gezogen werden soll.

Durch diesen Austausch gelingt es Erzieherinnen und Therapeuten, ein umfassendes Bild des jeweiligen Kindes zu erhalten und das Kind in seiner Ganzheit zu sehen. Durch den Offenen Kindergarten und die durch ihn geschaffenen Möglichkeiten können Kinder in den Räumen intensiver ihren Themen mit den von ihnen gewählten Partnern nachgehen. Das ist besonders für die therapeutische Begleitung von Vorteil. Die jeweils beste Lernzeit und der beste Lernort des Kindes kann Berücksichtigung finden.

3. Grundlage der Gemeinsamen Erziehung: Koordination und Fachberatung

Das Miteinander der verschiedenen Träger, die Absprachen mit dem Land und der Kommune, die Fortbildungen für Erzieherinnen und der Einsatz der Therapeuten sind nur einige wenige Aspekte, die organisiert werden mussten. Dass die gemeinsame Erziehung in Cuxhaven zur Erfolgsgeschichte wurde, ist eng mit Joachim Büchsenschütz verbunden, der die Koordination Ende der 80 er Jahre übernahm. Es war wichtig sich zu vernetzen, mit Fachberatungen in ganz Niedersachsen, mit den freien Wohlfahrtsverbänden und den Ministerien, sowie den Jugend- und Sozialämtern auf den unterschiedlichen Ebenen. Praxiserfahrungen wurden und werden bis heute zur Politik und Verwaltung transportiert und dort eingebracht. Neben der Koordination brauchen die Erzieherinnen in ihrer Praxis Begleitung durch Fachberatung. Es ist wichtig, konzeptionelle oder auch kindbezogene Fragen mit externen Beratern zu erörtern. In diesen Prozessen entwickeln sich Erzieherinnen und Kindergärten gleichsam weiter.

In Cuxhaven ist es gelungen, die Kindergärten so auszustatten, dass jedes Kind im Kindergarten seines Wohnumfeldes aufgenommen werden kann. Es gibt, bis auf eine Gruppe des Sprachheilkindergartens, keinen Sonder- oder Förderkindergarten in der Stadt Cuxhaven. Eltern behinderter und auch nichtbehinderter Kinder nehmen die gemeinsame Erziehung als selbstverständlich an und entdecken die Chancen des gemeinsamen Lebens, das im Offenen Kindergarten einen guten Rahmen findet.

Der Offene Kindergarten ist für die Inklusion gut vorbereitet

Auch wenn Cuxhaven seit 1987 die gemeinsame Erziehung behinderter und nichtbehinderter Kinder in seinen Kindergärten anbietet, konnte sich die Integration in der Schule nur vereinzelt durchsetzen. Überall da, wo engagierte Lehrerinnen zusammengekommen sind, hat es tolle, sehr mutmachende Integrationsprojekte gegeben. Leider haben diese spätestens nach der Grundschulzeit ihr Ende erreicht. Die UN Behindertenrechtskonvention regelt den Anspruch des behinderten Kindes auf die gemeinsame Beschulung mit nichtbehinderten Kindern. Ich hoffe sehr, dass Bundes- und Landespolitik zügig Bedingungen für ein inklusives Bildungssystem schaffen. Der Offene Kindergarten könnte an vielen Stellen Modell sein.

Die Cuxhavener Erzieherinnen haben mit Gerd Regel und Joachim Büchsenschütz in dem Buch „Mut machen zur gemeinsamen Erziehung" erschienen im ebv Rissen Verlag, unsere Geschichte dokumentiert. Im Folgenden habe ich die Aspekte gemeinsamer Erziehung zusammengefasst.

Aspekte gemeinsamer Erziehung in Cuxhaven:

- Jedes Kind ist einzigartig und als vollwertiges Mitglied der Gesellschaft zu akzeptieren
- Die Kindergartenträger bilden eine Trägerarbeitsgemeinschaft
- Kein Kind wird aufgrund von Art oder Schwere einer Behinderung, noch wegen seines Verhaltens oder auch einer besonderen Begabung ausgeschlossen
- Jedes Kind kann den Kindergarten in seiner Wohnortnähe besuchen
- Die Kindergartenträger stellen Fortbildung und Fachberatung sicher
- Jede Erzieherin wird zur heilpädagogischen Fachkraft weiter qualifiziert
- Zur Unterstützung der Praxis wird ein Therapeutenpool eingerichtet
- Integrative Therapie wird ermöglicht
- Nötige Materielle Unterstützung wird sichergestellt
- Regelmäßige Fortschreibung des regionalen Konzeptes
- Es gelten Bestimmungen der 2. DVO des KiTaG
    - 3 Erzieherinnen pro Integrationsgruppe
    - 14–18 Kinder in der Gruppe (bzw. 3m^2 pro Kind) bei 2–4 Kindern mit Behinderung
    - 5 Std. tägliche Mindestbetreuungszeit
    - Zusätzlich 8,5 Std. Vorbereitungszeit
    - Eltern sind vom Beitrag befreit

Katharina Witte

Von der Nichtaussonderung zu einer umfassenden Inklusion – Was Kindern Zukunft gibt

Eine Kita stellt sich vor

Als ich gefragt wurde, ob ich nach all den Jahren wieder mitmachen möchte, etwas aus der Praxis für die Praxis zu berichten, habe ich ganz deutlich ja gesagt. „Klar, dass machst du“, war auch die Meinung meiner Kollegen. „Denn, wenn wir nicht darüber berichten, wie es sein kann, in gegenseitiger Achtung und mit Vertrauen auf die Stärken des anderen unser Leben gemeinsam zu gestalten, wer soll es dann tun.“ So die Meinung meiner Kollegen. „Beschreib unseren Alltag und jeder weiß dann, wie spannend, sensibel, einfach und auch schwierig es ist, gemeinsam Entwicklung zu erfahren und damit Zukunft zu gestalten.“

Um besser nachvollziehen zu können, warum Inklusion für uns als Team nicht nur ein Wort der jetzigen Zeit ist, ein paar Stichworte zu uns:

- Die Kita ist in Trägerschaft der kath. Pfarrgemeinde St. Marien in Cuxhaven.
- Gegründet wurde sie von katholischen Ordensschwestern. Das damalige Anliegen war unter anderem, die Kinder der „Gastarbeiter“, die in der Fischindustrie arbeiteten, sich nicht selbst zu überlassen.
- Beteiligung am Erprobungsprojekt gemeinsame Erziehung behinderter und nicht behinderter Kinder in Niedersachsen.
- Alter der Kinder: 2 bis ca. 12 Jahre.
- Aufnahmekapazität: Zu kompliziert um es genau aufzulisten. Richtzahlen: maximal 50 Kinder im Kindergartenalter und 40 Schulkinder.
- Aufnahme Kriterien: Jedes Kind wird aufgenommen. Es bestehen keine Ausschlusskriterien aufgrund individueller Erschwernisse, einer Glau-

benszugehörigkeit oder ethnischer Herkunft. Von den Kindern, die zurzeit im Haus leben, haben ca. 96% einen Migrationshintergrund.
- Öffnungszeiten: 5.30 Uhr bis 17.30 Uhr.
- Pädagogische Grundannahmen: Durch die Orientierung am christlichen Menschenbild ist unser Handeln geprägt von gegenseitiger Achtung. Jeder Mensch darf so sein wie er ist. In der Selbstbestimmtheit des Kindes, seiner Neugierde, die Welt forschend entdecken zu wollen, liegt der Grundsatz unseres pädagogischen Handelns: Wir sagen über uns, dass wir in einem offenen Haus für alle Kinder in gegenseitiger Achtung und mit Vertrauen zusammenleben.
- Team: Von zurzeit 12 ErzieherInnen haben zwei spanische, eine portugiesische und eine türkische Wurzeln.

Unsere Wurzeln

Wer als Besucher in die Kita kommt, wird auf den ersten Blick kaum Unterschiede zu anderen Kitas bemerken. Mal abgesehen davon, dass unsere pädagogische Überzeugung in den theoretischen Begründungen zur offenen Kita-Pädagogik, einer Pädagogik der Achtsamkeit in einem offenen Haus liegen und dies auch so gelebt wird.

Die Wurzeln des Zusammenlebens im Haus gehen jedoch weit zurück, und der Grundstein der heute gelebten Pädagogik wurde von der Pädagogin und Ordensschwester Mater Magarete Schörl gelegt. Durch die Auseinandersetzung mit ihrer Sicht vom Kind(Mensch), ihren Gedanken zu Raumhaben und nutzen, Raum-teilung und Raum-ausgestaltung (Was nicht nur das Stellen der Möbel beinhaltet), ihrem Prinzip der nachgehenden Führung, das lange Jahre die konzeptionelle Grundlage der pädagogischen Ausrichtung der Kita war (und auch heute noch konzeptionell mit einfließt), konnte das entstehen, was heute in der Kita gelebt wird: *Jeder ist in seiner Einmaligkeit eine Bereicherung für jeden.*

„Mich interessiert der Mensch, dem man keinen Stempel aufdrücken darf. Das Bild vom Mensch in seiner Einmaligkeit muss sehr offen sein. Interesse am Menschen zu haben bedeutet, ihm innerlich mit der Frage nachzugehen: wie geht es dir (Kind)?" (Mater Magarete Schörl: in Selbstdenken macht gescheit, Brigitta Riedel).

Die Frage: wie geht es dir Kind? ist auch für uns heute noch immer die eine zentrale Frage. Interesse am Menschen zu haben heißt für uns heute: Was brauchst du Kind jetzt und wie kann ich dich stärkend begleiten, damit du für morgen gerüstet bist. Schon vor Beginn des Modellprojektes zur gemeinsamen Erziehung behinderter und nichtbehinderter Kinder in Niedersachsen hatten wir als Kita – Team das Bestreben, unsere pädagogischen Leitlinien genauer zu betrachten und zwar unter anderem aus folgenden Beweggründen heraus. Schon damals besuchten Kinder die Kita, deren Heimatland nicht Deutschland war. Im täglichen Miteinander spürten wir damals ein Ungleichgewicht zwischen unserem pädagogischem Handeln und dem, was die Kinder durch und in ihrem Spiel zeigten.

Auch die sogenannte „graue Integration", die es in den verschiedensten Kitas gab, gab es auch bei uns. War es wirklich richtig, Kinder mit Handicap ohne tatsächliches Wissen um eine fördernde Begleitung einfach so in den Kita-Alltag hinein zuholen? Wie konnten es uns gelingen, den sogenannten auffälligen Kindern mehr Halt und Vertrauen entgegen zubringen?

Fragen hatten wir damals viele. Als Team wussten wir aber genau: Es muss eine Kita für alle Kinder geben, eine Kita ohne Aussonderung. Und nicht die Kinder müssen sich der Kita „anpassen", sondern die Kita soll sich den Kindern „anpassen". Uns interessierte der Mensch in seiner Ganzheit. Durch das Modellprojekt zur gemeinsamen Erziehung zog dann auch der Integrationsbegriff bei uns ein. Ein Begriff, der heute aus dem allgemeinen Sprachgebrauch nicht mehr wegzudenken ist. Etwas hinzunehmen, hinzuzufügen um ein Ganzes wieder herzustellen; Außenstehendes in den Kreis hinein zu nehmen.

Besonders in der Kita-Pädagogik wurde das Wort Integration zum Programm. Es stand vor allem für das Hineinnehmen behinderter Kinder in die Regel-Kita. Für die Kinder mit Handicap war es ein wichtiger und bedeutender Schritt zur Teilhabe und eigenverantwortlicher Selbstgestaltung, den Regelkindergarten auch für sie zu öffnen. Nur, ist Integration die Lösung eines gesellschaftlichen Umdenkens?

Heute wird der Integrationsbegriff mit einer großen Selbstverständlichkeit für die unterschiedlichsten Bereiche des gesellschaftlichen Lebens benutzt. Hört man aufmerksam hin, kann man feststellen, dass er fast immer mit einem Zusatz versehen wird. Integration *von*..........., integration*swillig*, integrations*fähig* oder auch Integrations*maßnahme*. Immer impliziert der Begriff für mich irgendwie: etwas von außen in den inneren, wissenden Kreis hineinzunehmen. Dass der Außenstehende sich anstrengen muss, um im inneren Kreis bestehen zu können. Vor allen Dingen hatte ich oft den Gedanken, dass der Begriff Integration als eine möglichst nahe Anpassung an die Werte und Richtlinien des inneren Kreises verstanden wird, um dann integriert zu sein. Ein für mich und meine Kollegen ganz unstimmiges Bild.

Wir, eine bunte Kindertagesstättengemeinschaft, die im Alltagsleben jeden verstehend und respektierend begegnen und begleiten möchte, gehen von einem anderen Bild aus. Wir sind ein großer Kreis, in dem jeder mit seiner Individualität zur Gemeinschaft gehört. Dieses Bild begrenzen wir nicht nur auf das Leben in der Kita, sondern wir sind der festen Überzeugung, dass dieses Bild das Gesellschaftsbild der Zukunft sein wird, sein muss. Wir als Team haben uns positioniert. Wir wollen Inklusion.

Gemeinsam arbeiten

Vor ein paar Monaten fragte ein Erzieherin bei unserem Fachberater an, ob er ihr nicht behilflich sein könnte, eine Stelle in Cuxhaven zu finden. Aufgrund ihres Handicaps, sie sei zu 95% sehgeschädigt, hätte sie bisher nur Absagen erhalten. Während einer allgemeinen Kita-Besprechung wurde diese Information an alle Kitas weiter gegeben.

Als wir im Team überlegten, ob wir nicht Verstärkung gebrauchen könnten, da gab es natürlich positive, wie auch nicht so positive Meinungen. Die einen konnten es sich nicht vorstellen, eine fast nicht sehende Kollegin in einem Haus zu haben, wo alle Räume allen Kindern frei zur Verfügung stehen, auch das Außengelände. Wie sollte sie den Überblick behalten? Wie sollte es ihr gelingen zu wissen wer, wann, wo im Raum ist? Zudem die Kollegin zuvor ausschließlich in Einrichtungen gearbeitet hatte, in denen Kinder und Jugendliche mit Beeinträchtigungen lebten. Kleine überschaubare Gemeinschaften. Außer während ihrer durchlaufenen Praktika an der Fachschule für

Sozialpädagogik, wo sie mal für kurze Zeit „Kindertagesstättenluft" schnupperte, hatte sie bisher keine Berührungspunkte zur Kita gehabt.

Für andere Teamkollegen gab es diese Fragen nicht. Sie wollten sie kennenlernen und machten sich mehr Gedanken darüber, wie eine gute Eingewöhnungszeit für sie gestaltet werden könnte. Frau Z. kam als Kollegin zu uns ins Team. Sie brachte eine persönliche Assistentin mit, die ihr, besonders in der Anfangszeit, die räumliche Orientierung erleichterte, sie aber auch gut dabei unterstützte, alle Kinder und Kollegen kennen zu lernen.

Für die ersten Wochen, so hatten wir mit Frau Z. besprochen, sollte sie sich jeweils einem Raum über einen längeren Zeitraum zuordnen. Sie hatte sich den Kreativraum ausgewählt und sich mit Ideen für kleine Bastelarbeiten ausgestattet, um gut vorbereitet zu sein. Da in diesem Raum zur gleichen Zeit auch die Wortwerkstatt großen Zuspruch fand, war hier ständig was los. Zufall? Frau Z. war mitten im Geschehen, denn sie begeisterte die Kinder mit ihrer Blindenschrift. Angedacht war, dass sie nach ca. 14 Tagen den Raum wechseln sollte. Daran war nicht zu denken, denn das Projekt, „Schreiben im Geheimen", das so entstand, zog über viele Wochen die Kinder magisch an. Als Frau Z. nach ein paar Monaten nach Süddeutschland gezogen ist, waren wir alle, Kinder und Erwachsene, um viele Erfahrungen reicher und auch kompetenter. Ganz besonders vermisst wird Frau Z. von zwei Schulkindern, die sie während ihrer Zeit bei den Schulaufgaben begeleitet hatte.

Der Versuch einer Erklärung

Der Begriff Inklusion ist noch ein sehr junger Begriff; besonders in der Kita Pädagogik. Das inklusive Verständnis unterscheidet sich deutlich von den Grundsätzen des integrativen Gedanken. Die Integrationspädagogik hatte es sich zur Aufgabe gemacht, Randgruppen (hier besonders Menschen mit einem Handicap) die Teilhabe an dem gesellschaftlichen Leben nicht nur zu ermöglichen, sondern zu fordern. Sie ging von dem Gedanken aus, auf Randgruppen mit spezieller Aufmerksamkeit und Programmen zu reagieren. Die Intention war eine Wiedereingliederung und somit die erneute Teilhabe am gesellschaftlichen leben.

Auch der Inklusionsgedanke verleugnet nicht, dass es Besonderheiten und Unterschiedlichkeiten gibt. Er versteht diese Besonderheiten und Verschiedenheiten jedoch als Normalität, sozusagen charakteristisch für das Ganze, zum Ganzen dazugehörig. Ich habe folgendes Bild vor Augen: Wir alle sind Kinder, was eine Tatsache ist. Also ein Ganzes. Aber wir haben unterschiedliche Fragen, Erwartungen, Bedürfnisse, Erfahrungen und Ziele aufgrund derer wir handeln, verstehen und uns zugehörig fühlen. Aber wir bleiben ein Ganzes: Kinder, mit der uns eigenen Individualität, einer eigenen Biographie, unterschiedlicher kulturellen Ausrichtung und möchten Antworten, Identität, Bindung, Begleitung, Entwicklung und Förderung.

Ein zu einfaches Bild? Mag sein. Aber für uns als Team ein Bild, von dem aus wir Inklusion für uns „fassbar“ machen können. Wie Inklusion für uns im Kita-Alltag immer deutlicher ein Gesicht bekam, haben uns die Kinder gezeigt und zeigen es uns auch heute noch. Ein, wie sagt man: großes Füllhorn hatte sich aufgetan, als wir als Team den Grundsatz für uns begriffen: Alle Kinder (und auch Erwachsene) als Ganzes und im Kontext zu ihrer Biographie und Individualität zu verstehen und aus diesem Kontext heraus verstehende Begleitung als Aufgabe anzunehmen.

Kindern Zukunft geben, in dem sie Identität aufbauen können

Durch Einsatzbereitschaft, Verantwortungsbewusstsein und dem gemeinsam im Team bejahendem, und verstehendem pädagogischen Verständnis, eine Kita für alle Kinder Normalität werden zulassen, begann für uns eine aufregende Reise.

Begonnen haben wir im Team damit, dass wir uns zunächst einen Themenschwerpunkt gewählt haben, den wir für unser Haus näher betrachten wollten. Gewählt hatten wir damals Sprache. Ausschlaggebend hierfür war, dass immer wieder Stimmen laut wurden und forderten: „Die Eltern mit Migrationshintergrund sollen mit ihren Kindern deutsch sprechen, haltet sie dazu an. Übt mit den Kindern gezielter die deutsche Sprache! Achtet darauf, dass die Kinder den richtigen Artikel benutzen, achtet darauf, dass die portugiesischen und spanischen Kollegen mit den Kindern nicht so viel die Muttersprache sprechen“ und vieles mehr.

Aber auch Eltern zeigten sich besorgt. „Achten sie darauf, dass mein Kind mit den anderen Kindern nicht in der Muttersprache spricht, sonst wird es in der Schule nicht mitkommen!“ Natürlich berechtigte Sorgen und auch gutgemeinte Ratschläge. Wir hatten als Team dazu jedoch viele Fragen. Fragen wie: Werden Kinder dadurch nicht auf einen Teilbereich reduziert? Ist Sprache und Sprachentwicklung nicht weit mehr als nur viele Worte und die richtige Grammatik? Ist Sprache nicht auch Identität und Mehrsprachigkeit nicht ein Gewinn? Wo ist der Mensch hinter der Sprache und was benötigt er, um Sprache zu erfahren? Als wir auf der Suche nach Antworten waren, kam zu uns ein 7-jähriger Junge in die Kita, den einige Kinder aus der Schule kannten. Er war immer sehr darauf bedacht, ein fehlerfreies und möglichst akzentfreies Deutsch zu sprechen und schön zu schreiben. Lange Zeit war uns nicht deutlich, warum es ihm nicht gelang, den aktiven deutschen Wortschatz zu erweitern und keine Sprachfreude hinzukam. Mit uns, aber auch mit Kindern sprach er nur wenig. Erst ein anderes Kind gab uns den „Schlüssel“. „Es soll keiner merken, dass er nicht von hier (Deutschland) kommt. Deswegen spricht er nicht so viel.“ Sprachlos werden um dazuzugehören oder sprachlos werden um nicht abgestempelt zu werden? Beides kein guter Gedanken.

Von diesem Zeitpunkt an kam viel Bewegung und Veränderung in unseren Kita-Alltag. Raum-geben war dabei genauso ein Schlüsselwort wie, von seinen Wurzeln erfahren, Kompetenzen erweitern, Zugehörigkeit entdecken, Gemeinsamkeiten erleben, Eigenes erkennen und wertschätzen wollen. Fremdes kennen lernen. Aber auch, Fremdes zulassen und respektieren, Unterschiedlichkeiten deutlich benennen und auch leben dürfen, Vertrauen in die Eigenkräfte des Kindes haben.

Ein zurzeit gerade 2-jähriges Mädchen ist seit ca. einem viertel Jahr in der Kita. Sie kommt gern und entdeckt hier die Welt mit allen Sinnen. Ihre Muttersprache ist portugiesisch. Seit sie die Sprache für sich entdeckt, ist sie in ihrem Redefluss fast nicht zu stoppen. Alles und jedes wird mit Sprache von ihr begeleitet und zwar in portugiesisch. Vermeintlich korrigierend hier eingreifen müssen? Wir meinen nein! Natürlich sind gerade wir nicht portugiesisch sprechenden Kollegen besonders gefordert, mit ihr eine verstehende Kommunikation aufzubauen und auch unser Handeln und Nachfragen mit deutlichen Worten zu begleiten, aber wir sind sicher, dass es nur noch eine Frage der Zeit ist, bis sie auch die zweite Sprache für sich entdeckt. Zurzeit jedenfalls hat sie noch keine Zeit dazu, weil Vertrauen in sich selbst finden, Eigenständigkeit erfahren und das Gegenüber entdecken ihre ganze Aufmerksamkeit und Zeit beansprucht.

Nicht nur auf die Kinder bezogen sehen wir den Prozess des Umdenkens, auch alle „Großen": ErzieherInnen, Eltern und auch der Träger, waren und sind eingebunden. Vor allen Dingen der Träger dieser Kita, eine katholische Pfarrgemeinde, hat durch die Einstellung einer türkischen Kollegin, mit muslimischer Glaubenszugehörigkeit, ein deutliches Zeichen gesetzt. Durch das Thema Sprache, was zunächst so deutlich eingegrenzt schien, ist unser Zusammenleben umgekrempelt worden.

Heute ist es bei uns im Haus selbstverständlich, dass:

- die spanische, die portugiesische und die türkische Kollegin die Kinder im Alltagshandeln in beiden Sprachen begeleitet
- Bilderbücher in nahezu allen Heimatsprachen der Kinder bereitliegen, möglichst mit der entsprechenden deutschen Übersetzung, damit alle daraus vorlesen können
- Kinder das Schriftbild ihrer Heimatsprache in der Kita vorfinden. Die Eltern der Kinder mit arabischen oder kyrillischen Schriftzeichen uns hierbei unterstützen
- in allen vier Sprachen Sing- und Kreisspiele begeistert von allen gespielt werden
- Fotos, Postkarten und alles Wissenswerte über die Ursprungsländer der Kinder, mit den Bezugsorten, im Haus hängen oder als Bücher bereit liegen. Natürlich auch von Deutschland und Cuxhaven
- unser Speiseplan fast International ist und in allen vier Sprachen täglich gelesen werden kann, da er für alle sichtbar aushängt
- Weihnachten, Ostern, Erntedank und St. Martin christlich-deutsch mit allen gefeiert wird, aber auch spanische und portugiesische Weihnachtslieder hier ihren Platz haben
- an die Heiligen drei Könige mit einem Festtag gedacht wird
- das Zuckerfest unseren Jahreskreislauf bereicht

- das traditionelle türkische Auge bei uns im Eingangsbereich hängt, aber das Kreuz auch seinen deutlichen Platz hat
- Gespräch mit Eltern spanischer, portugiesischer oder türkischer Muttersprache, über die Entwicklungsfortschritte ihrer Kinder, *nicht* grundsätzlich in die Zuständigkeit der zweisprachigen Kolleginnen gehören.
- ich, als „einsprachige" Erzieherin, auch mal Nichtverstehende bin, wenn Eltern sich untereinander oder mit meiner Kollegin in ihrer Muttersprache unterhalten
- Verschiedenheiten benannt und deutlich gemacht werden, verstehend nachvollziehbar, respektierend und nicht trennend.

Spätestens jetzt kann beim Lesen der Gedanke aufkommen: Das kann es ja nicht sein, wird hier nicht interkulturelle Kompetenz / interkulturelles Lernen dem Begriff Inklusion gleichgesetzt und damit inhaltlich verfremdet benutzt? Wir meinen nicht! Sondern gehen davon, dass Inklusion die Vielfalt als gegeben ansieht und jeder zur Mitgestaltung und damit auch zur Veränderung aufgefordert ist. Zur aktiven Mitgestaltung oder Veränderung gehört Wissen und Kompetenz. Die Kinder, mit denen wir den Kita-Alltag leben, bringen eine große kulturelle Vielfalt mit. Interkulturelle Kompetenz können wir nur gemeinsam erwerben, durch gegenseitige Achtung und durch das Wissen vom Anderen. Vergessen wir nicht, Identität umfasst all das, was Kinder über ihre Familie und ihr engeres Sozialumfeld erfahren. Sprache ist hier nur ein Teil, aber dennoch sehr wichtig.

Unsere Reise ist noch lange nicht zu Ende. Gerade haben wir wieder eine spannende und aufregende Strecke vor uns. Ab Februar wird Murat (3 Jahre alt) die Kita besuchen. Er fängt gerade an, Sprache und damit Welt aktiv kommunikativ zu entdecken. Murat spricht die Gebärdensprache.

Katharina Witte ist Leiterin der kath. Kindertagesstätte St. Willehad in Cuxhaven. Sie ist Mitarbeiterin im Netzwerk zum Offenen Kindergarten

Sabine Harjes

Sprache entwickelt sich im Alltag – Sprachförderprojekt für Cuxhavener Kindergärten

Wie wir in Cuxhaven den frühkindlichen Spracherwerb in den Kitas begleiten – die Entwicklung eines spannenden Prozesses

Das Land Niedersachsen stellt seit einigen Jahren Gelder zur Verfügung, um Kinder aus Familien mit Migrationshintergrund und/oder mit besonderem Hilfebedarf bei der Erweiterung ihrer sprachlichen Kompetenz zu unterstützen. Um die mit dieser Aufgabe betrauten Erzieherinnen zu begleiten, ihnen beratend und unterstützend zur Seite zu stehen und die Arbeit in den verschiedenen Kitas trägerübergreifend zu koordinieren, beschloss die Trägerarbeitsgemeinschaft Cuxhavener Kindergärten eine Multiplikatorin einzustellen. Die jeweils auf ein Jahr befristeten Verträge der Kolleginnen in den Kitas hatten eine große Fluktuation mit sich gebracht, in deren Folge erarbeitetes Wissen immer wieder verloren ging und von den Nachfolgerinnen jeweils neu erworben werden musste. Die Kitaübergreifend arbeitende Multiplikatorin sollte an dieser Stelle ein Verbindungsglied sein, den Wissenstransfer gewährleisten und in Zusammenarbeit mit den Kolleginnen vor Ort in den Kitas ein Projekt „Sprachförderung in Cuxhaven“ initiieren.

Zum 1.11.2006 nahm ich diese Herausforderung an und machte mich zunächst einmal daran, die Wünsche und Bedürfnisse der Kolleginnen zu erheben. Übereinstimmend wurde von allen der Wunsch nach Informationsaustausch und Fortbildung zum Thema „Sprachförderung“ geäußert. Der Wunsch nach direkter Begleitung und Unterstützung vor Ort in der Kita war anfänglich nur vereinzelt vorhanden und entwickelte sich erst im Laufe der weiteren Zusammenarbeit. Wir starteten mit fünf Kindertagesstätten, die einen besonders hohen Anteil von Kindern der oben genannten Zielgruppen hatten. Der Kreis erweiterte sich bald auf 12 KiTas und ist im Wesentlichen konstant geblieben. Gelegentlich wechselten die Ansprechpartnerinnen in den Häusern und die Kita-übergreifende Begleitung wird inzwischen von drei Mitarbeiterinnen geleistet.

Die Kindertagesstätten sind dazu übergegangen, Ansprechpartnerinnen für die Sprachförderung aus dem festen Team zu benennen und die durch die Fördergelder zusätzlich eingestellten Mitarbeiterinnen als Entlastungskräfte einzusetzen. Dieses Modell ermöglicht eine fundiertere und tragfähigere Arbeit, da die Kolleginnen in der KiTa anders verankert sind und langfristiger planen und handeln können.

Die Stadt Cuxhaven unterstützt dieses Projekt mit ergänzenden finanziellen Mitteln. Dieses inhaltliche Mittragen unserer Arbeit und die zusätzlichen Gelder haben uns erfreuliche Möglichkeiten eröffnet. Neben der Absicherung von Personalstellen ist uns durch die finanzielle Unterstützung der Aufbau unserer Mobilen Werkstatt Cuxhaven gelungen, über die im Folgenden noch berichtet werden soll.

1. Unser Verständnis von Sprachförderung.

Zunächst möchte ich jedoch unser Verständnis von Sprachförderung näher erläutern. Die Grundannahme vom Kind als Selbstgestalter seiner Entwicklung ist selbstverständlich auch Basis dieses Teils unserer pädagogischen Arbeit; d. h., Kinder wollen sich mitteilen, wollen mit anderen Kindern und mit Erwachsenen im Austausch sein. Sie wollen Ideen entwickeln, Gefühle zum Ausdruck bringen und lustvoll in Geschichten schwelgen. Sie wollen dies auf ihre Art und Weise tun und zu den für sie relevanten Themen. Sie benötigen dafür ein Gegenüber, eine/n Ansprechpartner/in und Zeit! Sie sind bereit, ihrerseits Zeit zur Verfügung zu stellen, um sich Sprache anzueignen. Von uns fordern sie diese Zeit zu recht ein; und wir machen uns auf den Weg, diese Zeit zu finden. Wir finden Zeit zum Zuhören – die wichtigste Voraussetzung für Sprachförderung – und wir gestalten Sprechanlässe im KiTa-Alltag. Wir begleiten unser Handeln sprachlich und sehen alle Aktivitäten unserer Arbeit mit Kindern als Angebot zur Sprachförderung. Wir benötigen weder spezielle Programme noch feste Zeiten für die Sprachförderung, die gemeinsame Zeit mit den Kindern ist immer auch „Sprachförderzeit“. Selbst dann, wenn wir nicht miteinander reden, wenn wir träumen, lauschen, in uns hineinhören, selbst dann suchen wir nach Worten und Begriffen, um unser Fühlen und Empfinden ausdrücken zu können. Vielleicht verbalisiere ich meine Gefühle nicht (oder nicht sofort), aber diesem Gefühl kann ein Begriff zugeordnet werden, und über den will ich verfügen, ob ich es dir dann mitteile oder nicht! Wir lehren Kinder nicht das „richtige" Sprechen, Kinder eignen sich Sprache an – selbsttätig. Wir können gute Sprachvorbilder sein und vor allen Dingen sollten wir gute Zuhörerinnen und großzügige Zeitverschenkerinnen sein. Die Sprachschatzkiste wird mit jedem weiteren Kindergartentag gefüllt. Wecken wir in den Kindern die Lust, sie zu öffnen und den Inhalt großzügig zu verschenken!

Wenn sich Sprache im Alltag entwickelt, wenn sie in allen Aktivitäten des Kindergartens steckt, dann kennt Sprache unendlich viele Wege:

Sie begegnet uns beim kreativen Gestalten genauso wie beim Singen und Musizieren. Sie steckt in der Bewegung und in der Ruhe. Sprache will bauen, liebt die Rollenspiele, geht mit in die Cafeteria und in den Garten. Mal klingt sie laut, mal leise, mal fröhlich, mal traurig. Sie kann zornig sein und liebevoll. Sprache ist vertraut und manchmal fremd. Sprache ist stark wie ein „aslan", und sanft wie „el gato". Sie begegnet uns auf Russisch, Deutsch, Türkisch, Spanisch, ... und ist immer willkommen und gleichermaßen wertvoll. Für Kinder, die mit Deutsch als Zweitsprache aufwachsen, ist es wichtig, die uneingeschränkte Wertschätzung der Familiensprache zu erfahren. Die Erstsprache als tragfähiges Fundament für den Zweitsprachenerwerb und als Kulturträgerin ganz allgemein. Dass wir heute häufig keinen klassischen Zweitsprachenerwerb mehr erleben und dass Kinder auch nicht immer mit einer einzigen Familiensprache aufwachsen, bringt natürlich Probleme besonderer Art mit sich, auf die aber an dieser Stelle nicht näher eingegangen werden soll.

Die Vielfalt der Probleme beim Spracherwerb ändert nichts an unserem Arbeitsansatz, Sprache sich im Alltag entwickeln zu lassen.

2. Vom Allgemeinen zum Konkreten: Wie gestaltet sich unsere Arbeit?

Wir als Multiplikatorinnen für eine Vielzahl von KiTas bedienen uns unsererseits eines weiteren Multiplikatorinnensystems. Unsere Ansprechpartnerinnen in den Häusern üben auch die Funktion einer Multiplikatorin für ihre Einrichtung aus, indem sie gemeinsam mit uns erarbeitetes Wissen und entwickelte Projekte in die Kita tragen. Nicht immer sind sie dann auch die Durchführenden der entstandenen Projektideen, auch andere Team-Kolleginnen arbeiten dann auf dieser Grundlage. Das Gleiche gilt für die unmittelbare Zusammenarbeit mit uns vor Ort, wir arbeiten mit allen Mitarbeiterinnen der KiTas, wenn diese es wünschen.

Um Anregungen auszutauschen, neue Ideen zu entwickeln, Projekte zu planen, um zusätzliches Hintergrundwissen zu erwerben oder vorhandenes aufzufrischen, haben wir zwei Arbeitsformen gefunden. Zum Einen die einmal im Monat stattfindende „Donnerstagsgruppe" und zum Anderen unsere „Arbeitstage", meistens drei, manchmal vier Tage die zweimal jährlich, im Frühjahr und im Herbst, durchgeführt werden. Anregungen und Vorschläge für Donnerstagsgruppe und Arbeitstage kommen sowohl aus dem Kreis der Ansprechpartnerinnen als auch von uns. Die Vorbereitung und Durchführung dieser Tage liegt dann in unseren Händen. Mit dieser Form der Fortbildung und Projekt-Werkstatt können wir direkt an den Bedürfnissen unserer Kolleginnen in den KiTas anknüpfen. Der Werkstatt-Charakter, praktisches Erarbeiten von Materialien/Projekten für die Kita-Arbeit, ist zum gängigen Arbeitsstil geworden und wird durch Theorie ergänzt.

Die Donnerstagsgruppe traf sich anfänglich in einer der an diesem Projekt beteiligten KiTas und hatte neben einem vorher vereinbarten Tagesthema auch die Besichtigung der KiTa und einen Austausch über die Arbeit im Programm. Nach und nach sind wir dann dazu übergegangen, uns in den Räumen der DRK-Sozialstation, die auch bis September 2010 das Büro der Multiplikatorinnen beherbergte, zu treffen. Die Arbeitstage fanden in den Gemeinderäumen der Martinskirche oder beim DRK statt. Seit wir stolze Nutzerinnen eigener Räume – der Sprachwerkstatt der Trägerarbeitsgemeinschaft Cuxhavner KiTas – sind, finden die Treffen für beide Veranstaltungen (Donnerstagsgruppe und Arbeitstage) hier statt. Neben einem

Büro steht der Gruppe jetzt ein großer Arbeitsraum nebst kleiner Küche zur Verfügung. Ein weiterer Raum wird zur Zeit als Lagerraum für die Mobile Werkstatt Cuxhaven genutzt. Wie weiter oben schon erwähnt, gibt es neben den Arbeitsformen, die sich eher mit der Vorbereitung von Projekten befassen, auch die gemeinsame Tätigkeit in der KiTa.

Die drei Multiplikatorinnen begleiten und unterstützen Projektwochen und feste Arbeitstage, wie z. B. den „Naturtag", in einer KiTa oder auch „Werkstatt-Tage" in verschiedenen Häusern. Die zeitliche Dauer dieser Begleitung durch die Multiplikatorinnen ist sehr unterschiedlich und richtet sich im Wesentlichen nach der Anfrage. Bei großer Nachfrage müssen zeitliche Begrenzungen eingeführt werden, in Zeiten mit geringer Inanspruchnahme begleiten wir auch über lange Zeiträume.

3. Von der Arbeitsweise zu den Arbeitsinhalten: Mit welchen Themen befassen wir uns?

Es gibt kein Thema, das nicht Gegenstand unserer Arbeit sein könnte. Ich möchte an dieser Stelle einfach einen kleinen Überblick über die Themen geben, mit denen wir uns seit November 2006 befasst haben:

- Entwicklungspsychologische Grundlagen des Spracherwerbs
- Wahrnehmung und Beobachtung
- Hören und Sprachentwicklung
- Sprache und Bewegung
- Interkulturelle Erziehung/interkulturelle Kompetenz
- Förderung der sprachlichen Entwicklung durch Musik und Rhythmik
- Kinder, Kunst und Kommunikation
- Spiele mit Licht und Schatten
- Naturwissenschaftliche Experimente in der KiTa (Wasser, Magnetismus, Elektrizität)
- der Natur auf der Spur (im Schlossgarten, am Strand und im Watt)
- „Spielzeug Sprache" – Geschichten erfinden mit Kindern
- Klanggeschichten
- …

4. Zwei Beispiele, die die gemeinsame Arbeit in der Kita veranschaulichen sollen

Eine Kita-Kollegin hatte mit sechs Kindern zum Thema „Freunde finden“ gemeinsam eine Geschichte entwickelt. Diese sollte nun zu Papier gebracht und illustriert werden. Die Multiplikatorinnen wurden als „Schreibassistentinnen“ dazu eingeladen. Jeweils zwei Kinder und eine Erwachsene zogen sich zum „Diktat“ zurück. Die Kinder diktierten jetzt ihren schreibkundigen Begleiterinnen die Texte und malten selber dann die Bilder zur Geschichte. Aus einer ursprünglich gemeinsam entwickelten Geschichte entstanden nun drei neue, im Kern zwar sehr ähnliche, aber dennoch ganz „eigen-willige“ Geschichten! Gruppe A schrieb und malte eng angelehnt an die Ausgangsgeschichte und schloss ihr Projekt auch innerhalb des Vormittags ab. Gruppe B orientierte sich ebenfalls stark an der gemeinsam erdachten Geschichte, verlegte aber ihren Schwerpunkt eindeutig auf eine genaue und sehr zeitintensive Bebilderung. Alles wurde detailliert besprochen und kommentiert. Diese Gruppe musste ihr Vorhaben am nächsten Tag fortsetzen, ein Vormittag reichte da nicht aus! In Gruppe C passierte etwas ganz anderes. Die Geschichte rückte völlig in den Hintergrund. Das Interesse der Kinder galt ganz und gar einem mitgebrachten „Buch-Vorschlag“; ein zum Buch gefaltetes DIN-A4-Blatt mit wellenförmig abgeschnittenen Ecken. Die Geschichte wurde kurz und schmerzlos in das Papier diktiert und mit drei knappen Skizzen versehen – fertig. Danach ging es um die wellenförmigen Abschnitte! Mit unglaublicher Präzision und Ausdauer wurden daraus Vögel gestaltet. Die Schreibassistentin wurde zur staunenden Begleiterin und zur aufmerksamen Zuhörerin für die spannende (neue) Geschichte, die dabei entstand.

Sechs Kinder haben aus einer gemeinsamen Geschichte ihre eigenen (Buch-) Projekte gemacht, die Erwachsenen durften ihnen assistieren und diesen Prozess begleiten. Dem miteinander Sprechen wurde viel Raum gegeben. Die Begleitung durch die Multiplikatorinnen hat diesen intensiven Austausch möglich gemacht.

Eine andere Kita-Kollegin bat die Multiplikatorinnen, im Rahmen einer Werkstattwoche den Kindern ihrer Kita alle vorhandenen Werkstatt-Bereiche vorzustellen. Es wurden Stationen eingerichtet, Werkstattzeiten bekannt gegeben und Arbeitsregeln besprochen. Dann konnte es losgehen.

Die Kinder kamen, schauten, probierten und experimentierten. Die Erwachsenen beobachteten und unterstützten nur, wenn sie von den Kindern dazu aufgefordert wurden, und dann auch nur mit größter Zurückhaltung – was nicht immer ganz leicht fiel!

Mittags, wenn die Werkstatt schloss, zogen sich die Kita-Kollegin und die Multiplikatorinnen zur Reflexion zurück. Am Ende der Woche waren die Interessen der Kinder deutlich geworden und das nächste Vorhaben konnte geplant werden. Die Kinder haben sich auf vielfältige Weise sprachlich geäußert. Sie haben ihre Arbeit an den Stationen kommentiert, haben Fragen gestellt, mit anderen Kindern diskutiert und ihren Wortschatz erweitert. Sie konnten über die Dauer ihrer Arbeitzeit in der Werkstatt entscheiden und über die Dinge, mit denen sie sich näher befassen wollten, und sie konnten dies auf ihre Art und Weise tun. Es gab kein „richtig" oder „falsch". Erwachsene standen auf Wunsch zur Verfügung, mischten sich aber nicht ungefragt ein.

Eine spannende Woche, nicht nur für die Kinder! Auch die Kolleginnen profitierten in mehrfacher Hinsicht von der Werkstattwoche. Die Unterstützung durch die Multiplikatorinnen ermöglichten ein gutes Beobachten und intensives Eingehen auf einzelne Kinder und deren Bedürfnisse, in die Reflexionsrunden kam ein „Blick von außen" mit hinein und nicht zuletzt war es angenehm, Vorbereitungsarbeiten auf mehrere Personen zu verteilen.

5. Mobile Werkstatt Cuxhaven – für kleine und große Entdecker, für Bastler und Tüftler, Schrift- und Zeichenforscher, Zahlenakrobaten und andere Wissbegierige

Ganz entscheidend für unsere weiter Arbeit war der Entschluss, im Februar 2008 eine Donnerstagsgruppe zum Thema „Wortwerkstatt" durchzuführen. An verschiedenen „Stationen" konnten unsere Kolleginnen erfahren, wie spielerisch und kreativ mit Schrift und Sprache gearbeitet werden kann. Jede nach ihren Neigungen, in ihrem eigenen Arbeitstempo und so lang oder so kurz sie mochte. Dieser Vormittag gab den Impuls für das Projekt Mobile Werkstatt Cuxhaven. Die Werkstatt-Idee hatte es uns angetan und es entstand der Wunsch, auch andere Bereiche, wie z. B. Zählen/Zahlen, Wiegen und Messen, Zuordnen/Sortieren, Forschen und Experimentieren, für die Sprachförderung nutzbar zu machen. Im Rahmen unserer Arbeitstage erprobten wir dann im November des gleichen Jahres die genannten Stationen. Die Idee, das Ganze dann in Kisten zu packen und damit von Haus zu Haus zu ziehen, lag dann einfach auf der Hand! Dank der finanziellen Unterstützung durch die Stadt Cuxhaven konnte unser Vorhaben realisiert werden. Die Mobile Werkstatt Cuxhaven nahm im Januar 2009 ihre Arbeit auf. Wir starteten mit einer ersten Probe-Werkstattwoche in einer Cuxhavener Kindertagesstätte. Der Erfolg überzeugte alle – die Werkstatt war nicht mehr zu bremsen!

6. Sprachförderung und (Lern-)Werkstätten

Lernwerkstätten mit ihren „Stationen" entsprechen den Erkenntnissen der Hirnforschung zum Lernverhalten von Kindern. Dieses verläuft nicht linear sondern punktuell. Kinder befriedigen ihren Wissensdurst, indem sie sich ihren Lernstoff, den sie für ihren Entwicklungsstand und derzeitiges Interessengebiet benötigen, „abholen". Das Prinzip der „vorbereiteten Umgebung" (Montessori), wie es die Lernwerkstatt bietet, entspricht damit kindlichem Lernverhalten.

Die Werkstatt schafft Raum für konzentriertes Arbeiten, berücksichtigt individuelle Lernwege und individuelles Lerntempo, fördert basale Fähigkeiten, stärkt die Entscheidungsfähigkeit von Kindern und greift die Begeisterung von Kindern für Themen, wie Interesse an Schrift und Sprache, Zahlen und Mengen, Forschen und Entdecken usw., auf.

Die Verbindung zur Sprachförderung wird offensichtlich, wenn wir in unserem Werkstattangebot auch eine Schreibwerkstatt bzw. eine Schrift- und Sprachstation vorgesehen haben. Der Zusammenhang zwischen der gesprochenen und der geschriebenen Sprache ist auf den ersten Blick erkennbar. Aber auch in den anderen Werkstattbereichen/Stationen benötigen Kinder für ihren Forscherdrang die Sprache. Die Dinge, mit denen sie hantieren, müssen einen Namen haben! Das „Ding zum Durchkucken" ist ein Mikroskop oder eine Lupe. Sie möchten sich über das, was sie in der Werkstatt gemacht, habe austauschen, Wünsche für weiter Arbeitsvorhaben äußern,

Vorschläge unterbreiten, ihre Erkenntnisse mit jemandem teilen. Dafür brauchen sie die Sprache. Selbst wenn sie sich nicht verbal äußern, ihre Gedanken, die sie sich vor, während und nach der Arbeit mache, sind „gedachte Sprache". In diesem Sinne ist die Arbeit in der Lernwerkstatt immer auch Sprachförderung – auch dann, wenn Kinder dort alleine für sich arbeiten, ohne mit einer anderen Person zu sprechen.

Wie kann die Mobile Werkstatt Cuxhaven genutzt werden?

1. Die Multiplikatorinnen werden in die Kita eingeladen, um Idee und Inhalt der Mobilen Werkstatt dem Kita-Team vorzustellen.
2. Das Team vereinbart mit uns Termine für Werkstatttage:
   a) nur Ausleihe der Mobilen Werkstatt
   b) Mobile Werkstatt und Begleitung durch die Multiplikatorinnen.

Begleitung heißt, die Multiplikatorinnen unterstützen Kolleginnen in der Werkstatt, es heißt nicht, sie übernehmen die Werkstattarbeit mit den Kindern! Auch hier gilt das Motto: „Hilf mir, es selbst zu tun!" Der zeitliche Umfang der Begleitung muss im Einzelfall abgesprochen werden. Eine Begleitung über mehrere Tage ist theoretisch möglich, kann aber nicht ohne Terminabsprache zugesagt werden.

Was enthält die Mobile (Lern-)Werkstatt?

Es gibt in Kisten verpackte Materialien zurzeit für folgende Bereiche/Stationen:

- Wiegen
- Messen
- Zahlen/Zählen
- Sortieren/Zuordnen
- Sprache/Schrift
- Experimentieren/Forschen
- Alltagskompetenzen

Die Werkstatt-Arbeit ist inzwischen zu einem festen Bestandteil geworden und wir versuchen, diese Arbeitsform, das selbstbestimmte Arbeiten an

Stationen, auf viele Themen auszuweiten. Wie oben schon erwähnt, erhalten auch unsere Treffen zur Donnerstagsgruppe und zu den Arbeitstagen Werkstatt-Charakter. Auch wir wollen uns als Selbstgestalterinnen unserer (beruflichen) Entwicklung erleben!

Die Rückmeldungen, die uns die Kolleginnen aus den KiTas geben, zeigen deutlich, dass mit der Entscheidung für das Multiplikatorinnen-Modell zur Sprachförderung in Cuxhaven ein richtiger und guter Weg beschritten wurde. Oder, um es mit den Worten einer Teilnehmerin unseres Projektes zu sagen: „Gibt es eigentlich noch eine Stadt, die so was Schönes hat wie wir?“

Am Rande unserer Arbeit zur Sprachförderung sind noch andere Projekte entstanden, die hier kurz erwähnt werden sollen. Immer auf der Suche nach geeigneter Fachliteratur entwickelte sich in Zusammenarbeit mit der Stadtbibliothek Cuxhaven die Idee, eine themenbezogenen Fachbuchausstellung mit Begleitprogramm (Workshops, Vorträge, Filme) anzubieten. Mit ins Boot geholt wurden das Haus der Jugend, die Fachschule für Sozialpädagogik und der örtliche Buchhandel. Zwei Ausstellungen wurden bereits erfolgreich durchgeführt, eine dritte ist in Planung. Zwei Aktionstage zum Thema „Sprache, Spiel und Kreativität“ waren ein weiteres Angebot der Kooperationspartner. Auch auf dieser Ebene ist ein Ende der „Lust auf Sprache“ nicht in Sicht!

Eine Idee wurde verwirklicht, bewährte sich, schlug Wurzeln und treibt hoffentlich noch so manche Blüte.

Sabine Harjes ist Sozialpädagogin und für die Trägerarbeitsgemeinschaft zur gemeinsamen Erziehung behinderter und nichtbehinderter Kinder in Cuxhaven im Projekt „Sprachwerkstatt“ tätig

V. Zur Gestaltung des pädagogischen Rahmens

Renate Dehlfing, Beate von Lienen

Die gestaltete herausfordernde Umgebung für eine eigenständige Entwicklung – Leben und Lernen in den Spiel- und Werkstätten der Kindertagesstätte in Tungeln

Im Folgenden möchten wir unsere Kindertagesstätte als ein Beispiel für gelebte Offene Arbeit vorstellen. Wir beschränken uns bei unseren Ausführungen auf den Kindergartenbereich. Die Grundlagen lassen sich auf die Arbeit in der Krippe und den Hort übertragen.

Unsere Kindertagesstätte ist eine Einrichtung der Gemeinde Wardenburg (in der Nähe von Oldenburg). Sie befindet sich in Tungeln, einem Ort in der Gemeinde. Der Kindergarten wurde im Jahr 1985 mit 25 Kindergartenkindern, vier pädagogischen Mitarbeiterinnen und einer Raumpflegerin eröffnet. Im Laufe der Zeit wurde unsere Einrichtung zur Kindertagesstätte mit einem Betreuungsangebot für Krippen-, Kindergarten- und Schulkinder. Seit 1991 ist unsere Einrichtung eine Offene Kindertagesstätte. Zurzeit gibt es am Vormittag 5 Kindergartengruppen, davon eine Integrationsgruppe. In drei dieser Gruppen wird Ganztagsbetreuung angeboten. Nachmittags bieten wir eine altersübergreifende Gruppe für durchschnittlich 20 Kinder (Kindergarten- und Schulkinder) und eine Hortgruppe für 20 Schulkinder an. Somit besteht für maximal 30 Schulkinder die Gelegenheit, betreut zu werden. In einem separaten Gebäude ist eine Krippe untergebracht, die unserer Kindertagesstätte angegliedert ist. Hier werden 27 Kinder von sechs pädagogischen Mitarbeiterinnen betreut. Unsere Kindertagesstätte bietet zurzeit für insgesamt 185 Kinder einen Betreuungsplatz. 23 pädagogische Mitarbeiterinnen sind für die Kinder verantwortlich. Zwei Kindergartenhelferinnen kümmern sich um den hauswirtschaftlichen Bereich, vier Raumpflegerinnen sorgen für die Reinigung der Räumlichkeiten.

Die Philosophie unserer Arbeit: „Das Kind zur Rose machen"

Die Philosophie „Das Kind zur Rose machen" (in Anlehnung an den kleinen Prinzen[1]) ist eine menschlich/ pädagogische Leitidee, in der es darum geht, Kinder so anzunehmen wie sie sind und ihnen gleichzeitig alle Chancen der Veränderung zu eröffnen. Unser Ziel ist es, jedes Kind in seiner Einzigartigkeit wahrzunehmen und seine positiven Eigenschaften und Fähigkeiten zu sehen. Unsere Arbeit ist geprägt von dem Verständnis, dass Kinder einer inneren Logik folgend immer sinnvoll handeln. Wir erkennen den Sinn des Handelns nicht immer auf Anhieb, sind aber bemüht, die Kinder in ihrem Tun zu verstehen. Kinder in ihrer Einzigartigkeit wahrzunehmen bedeutet für uns auch, ihr Grundbedürfnis, lernen zu wollen, ernst zu nehmen und ihnen Herausforderungen für ihre Weiterentwicklung zu bieten. Wir trauen ihnen zu, für sich und für anfallende Aufgaben im Tagesablauf Verantwortung zu übernehmen und täglich etwas Neues zu lernen. ***„Ich werde wohl zwei oder drei Raupen aushalten wenn ich die Schmetterlinge kennen lernen will"*** sagte die Rose, als der kleine Prinz einen Glassturz zum Schutz vor Raupen über sie stülpen wollte.

Die vorbereitete Umgebung

Was Kinder lernen ist abhängig von den Bildungsmöglichkeiten, die sie vorfinden. Darum ist die Gestaltung der Spiel- und Werkstätten von großer Bedeutung. Je größer die Auswahl an Materialien und Möglichkeiten aktiv zu werden, umso größer ist die Chance, alle Kinder mit ihren unterschiedlichen Entwicklungswegen anzusprechen. Den Kindern stehen für ihre Aktivitäten folgende Spiel- und Werkstätten zur Verfügung:

---

1 Antoine de Saint-Exupèry, *Der kleine Prinz*, Heyne, 1956 und 1988

1 Bau- und Konstruktionsbereich
1 Theaterraum
1 Wortwerkstatt mit angrenzendem Hortraum
1 Ruheraum
1 Atelier für künstlerisches Gestalten
1 kleines Malatelier
1 Holzwerkstatt
1 Textilwerkstatt
1 Essraum
1 großer Spielbereich im Freien
1 Bewegungsraum im Nebengebäude

Jede Mitarbeiterin ist verantwortlich für eine der **Spiel- und Werkstätten** und versteht sich als „Fachfrau" für diesen Bereich. Jede „Fachfrau" gibt in den folgenden Beschreibungen einen Einblick in ihren Spielbereich oder in ihre Werkstatt.

Der Bau- und Konstruktionsbereich

Im Bau- und Konstruktionsbereich bieten wir den Kindern die Möglichkeit, sich auf vielfältige, individuelle Art und Weise mit den drei Dimensionen auseinanderzusetzen. Ob Bausteine übereinander gestapelt oder Schienen aneinander gelegt werden, ob komplexe Gebilde in Höhe, Breite, Tiefe phantasievoll ausgestaltet, mit Figuren belebt und bespielt werden, ist Ausdruck der individuellen Interessen und Erfahrungen der Kinder.

Es gibt klein- und großformatiges Material, vorgefertigte Bausteine, Naturmaterial (z. B. Hölzer und Steine) und Alltagsmaterial (z. B. Schachteln und Rollen), sowie für die älteren Kinder zusätzlich Bauspiele mit konkreten Aufgabenstellungen. Alle Materialien sind für die Kinder frei zugänglich und übersichtlich angeordnet. Eine strukturierte Ordnung erleichtert es den Kindern auszuwählen, welches Material ihnen für ihr Projekt gerade am besten geeignet erscheint.

Vielfältiges Experimentieren und dadurch Kennenlernen der Materialeigenschaften (Größe, Gewicht, Oberflächenbeschaffenheit) ist die Voraussetzung für gezieltes Einsetzen und Kombinieren der Materialien. Angemessene Mengen gleicher Steine fördern z. B. die Motivation, sich über einen längeren Zeitraum mit einer Spielidee zu befassen. So steigern sich aus eigenem Antrieb Ausdauer und Konzentrationsfähigkeit der Kinder. Mathematische Grundlagen wie Mengenerfassung und Formenverständnis werden im Spiel erlangt. Es besteht eine enge Verbindung von Bau-, Phantasie- und Rollenspielen. Der Bau eines Stalles für ein Kuscheltier weitet sich aus zu einem Bauernhof, der mit einigen anderen Kindern gestaltet und bespielt werden kann. Dafür werden Ideen verbalisiert, Rollen und Aufgaben verteilt und natürlich auch Konflikte untereinander ausgetragen.

In ihrem Tätigsein erfahren die Kinder physikalische Gesetzmäßigkeiten z. B. der Statik oder der Schwerkraft und eignen sich ein fundiertes Grundlagenwissen an. Ihnen zur Seite steht eine Fachkraft, die sich mit den Kindern den aufkommenden Fragen stellt (diese auch gezielt durch das Materialangebot initiiert) und Problemlösungswege begleitet. (Heidi Grigat)

Der Theaterraum

Der Theaterraum bietet den Kindern die Möglichkeiten des darstellenden Spiels. Hier finden „So tun als ob - Spiele" und Theaterspiele statt. Die Kinder können in unterschiedliche Rollen schlüpfen, Verhaltensweisen erproben, und Erlebnisse verarbeiten. Der Raum ist in verschiedene Bereiche unterteilt. Im Freispiel gestalten die Kinder ihr Spiel selbstorganisiert. Im Angebot werden gemeinsam Spielideen von Kindern und Erwachsenen entwickelt und umgesetzt. Die Impulse aus dem Angebot können von den Kindern ins Freispiel übernommen und individuell erweitert werden.

Zweimal wöchentlich trifft sich die Theater AG, um Theaterstücke zu erarbeiten, zu proben und aufzuführen. Im Theaterraum sind die Kinder viel miteinander im Gespräch. Sie treffen Absprachen, geben „Regieanweisungen" und nehmen diese entgegen. Dadurch werden sie in ihrer Sprachentwicklung und auch in der Entwicklung von Empathie unterstützt. Das Rollenspiel ist ein gutes „Übungsfeld" für die Entwicklung von Sozialverhalten. Beim darstellenden Spiel (z. B. Theater) lassen sich die kindliche Vorstellungsfähigkeit und Phantasie nutzen und fördern. Jede Aufführung eines

Theaterstückes ist eine Herausforderung, die dem Selbstbewusstsein der Kinder zugute kommt. (Jessica Malchus)

Die Wortwerkstatt

Die Wortwerkstatt ist ein Bereich, der Kindern die Möglichkeit bietet, sich über unterschiedliche Zugänge dem Bereich der (Schrift-) Sprache und der Wortkultur zu nähern und Medienkompetenz zu erwerben. Viele Materialien ermöglichen intensives Arbeiten.

Ein Fachraum für Sprache und Wortkultur in Form einer „Wortwerkstatt" bietet sehr gute Möglichkeiten, den Facettenreichtum der Wortkultur (und der Symbole, wie z. B. Zahlen und Schriftzeichen) erlebbar zu machen. Durch den Umgang mit verschiedenen Medien (z. B. Bücher, Zeitschriften, Zeitungen, Computer) lernen sie die Handhabung und einen sinnvollen Umgang damit kennen (Medienkompetenz). Je vielfältiger die Möglichkeiten sind, desto größer ist die Chance für das einzelne Kind, einen individuellen Zugang zu finden.

Der Kindergarten-Chor

Unser Kindergarten-Chor probt einmal wöchentlich in der „Wortwerkstatt". Zum Ablauf der Probe gehört das Aufwärmen und Einsingen, das Singen bekannter und das Kennen lernen neuer Lieder. Die Kinder lassen sich gerne zu Auftritten einladen, um ihr Repertoire an Liedern vorzustellen. Für Vorführungen wird intensiv geprobt und gemeinsam die Aufregung erlebt. Die Kinder haben mittlerweile drei CDs in einem Tonstudio aufgenommen (eine davon in Zusammenarbeit mit der Theatergruppe als Hörspiel). Die Begeisterung über die Arbeit im Tonstudio und über das Ergebnis war groß. Die Kinder haben Freude am Singen und machen häufig die Erfahrung: Die Anstrengung hat sich gelohnt!

Am Nachmittag steht die Wortwerkstatt (mit dem angrenzenden Hortraum) den Schulkindern zur Verfügung. (Renate Dehlfing)

Der Ruheraum

Der Ruheraum ist in unterschiedliche Bereiche eingeteilt und lädt zum Spielen, Ausruhen und sich Wohlfühlen ein. Es gibt drei Massagetische, an denen die Kinder unterschiedliche Massagen kennen lernen können. In der Massage AG werden professionelle Techniken von Kopf-, Hand-, Fuß- oder Rückenmassagen gezeigt. Ebenfalls befinden sich Bücher und Anschauungsmaterialien über den menschlichen Körper im Ruheraum. Anhand von Bildern und Texten können interessierte Kinder Informationen zu diesem Thema finden. Ein großer Teil des Raumes steht den Kindern zur freien Verfügung, um Buden zu bauen, mit Murmeln, Muscheln, Glassteinchen, Knöpfen und anderen kleinen Materialien zu spielen. Die Kinder experimentieren, sortieren und legen Mandalas. Tücher werden gerne zum Verkleiden genommen. Ein Spiegelhaus lädt dazu ein, sich aus verschiedenen Blickwinkeln zu betrachten und die Unendlichkeit, sich spiegelnder Spiegel zu erleben. Ein selbsthergestellter Fußfühlparcour aus beklebten Teppichfliesen kann immer wieder neu zusammengestellt werden. Unterschiedliche Spiele runden das Materialangebot ab. Zu den angeleiteten Angeboten gehören Aktivitäten, die die Sinne der Kinder besonders fordern, wie z. B. Traumreisen, Massagen, Muschelforscher, Wekker verstecken, Mandalas legen und vieles mehr. (Evelyn List)

Das Atelier mit Klebekabinett

Ein Atelier (aus dem französischen für Werkraum) ist ein Arbeitsplatz eines kreativen Menschen (aus Wikipedia, der freien Enzyklopädie).

In unserem Atelier befinden sich zwei Schwerpunktbereiche, in denen die Kinder vielfältig grob- und feinmotorisch aktiv werden können. Es gibt einen Mal- und Klebebereich und einen Bereich zum Modellieren und für andere gestalterische Tätigkeiten. Beide Bereiche haben einen hohen Aufforderungscharakter. Viele unterschiedliche Materialien sind in offenen Regalen untergebracht und laden zum Verarbeiten ein. Die Kinder können mit dem Material experimentieren und dabei an ihre Vorerfahrungen anknüpfen. Dabei geht es vorwiegend um den Prozess des Gestaltens und weniger um ein Endergebnis. Es geht um die Kreativität und die Phantasie des einzelnen

Kindes und um die Unverwechselbarkeit des Geschaffenen. Darum gibt es keine Vorgaben von den Erwachsenen in Form von Schablonen, die von den Kindern nachgearbeitet werden.

Mal- und Klebebereich

Zwei große Tische stehen zum Malen, Schneiden und Kleben bereit. Das Material, wie Pappe, Kleber, Schachteln, Joghurtbecher, Wolle, verschiedene Papiersorten usw. liegt gut sichtbar in Regalen, befindet sich in Gläsern und großen Körben. In diesem Bereich finden regelmäßig Angebote statt, in denen wir den Kindern Anregungen für ihr Tun geben. Wir stellen unterschiedliche Materialien und Verarbeitungsmöglichkeiten vor. Bei der Planung der Angebote richten wir uns nach den Interessen und Ideen der Kinder.

Der Modellierbereich

In diesem Bereich haben die Kinder die Möglichkeit, Ton, Lehm, Gips, Kleister, Knete und Papier zu verarbeiten. Hier finden Angebote statt wie Töpfern, Herstellung einer Gipsmasse, Arbeiten mit Pappmaché usw. Auch in der Freispielzeit kann mit diesen Materialien selbständig gearbeitet werden. Eine Töpfer AG trifft sich regelmäßig einmal wöchentlich, es werden Techniken der Tonverarbeitung erlernt wie z. B. das Töpfern an der Töpferscheibe. (Petra Blümel)

Das kleine Malatelier

Auch im kleinen Malatelier haben die Kinder die Möglichkeit, künstlerisch aktiv zu werden. Ob beim großflächigen Malen an der Wand, auf dem Boden, den Tischen oder dem Malen an den Staffeleien, hier kann mit der ganzen Farbpalette und der Pinselvielfalt experimentiert werden. In ruhiger Arbeitsatmosphäre können die Kinder ihrer Phantasie freien Lauf lassen und Bilder entstehen lassen. Sie lernen neben der Handhabung der Malutensilien die Abläufe „rund um das Malen“ kennen und selbständig durchzuführen. Dazu gehört das anschließende Ordnung schaffen am Arbeitsplatz für nachfolgende Kinder.

In den Angeboten lernen die Kinder neue Maltechniken kennen, wie z. B. Arbeiten mit der Farbschleuder, die Knittertechnik, Rollen, Malen auf Leinwänden. (Anette Koopmann)

Die Holzwerkstatt

Die Holzwerkstatt ist mit Funktionstischen zum Bohren, Sägen und einem Gemeinschaftstisch zum Hämmern, Malen und Kleben ausgestattet. Die echten Werkzeuge sind übersichtlich und frei für die Kinder zugänglich in offenen Regalen angeordnet. Während des Arbeitens lernen die Kinder den sinnvollen, verantwortungsbewussten Umgang mit den Werkzeugen und entsprechenden Materialien intensiv kennen. Die betreuende Mitarbeiterin gibt den Kindern die Gelegenheit, Einzel- und Gruppenarbeiten auszuführen. Das können zu Anfang Holzbrettchen sein, auf die mit Leim verschiedene Dinge aufgeklebt werden, um diese Technik kennen zu lernen. Sägen, Schleifen, Bohren und weitere Fertigkeiten werden den interessierten Kindern nach und nach nahe gebracht, sodass manche Kinder am Ende ihrer Kindergartenzeit auch auf Werke wie Holzautos, Schiffe, Kräne oder ähnliches zurückschauen können.

Die Holzwerkstatt bietet den Kindern auch die Möglichkeit, über einen längeren Zeitraum an einer Sache zu arbeiten, was im Besonderen für die Kinder gilt, die sich in der Holz-AG engagieren (auch Arbeiten, die im Freispiel entstehen, können über einen längeren Zeitraum weitergeführt werden). Zum Beispiel erfordert das Bauen einer Schatzkiste sehr viele unterschiedliche Arbeitsschritte. Nach der Idee geht es an die Planung wie die Kiste aussehen soll. Danach muss über das notwendige Material und dessen Beschaffung gesprochen werden. Messen, Anzeichnen, Zurechtsägen, Schleifen, Bohren, Leimen, trocknen lassen und die Oberflächenbehandlung sind so viele Arbeitsschritte, die immer wieder in die übrigen täglichen Spiele und Aufgaben eingeflochten werden müssen, dass solch ein Projekt auch Wochen und Monate in Anspruch nehmen kann. Das erfordert ein sehr hohes Maß an Selbständigkeit, Ausdauer, Konzentrationsvermögen und der Fähigkeit, Arbeitsschritte eigenständig zu planen und umzusetzen.

Der Umgang mit dem Naturmaterial Holz bietet viele Gelegenheiten, auch etwas über das Wachsen, Blühen und Früchte tragen der verschiedenen Baumarten sowie über unterschiedliche Tiere zu erfahren.

Das Arbeiten in der Holzwerkstatt ist oft eine sehr kommunikative Angelegenheit. Am Gemeinschaftstisch wird leicht einmal darüber philosophiert, von was für einem Baum das Stück Holz sein könnte oder was jetzt daraus entstehen sollte. Besonders naturgewachsene Hölzer und Wurzeln regen dazu an, darüber nachzudenken, ob sich eher ein Drache, ein Stuhl oder einfach „Kunst“ darin verbirgt. Die jüngeren Kinder eifern den älteren nach und werden von diesen so weit wie möglich in Planung und Ausführung ihrer Ideen, sowie Handhabung der Werkzeuge, unterstützt. Es ist der Fachkraft in unserer Holzwerkstatt ein besonderes Anliegen, die Kinder schrittweise in der Erweiterung ihrer Kenntnisse und Fähigkeiten zu begleiten und mit ihnen auch außergewöhnliche Sichtweisen zu entwickeln. Dinge anders zu sehen, als sie im ersten Augenblick erscheinen mögen, kann den Horizont erweitern. (Britta Senß)

Die Textilwerkstatt

In der Textilwerkstatt haben die Kinder die Gelegenheit, mit verschiedenen Materialien umzugehen, die textiles Gestalten ermöglichen. Hier finden sie z. B. Wolle, Garne, Stoffe, Perlen, Knöpfe u.ä.. Für ihr Arbeiten stehen ihnen unterschiedliche Hilfsmittel zur Verfügung, wie z. B. Webrahmen, Stricknadeln, Nähmaschine, Strickliesel, Nadel und Faden und Klebstoff. In den Angeboten werden die Kinder an den Umgang mit den Materialien und an die gestalterischen Möglichkeiten, die der Bereich bietet, herangeführt. Sie lernen auf diese Weise z. B. das Weben im Rahmen und im Netz kennen, das Wickeln z. B. bei Pompons und Webkreuzen, das Gestalten mit Wolle, z. B. beim Filzen, Das Kleben von Stoffen, z. B. bei Stoffbildern, das Nähen von Stoffen, indem sie Kissen, Taschen Duftsäckchen u.ä. herstellen, das Sticken auf Papier und Stoff. Sie haben die Möglichkeit, die Handhabung der Nähmaschine kennen zu lernen.

Das Freispiel bietet sich an, um eigene Ideen umzusetzen oder das neu Erlernte selbständig weiterzuführen. (Marlies Siemen)

Der Essbereich

Ein heller, freundlicher Raum, der mit der Küche verbunden ist, steht den Kindern für Frühstück, Mittagessen und Vesper zur Verfügung. Es können zeitgleich ca. 35 Kinder essen. Geschirr und Besteck befinden sich gut sichtbar in einem Regal. In diesem Regal wird den Kindern an zwei Tagen in der Woche ein Frühstücksbüfett angeboten, das in der Küche zubereitet wird. Da uns das Thema „Essen" sehr am Herzen liegt, widmen wir uns diesem Thema noch einmal detaillierter unter Essen mit Genuss.

Außengelände/ Spielplatz

Um den Kindern die Möglichkeit zu geben, grundlegende Bewegungs-, Material und Naturerfahrungen zu machen, steht ihnen ein großes Außengelände zur Verfügung. Dieser Bereich wird zu jeder Jahreszeit und bei jedem Wetter in der Freispiel– und Angebotszeit genutzt. Hier finden die Kinder neben den üblichen Spielgeräten auch vielseitige Materialien, die zum kreativen Umgang einladen, wie z. B. Autoreifen, Kunststoffröhren und Holzbretter. Hieraus können z. B. Bewegungsparcours zum Klettern und Balancieren entstehen. Auch eine Wasserpumpe im Sandkastenbereich, mit der sie elementare Erfahrungen mit Sand und Wasser machen können, steht den Kindern zur Verfügung.

Beim Spiel im Freien werden die Kinder mit dem gesamten Körper aktiv, lernen dabei ihre Fähigkeiten und Grenzen kennen, ihre Bewegung zu koordinieren und gezielt einzusetzen. Durch das Verarbeiten der Materialien, das Ausprobieren an den unterschiedlichen Geräten, Hindernisparcours, beim Trampolin springen und Fahrzeug fahren, gewinnen die Kinder an motorischer Sicherheit, schulen ihren Gleichgewichtssinn, und entwickeln Mut und Selbstbewusstsein. Wir geben den Kindern Gelegenheit, sich innerhalb der Spielbereiche des Außengeländes frei zu entscheiden. Als weitere Möglichkeit für grobmotorische Bewegungserfahrungen haben wir die Möglichkeit, einen Bewegungsraum außerhalb des Kindergartens zu nutzen. Hier finden Bewegungsangebote und die Judo- und Akrobatik-AG statt (siehe AGs). (Sandra Winkelmann und Tabea Mahler)

Zur vielfältigen Nutzung des Hauses und des Außengeländes

Die Kinder haben viel Zeit, um alle Bereiche täglich selbstorganisiert zu nutzen. Sie finden in den Spiel- und Werkstätten Erwachsene als Ansprechpartner, die sie ggf. um Unterstützung bitten können. Es finden regelmäßig von Erwachsenen geplante Aktivitäten (Angebote, Arbeitsgruppen) statt.

Flexible Gruppengestaltung

Ein entscheidendes Merkmal unserer Offenen Kindergartenarbeit ist die flexible Gruppengestaltung. Die Kinder gehören einer Basisgruppe an, in der in einem täglichen Treffen (Blitzlicht) der Tag organisiert wird. Ansonsten entscheiden sich die Kinder, ob sie mit anderen Kindern eine Gruppe bilden möchten oder welcher der bestehenden (z. B. Projekt-) Gruppen sie sich anschließen möchten. So entstehen Freundschafts-, Spiel-, Arbeits-, Projekt- und auch Essensgruppen. Entscheidend ist, dass ein gemeinsames Interesse verfolgt wird oder dass andere Kontakte die Kinder binden. Wir halten es für wichtig, dass die Zugehörigkeit zu einer Gruppe für die Kinder eine Bedeutung hat. Kinder benötigen darüber hinaus Zeit und Raum, um alleine für sich tätig werden zu können. Auch dafür finden sie bei uns Möglichkeiten.

„Essen mit Genuss“[2]

Essen und Trinken sind Grundbedürfnisse von Menschen. Jedes Kind kommt mit individuellen Gewohnheiten in den Kindergarten. Wichtig ist uns, den Kindern möglichst ihren eigenen Ess-Rhythmus zu zugestehen. Der schon beschriebene Essbereich steht den Kindern für ihre Mahlzeiten zur Verfügung.

Die Kinder sind ihrer Entwicklung entsprechend am Essen beteiligt. Sie entscheiden, wann und mit wem sie essen möchten. Zum Frühstück gehen

[2] Kindergarten heute 9/2008 Essen mit Genuss

können die Kinder, außer in der „Blitzlicht"- und Angebotszeit von 7.30 Uhr bis 11.15 Uhr. Danach wird der Raum für das Mittagessen hergerichtet.

Die Kinder bedienen sich selbständig mit Getränken und zweimal wöchentlich an einem vollwertigen Frühstücksbüfett. Tische decken und nach der Mahlzeit wieder für Ordnung sorgen, gehören schon bald mit zum Kindergartenalltag der Kinder. An der Vorbereitung des Frühstücksbüfetts dürfen sie sich ebenfalls gerne beteiligen. Durch die individuelle Beteiligung lernen die Kinder viele Handlungsabläufe kennen und selbständig umzusetzen. Kleinere lernen von den Großen, soziale Kontakte sind im Essraum selbstverständlich. ***Die Entscheidung, ob ein Kind Hunger hat, was es von dem Angebot auswählt und wie viel das einzelne Kind isst, liegt in der Entscheidungsfreiheit jedes einzelnen Kindes. Das ist aus unserer Sicht sehr wichtig, um ein gesundes Gespür für die eigenen Bedürfnisse entwickeln zu können – eine wichtige Präventionsmaßnahme zur Vorbeugung von Essstörungen und Ernährungsfehlern.***

Wir erinnern die Kinder täglich an ihre zeitlichen Möglichkeiten, um ihnen die Chance zu geben, selber bewusst wahrzunehmen, ob Hunger oder Durst gestillt werden sollten.

„Was ist was" oder „Stationen in unserem Tagesablauf"

Der Tagesablauf hat eine klare Struktur. Da sich der zeitliche Ablauf bei Bedarf ändern kann, werden Elemente beschrieben, die in unserem Tagesablauf bedeutsam sind.

Das Blitzlicht

Es finden täglich Treffen mit den Kindern statt, um den Tag zu organisieren. Diese Treffen nennen wir „Blitzlichter". Sie finden überwiegend in den Basisgruppen statt und dauern in der Regel ca. 15 Minuten. Die Kinder gehen von hier aus in ihre Arbeitsgruppen oder in die unterschiedlichen Angebote. Eine Blitzlichtgruppe kann sich auch zusammensetzen aus Kindern, die ein gemeinsames Interesse oder ein gemeinsames Vorhaben verbindet (z. B. Massage AG, Judo AG oder Akrobatik AG).

Angebote

Neben einer lernanregenden Umgebung bieten wir den Kindern regelmäßig von Erwachsenen geplante und angeleitete Angebote. Hier lernen die Kinder neue Materialien und deren Verarbeitungsmöglichkeiten kennen oder entwickeln mit der Erwachsenen gemeinsam neue Spielideen. Diese Anregungen können von den Kindern in ihr selbstorganisiertes Spiel übernommen, dort weitergeführt und an andere Kinder weitergegeben werden. Auch Kinder, die andere Kinder an ihrem Können teilhaben lassen möchten, können zu Angeboten einladen. Die Kinder entscheiden sich im „Blitzlicht", an welchem Angebot sie teilnehmen möchten, manchmal werden sie auch von den Erwachsenen zu der Teilnahme an einer der Aktivitäten eingeladen.

Arbeitsgruppen (AGs)

Zu einer Arbeitsgruppe gehören fünf- und sechsjährige Kinder, die sich über längere Zeit regelmäßig treffen (evtl. mehrere Monate). Alle arbeiten gemeinsam an einem bestimmten Thema (z. B. Holz, Akrobatik, Massage). Was erarbeitet wird, können die Kinder gemeinsam mit der zuständigen Mitarbeiterin festlegen und erweitern.

Wer sich für eine AG entscheidet, geht auch die Verpflichtung ein, längere Zeit mitzuarbeiten. Die Treffen der Gruppen finden ein- bis zweimal wöchentlich statt, bei Bedarf auch häufiger (z. B. Chorprobe vor einem Auftritt). Kinder, die zwischendurch „aus- oder einsteigen" möchten, können dies nach Absprache tun. Zurzeit bieten wir folgende Arbeitsgruppen an: Judo, Akrobatik, Kindergarten-Chor, Mal-AG, Töpfern, Theater, Holzwerkstatt-AG, Massage.

Erkundungsgruppen

Ganz junge Kinder, die neu in den Kindergarten kommen, treffen sich zu Anfang ihrer Kindergartenzeit in der Arbeitsphase (nach dem Blitzlicht) in festen, überschaubaren Kleingruppen. Zuerst verbringen sie täglich an mehreren aufeinander folgenden Tagen eine kurze Zeit in demselben Raum, um sich mit der zuständigen Mitarbeiterin und den räumlichen und materiellen Gegebenheiten vertraut zu machen. Ohne die „Konkurrenz" der älteren Kinder dürfen sie die Spielmöglichkeiten des Raumes erkunden. Nach und nach lernen sie so den ganzen Kindergarten intensiv kennen. Nach einigen Monaten wählen die „Erkundungskinder“ zwischen 2–3 Angeboten und lernen weitere Kindergartenanfänger näher kennen. Mit der Zeit wachsen die „Erkundungskinder“ aus ihren Gruppen heraus und wählen, wie alle anderen, ihre täglichen Angebote.

In der Regel beginnen wir zu Anfang eines neuen Kindergartenjahres mit drei Erkundungsgruppen à 10 bis 12 Kinder. Kinder, die zu einem späteren Zeitpunkt ihren ersten Kindergartentag haben, werden mit in eine der Erkundungsgruppen aufgenommen. Die Möglichkeit, den Kindergarten über die Erkundungsgruppen kennen zu lernen bieten wir den Kindern schon viele Jahre. Diese Form, den Kindergarten kennen zu lernen, erleichtert den ganz jungen Kindern den Einstieg und hat sich bewährt.

Das „Fachfrauenprinzip“: Was wir unter „Fachfrau sein“ verstehen

„Fachfrau sein“ bedeutet für uns, dass einzelne Mitarbeiterinnen sich für einen Spielbereich oder eine Werkstatt fest verantwortlich fühlen. Das beinhaltet, dass die jeweilige Kollegin für die Gestaltung des Bereiches und für die Planung und Durchführung der Angebote verantwortlich ist. Sie kann sich mit ihren Fähigkeiten und Interessen eingeben und die Kinder daran teilhaben lassen. Sie steht den Kindern mit ihrem „Wissen“ als Ansprechpartnerin zur Verfügung. Die einzelne Kollegin kann entsprechende Fortbildungen besuchen und sich dadurch in ihrem Schwerpunkt weiterbilden. Kolleginnen, die sich entscheiden, die Verantwortung für eine Werkstatt oder einen Spielbereich fest zu übernehmen, sind erfahrungsgemäß sehr motiviert. Sie fahren ihre „Antennen aus“ und suchen gezielt nach Möglichkeiten, die Arbeit in ihrem Bereich zu gestalten. Dazu gehört das Wahrnehmen der Interessen der Kinder wie auch das Entwickeln von Ideen für die Ausstattung des Bereiches oder für Angebote.

„Fachfrau“ sein sehen wir als ein Element der pädagogischen Fachlichkeit. Für manch eine Kollegin kann die Konzentration auf einen Schwerpunkt ein Weg sein, ihre pädagogische Fachlichkeit zu entwickeln und zu erweitern. So wie wir Kindern die Möglichkeit geben, an ihren Stärken anzusetzen, kann es für Erwachsene ebenfalls hilfreich sein. Für die einzelne

Mitarbeiterin ergibt sich dadurch auch die Chance, über eine andere Schiene Zugang zu den Kindern zu bekommen. Und ganz nebenbei tut es auch dem Selbstbewusstsein einer Erwachsenen gut, etwas besonders gut zu können.

… und wenn eine Mitarbeiterin fehlt?

Wenn eine Mitarbeiterin nicht da ist, muss das nicht zwangsläufig bedeuten, dass der Bereich, für den sie verantwortlich ist, für die Kinder nicht zugänglich ist. Es ist durchaus möglich, dass eine Mitarbeiterin für mehrere Bereiche als Ansprechpartnerin für die Kinder da ist. Wenn viele Mitarbeiterinnen fehlen (bei einer Krankheitswelle z. B.) halten wir es für vertretbar, dass den Kindern kurzzeitig nicht alle Bereiche zur Verfügung stehen.

Für immer und ewig für einen Schwerpunkt verantwortlich?

In unserer Kindertagesstätte verpflichtet sich keine Kollegin dazu, für „immer und ewig" für einen Bereich die Verantwortung zu übernehmen. Wir halten es aber für wichtig, dass jede die Möglichkeit bekommt, hier so lange zu bleiben, wie sie möchte. Manche Kolleginnen gehen in ihrer Arbeit so auf, dass sie es als Strafe empfinden, ihren Bereich aufgeben zu müssen.

Die gewählten Bereiche zeigen sich als unerschöpflich und jeder für sich ermöglicht vielfältiges Handeln und öffnet Erfahrungsräume, in denen

Fassen ein Erfassen wird,
Greifen ein Begreifen,
Gestaltungsprozesse zu Erkenntnisprozessen werden und
Darstellen Klarstellen bedeutet.

Wir freuen uns über interessierte Nachfragen.

Renate Dehlfing und Beate von Lienen arbeiten als stellvertretende Leiterin bzw. Leiterin in der Kindertagesstätte in Tungeln.
Sie gehören einem Qualitätszirkel zur Offenen Arbeit in Oldenburg an.

Anja Fäscher, Silke Karallus

Eine Etage wird zum offenen Spielbereich

Durch die tägliche Beobachtung des Spielverhaltens der Kinder wurde uns bewusst, dass die Räume der oberen Etage keinen auffordernden Spielcharakter mehr haben. Die Räume waren unübersichtlich, sprachen die Kinder nicht an, da sie nicht eindeutig waren und gaben den Kindern keine Orientierung mehr. So lud der Ruhebereich sie nicht zum entspannen ein, sondern durch seine „abgelegene" Lage und das wenige Mobiliar (ein Sofa, zwei Matratzen, Kissen, Decken und ein Bücherregal) wurde er zum Toben genutzt. Für den gesamten Bereich der Empore hatten wir unter den Mitarbeitern zwar die Verantwortlichkeit abgesprochen, durch Personalwechsel und den Alltag im Kindergarten sind diese im Laufe der Zeit aber nicht mehr deutlich gewesen. In der Bauecke häufte sich jegliches Konstruktionsmaterial an. Neben der Playmobil-Eisenbahn befanden sich u. a. Tierfiguren, Duplo- und Legosteine und Holzbauklötze. Es gab zur Aufbewahrung für diese Spielmaterialien zwar Kisten und Körbe. Diese waren aber zerschlissen und die Kinder konnten nicht erkennen, welches Material in welche Kiste gehörte. Die Mitarbeiter nutzten den Bereich zum Teil als Abstellraum. Die Reflexion des Alltags zeigte, dass die einzelnen Räume ihren Aufforderungscharakter und ihre Eindeutigkeit verloren hatten. Um das Praxisproblem zu bearbeiten verabredeten wir einen Termin für eine hausinterne Fortbildung.

1. Fortbildung

Eine zweitägige hausinterne Fortbildung mit der Fachberatung unter dem Thema: „Wie können Räume die Selbstbildungsprozesse von Kindern unterstützen?" sollte uns neue Impulse geben. Wir arbeiteten die Bildungsthesen nach Schäfer[1] durch. Schäfer versteht frühkindliche Bildung als Selbstbil-

1 Gerd Schäfer, Bildung beginnt mit der Geburt, BELZ Verlag 2005

dung und Eigentätigkeit des Kindes. Dem zur Folge müssen wir den Lern- und Bildungsprozess an den Aktivitäten der Kinder orientieren und ein Raumkonzept vorhalten, dass die Kinder bei ihren Selbstbildungsprozessen unterstützt.

Mit Hilfe des Raumkonzeptes sollten Kinder konkrete Erfahrungen machen können, um sich ein Bild von ihrer Umwelt machen zu können und um zu erfassen, wie man mit ihr umgeht. Sie benötigen ein Umfeld das die Neugierde anregt und sie herausfordert.

Nach Schäfers Bildungsthesen haben wir uns mit den Grundsätzen der Reggio-Pädagogik[2] befasst. Deutlich wurde für uns, dass in der Reggio-Pädagogik die Bildungsarbeit am konsequentesten auf die Wahrnehmungen und Interessen der Kinder ausgerichtet ist. Als Leitsatz gilt: „Kindern behilflich zu sein, sich die Welt selbstständig anzueignen, von sich aus zu Problemlösungen, Einsichten und Schlussfolgerungen zu kommen." Großen Wert wird auf die ästhetische Gestaltung gelegt. Die Reggianer sprechen vom Raum als „dritten" Erzieher. Für uns eine Herausforderung, die Räume so zu gestalten, dass sie die individuelle körperliche, geistige, emotionale und soziale kindliche Entwicklung anregen. Für unser Vorhaben im Haus waren folgende Grundgedanken sehr wichtig:

- Kinder sind Akteure ihrer Entwicklung
- Kinder haben hundert Sprachen
- Grundsatz: „Hilf mir es selbst zu tun"
- Ort der Begegnung
- Kinder sind eifrige Forscher und Gestalter
- Haltung zum Kind
- Raum als dritter Erzieher

Bei der Gestaltung müssen wir darauf achten, dass grundsätzliche Voraussetzungen, wie:

- Räume müssen die Entwicklungsebene der Kinder berücksichtigen
- Räume sollen die Eigeninitiative der Kinder herausfordern

2 Annette Dreier, Was tut der Wind, wenn er nicht weht, Luchterhand 1999

- Räume müssen eine Eindeutigkeit und Ordnung aufzeigen
- Regeln und Absprachen müssen mit Kindern entworfen und abgestimmt werden

2. Überlegungen zur praktischen Umsetzung

Das Ziel des zweiten Tages unserer Fortbildung war die praktische Umsetzung des Vortages in die Umgestaltung der oberen Etage, unserer Empore. Sie setzte sich aus einem Ruheraum, einem Baubereich und einem Spielebereich zusammen. Das ganze Team versammelte sich im oberen Bereich und machte eine erste „Bestandsaufnahme". Beim genauen Betrachten erkannten wir, dass die Räume alles andere als eindeutig sind und ein Aufforderungscharakter nicht vorhanden war. Mit den Ergebnissen vom Vortag diskutierten wir, was den Kindern in der oberen Etage für Erfahrungsbereiche in Ergänzung der unteren Räume ermöglicht werden sollten. Zum Abschluss der Fortbildung wurden von uns Mitarbeitern raumbezogene Verantwortlichkeiten abgesprochen. Jeweils zwei Mitarbeiter kümmerten sich um die Umgestaltung bestimmter Räume innerhalb eines zeitlichen Rahmens.

2.1. Beobachtungsphase

Wir begannen die Umgestaltung der oberen Etage indem wir zunächst das Spiel der Kinder beobachteten. Gespräche wurden geführt und Wünsche unter den Kindern und Mitarbeitern geäußert, die anschließend dokumentiert wurden. Die Kinder sagten uns, dass sie den Baubereich gerne dort belassen wollten, wo er war. Der Wunsch nach einer Art Podest, um auf verschiedenen Höhen bauen zu können, sowie einem Raumteiler, damit der recht große Raum in zwei Bereiche geteilt werden konnte, um ungestörter spielen zu können, wurde geäußert. Die angehenden Schulkinder ebenso wie einige Jungs anderen Alters wollten einen eigens nur mit Legosteinen und passendem Zubehör ausgestatteten Raum (Im Weiteren als Kinder-Aktionsraum benannt).

Der Spielebereich sollte weiter vorhanden sein, jedoch sollte er um eine Forscherecke erweitert werden.

2.2. Information

Durch Hospitationen und Austausch von Erfahrung mit anderen Einrichtungen holten wir uns Ideen und Anregungen zur Raumgestaltung. Besonders waren wir von den Lernwerkstätten angetan. Im Anschluss führten wir Gespräche mit dem

- Elektriker, da Steckdosen und Lichtquellen neu gelegt werden mussten,
- Tischler um ein Podest, eine Holzumrandung und verschiedene Raumteiler zu bauen
- Maler wegen der Farbgestaltung.

Dadurch erfuhren wir, was möglich, finanzier- und umsetzbar war. Bei der Auswahl der Farben in den verschiedenen Bereichen folgten wir der Funktion. Erdfarben stehen für Bodenständigkeit. Diesen Ton wählten wir für den Baubereich. Für den Spiele -und Forscherbereich wählten wir die Farbe grün, die harmonisierend wirkt. Für den Kinder-Aktionsraum wählten wir die Farbe orange.

Unsere Checkliste für die Farbauswahl:

Erdfarben	*bodenständig*	*Baubereich*
Grün	*harmonisierend*	*Spiele- und Forscherbereich*
Gelb / orange	*fröhlich*	*Kinder-Aktionsraum*

2.3. Entwurf eines Gestaltungsplans

Die Erfahrungen und Informationen wurden gesammelt und ein Plan entworfen. Diesen haben wir den Kindern während einer Vollversammlung und Mitarbeiterinnen in einer Dienstbesprechung vorgestellt und diskutiert.

Ist-Zustand:	Neue Ideen zur Gestaltung:
Baubereich: Ist ein großer, offener Bereich, es gibt keine Nischen, sodass Kinder sich nicht zum Spielen zurückziehen können. Das Bau- und Konstruktionsmaterial wie Duplo, Lego, Holzklötze, Autos, Eisenbahn befanden sich in Körben und Kisten. Eine Sortierung der Materialien war für die Kinder und die Erzieher jeden Tag eine Herausforderung	**Baubereich:** Durch einen Raumteiler der gleichzeitig zu einer Murmelbahn umgebaut wird, erhält dieser offene Bereich zwei Nischen. In der einen können die Kinder mit Duplo bauen. Um auf verschiedenen Ebenen bauen zu können, haben wir eine Erhöhung geplant. Dafür nehmen wir zwei alte Bänke und verschrauben sie mit einer Holzplatte. Unter die Bänke passen zwei alte Schubkästen auf Rollen. Hier ist Platz für die Duplosteine. In der anderen Nische sollen andere Konstruktionsmaterialien (verschiedene Holzklötze in Größe, Stärke und Beschaffenheit) einsortiert in Weidenkörben und ein Bauernhof mit Pferden sowie eine Dinosaurierlandschaft ihren Platz finden. Am Geländer der Empore entsteht eine Art Mechanikwand. Auf dieser Holzwand werden kleine Platten mit Löchern befestigt. Verschiedene „Zahnräder" können in die Öffnungen gesteckt und miteinander verbunden und in Bewegung gesetzt werden. Der gesamte Baubereich erhält eine Holzumrandung die auf einer Höhe von 30 cm bis 60 cm in Wellenform abschließt.
Kleiner Durchgangsraum: Er ist weiß gestrichen. Ein Tisch mit drei Stühlen bietet die Möglichkeit für Tischspiele	**Kleiner Durchgangsraum:** Er soll in Grüntönen gestrichen werden und mit einem Naturholzschrank, indem sich Tischspiele befinden, ausgestattet werden.

Ist-Zustand:	Neue Ideen zur Gestaltung:
Spielebereich: In einem Regal befinden sich verschieden Würfel- und Kartenspiele sowie Puzzle, alles unübersichtlich verteilt. In einem großen Schrank befinden sich weitere Spiele, die sich die Kinder nach Absprache nehmen können. Der Bereich ist mit einem Tisch und Stühlen ausgestattet. Die Wände sind weiß gestrichen. Der Raum ist sehr dunkel, da die Beleuchtung nicht ausreichend ist.	**Spiele- und Forscherbereich:** Dieser Bereich soll auch in Grüntönen gestrichen werden. Um den Raum zu teilen wird ein Regal installiert, welches wir an der Rückwand mit dem gleichen Holz zusägen wie im Baubereich. Dieser wird zum Abschluss wieder in Wellenform gefertigt werden. Ein weiteres kleineres Regal mit einem Spiegelelement an der Rückseite wird zusätzlich als Raumteiler genutzt werden. In dem nun vorhandenen Spielebereich soll sich ein Regal befinden, indem die Spiele für die Kinder gut sichtbar und zugänglich angeordnet sind. Ein kleiner Bereich ist zum Spielen auf dem Teppichboden gedacht, als Alternative befindet sich dort ein Tisch mit Stühlen. An dem Raumteiler soll ein Magnetspiel seinen Platz finden. Im Forscherbereich bietet das Regal Platz für verschiedene Messgeräte, Mikroskope, Elektobaukästen etc. Eine Lichtquelle, um den Bereich besser auszuleuchten, soll installiert werden. Steckdosen müssen neu installiert werden
Ruheraum: Der weiß gestrichene mit Teppichboden ausgelegte Ruheraum, ist spärlich mit einem Sofa, einigen Matratzen und Kissen ausgestattet, er wird von den Kindern als Toberaum genutzt.	**Kinder – Aktionsraum:** Dieser Raum soll orange gestrichen werden. Mehrere kleine Regale mit Körben bieten die Möglichkeit die Legosteine übersichtlich anzuordnen. Ein Schrank dient zur Ausstellung von selbst gebauten Sachen.

3. Umsetzung der Planung – Aktionsraum

Vor den Sommerferien wurde in Absprache mit den Kindern aus dem ehemaligen Ruheraum ein Kinder – Aktionsraum. Die Kinder haben hier die Möglichkeit, durch Eigenaktivität und -verantwortung ihren Raum selbst zu gestalten und darin zu agieren. So erhält dieser Raum in der Zukunft wahrscheinlich öfter ein neues Gesicht. Die Kinder räumten den Raum mit uns leer. Er wurde von einem Maler in der Farbe orange gestrichen. Danach richteten die Kinder den Raum mit uns so her, dass die Kinder ihn alleine aufsuchen können (Beschreibung siehe Tabelle).

Spiele- und Forscherbereich

Vor den Ferien entrümpelten wir den Raum. Spiele wurden nach Vollständigkeit überprüft und Ersatzteile besorgt und einiges auch aussortiert. Die Möbel wurden zusammengestellt und mit einer Plane abgehängt. Während der Ferien wurde der Bereich vom Maler gestrichen. Das Stromkabel verlegt und eine Lampe angebaut und Steckdosen angebracht. Danach bauten wir den Raumteiler aus Naturholz. Der vordere Teil des Raumes wurde wieder zum Spielebereich (Beschreibung siehe Tabelle). Es wurde eine Auswahl von Spielen in die offenen Regale gelegt. Dabei handelt es sich um Spiele, bei denen die Kinder die Regeln kennen und die nicht zu viele Kleinteile besitzen. Von daher können sie ohne Unterstützung eines Erwachsenen gespielt werden. Weitere Spiele sind in einem Schrank vorhanden. Diese werden nach Bedarf ausgegeben. Der hintere Teil des Raumes wurde zu einer Forscherecke umstrukturiert (Beschreibung siehe Tabelle)

Die Kinder dürfen diesen Teil des Raumes während einer Einführung nur in Begleitung eines Erwachsenen betreten. Der komplette Raum ist ausgelegt mit einem Teppich und hat nur wenige Tisch- und Sitzmöglichkeiten, sodass die Kinder Platz auf dem Boden zum Spielen haben. An der Trennwand befindet sich ein magnetisches Mandala um eine weitere Variante des Spielens zu ermöglichen.

Baubereich

Die Wände wurden mit geschwungenem Naturholz verkleidet und mit schwedenrotfarbigen Leisten abgesetzt.

Eine alte Holzwand wurde zu einem Raumteiler umfunktioniert. Sie wurde in der gleichen Farbe gestrichen, wie die Fußleisten und mit gleichgroßen Löchern versehen. So wird der Raumteiler mit Hilfe von verschiedenen Schläuchen als Kugelbahn und Rückzugsmöglichkeit genutzt. Die Kinder haben so kleinere Bereiche, in denen sie ungestört bauen und konstruieren können. Aus Schubkästen bauten wir eine erhöhte Spielfläche. Am Geländer befestigten wir ebenfalls eine Holzplatte für das Zahnradspiel (Beschreibung siehe Tabelle). Dieser Bereich ist wiederum mit Teppich ausgelegt.

4. Resümee: Räume und Material werden zum heimlichen Erzieher

Unsere Beobachtungen über das Spielverhalten der Kinder, die sich in den umgestalteten Räumen aufhalten, zeigen uns, dass wir auf dem richtigen Weg sind. Es wurde deutlich, dass Räume klare Strukturen benötigen um die Selbsttätigkeit der Kinder anzuregen. Wir geben ihnen dadurch die Möglichkeit, sich aus eigener Initiative mit Tätigkeiten oder Themen zu beschäftigen. Uns fällt auf, dass die Kinder durch den klaren Auforderungscharakter und die Eindeutigkeit der Räume nicht mehr soviel an die Regeln und deren Einhaltung erinnert werden müssen. Bedeutsam ist dabei die Absprache der Regeln in den Räumen. Wir meinen zum einen die verbindlichen Absprachen, die wir unter uns Pädagoginnen getroffen haben und zum anderen die Regeln, welche gemeinsam mit den Kindern für die Benutzung der Räume entwickelt wurden.

Wir haben festgestellt, dass unsere gemeinsame Fortbildung eine wichtige Voraussetzung für die Umgestaltung der Räume war. Ohne eine gemeinsame Planung und Kooperation wäre dies nicht möglich gewesen. Unsere Praxis zeigt uns außerdem, dass die Verantwortlichkeit für die Räume, die wir auf der Fortbildung besprochen haben, in Zukunft unbedingt beibehalten werden müssen.

Unsere neu gestalteten Räume sind so zu heimlichen Erziehern geworden. Für uns zeigt sich, das die Gestaltung der Räume gemeinsam mit Kindern stattfinden muss. Um das Genannte leben zu können, ist eine Einführungsphase für die Kinder unerlässlich, denn nur so kann der Pädagoge die

Rolle des Beobachters und „stillen" Begleiters übernehmen oder den Kindern die obere Etage vertrauensvoll selbst überlassen.

Literatur:

Wolfgang Ulrich, Hans J. Brockschnieder, Reggio-Pädagogik auf einen Blick, Herder 2009

Silke Karallus ist Leiterin der Ev.-luth. Kindertagesstätte in Cuxhaven Altenwalde. Sie ist Mitarbeiterin im Netzwerk zum Offenen Kindergarten.
Anja Fäscher ist heilpäd. Erzieherin in der Ev.-luth. Kindertagesstätte Cuxhaven Altenwalde.
Hospitationen sind erwünscht

Ortrud Ahrens

Von Stammgruppen zu Bezugsgruppen – Eine Umstellung, die Zeit brauchte

Im Folgenden möchte ich von unserem Prozess der Auflösung von Stammgruppen in unserem Offenen Kindergarten berichten. Räumlich waren wir auf vier Gruppen mit jeweils 25 Kindern und zwei Erzieherinnen ausgelegt. Durch die Aufnahme von vier sogenannten behinderten Kindern konnte eine Gruppe auf 17 Kinder reduziert werden. Hinzu kam eine Heilpädagogin als dritte Kraft. Später entschieden wir uns, 5 zweijährige Kinder aufzunehmen, wodurch sich eine weitere Gruppe auf 18 Kinder reduzierte. Unsere Leiterin ist gruppenfrei und steht begrenzt für Vertretungen zur Verfügung. Ich selbst bin stellvertretende Leiterin und arbeite eng mit ihr zusammen. Ich habe unser Netzwerk zum Offenen Kindergarten mit gegründet und bin froh, dass es dieses gibt.

1. Eine neue Idee fasziniert mich und erfordert Umdenken

Ich bin in die Rolle der „Anregerin für Neues“ gerutscht. Das begann, als ich vor über zehn Jahren eine Langzeitfortbildung für Kinder mit „besonderen Entwicklungsbedürfnissen“ besuchte und lernte, kindorientierte Arbeit immer konsequenter im offenen System umzusetzen. Dazu kam später die Möglichkeit zum Austausch mit Pädagoginnen und Pädagogen aus anderen Offenen Kindergärten in unserem Netzwerk. Ich wollte unbedingt daran teilnehmen und erhoffte mir davon, mich auf meinem Weg in die offene Pädagogik weiterzuentwickeln. Ich freute mich auf die Treffen, die von Gesprächen und Auseinandersetzungen lebten. Während eines dieser Treffen ging es in Nebengesprächen um „kleine Bezugsgruppen“. Das machte mich sofort neugierig. Auf Nachfrage erfuhr ich, dass es sich um sehr kleine Kindergruppen handelt, die von einer Erwachsenen begleitet werden. Sie ersetzen die Stammgruppen, die bei uns im Vergleich riesig groß waren. Die

Bezugsgruppen haben sich über die Beziehungen zueinander gefunden. Ich war von der Vorstellung solch kleiner Gruppeneinheiten sehr beeindruckt und sofort begeistert. Ich dachte dabei auch an einige stille Kinder und an die besonders lebhaften. Sie würden bestimmt in einer kleinen Gruppe besser zurechtkommen.

2. Die Leiterin als Verbündete

Wieder im Kindergarten suchte ich das Gespräch mit meiner Leiterin, um ihr von den Bezugsgruppen zu berichten. Begeistert erzählte ich ihr davon. Gespannt erwartete ich ihre Reaktion. Auch sie konnte sich vorstellen, die Stammgruppen aufzulösen, damit unsere Kinder bessere Entwicklungsvoraussetzungen erhalten. Meine eigene Begeisterung wurde zu einem guten Motor für die angestrebte Veränderung. Manchmal muss ich mit meiner Ungeduld gebremst werden, damit Veränderungen schrittweise umgesetzt werden. Das wiederum ist die Stärke meiner Leiterin. Zunächst mussten wir überlegen, wie wir bei einer so gravierenden Veränderung die Kolleginnen gewinnen. In diesem Zusammenhang wurde mir klar, dass die Arbeit an der Weiterentwicklung unserer Konzeption mein Schwerpunkt bleiben würde.

3. Die Idee kommt ins Team und wir nehmen uns Zeit

Für uns stellte sich die angestrebte Veränderung als Praxisproblem dar. Die Reaktionen der Kolleginnen waren sehr unterschiedlich. Jede durfte Bedenkenträgerin sein, weil wir daraus lernen wollten. Das war ein sehr wichtiger Grundsatz. Genauso wichtig war die Verabredung, dass wir uns Zeit nehmen werden um Gedanken auszutauschen, zu fragen und um entsprechende Lösungen zu finden. Es folgte ein Jahr entschleunigte Zeit. Große Bedenken hatten die Erzieherinnen, die bisher immer die Zweijährigen betreut hatten. War es falsch, wie wir bisher gearbeitet haben? Wie können sich die „Kleinen" in so einem System zurecht finden? Werden wir gemeinsam auf ihre Entwicklungsbedürfnisse eingehen können oder verlieren wir sie dann aus den Augen? Was ist, wenn ich nicht da bin – krank oder im Urlaub? Wieso müssen wir uns verändern? Es läuft doch alles so gut! Wie soll denn so eine neue Gruppeneinteilung aussehen?

Die vielfältigen Fragen erforderten Handlungsforschung in Zeitlupe. Wir nutzten auch die Zeit, um uns theoretisch weiter zu bilden (Informationsgewinnung). Wir schauten uns die Bindungstheorie noch einmal an und vertieften sie. Klar wurde noch einmal, dass Kinder eine sichere Basis brauchen, um aktiv die vielen Möglichkeiten unseres großen Hauses zu nutzen. In Frage stellten wir die Gruppe mit 25 Kindern und 2 Erwachsenen. Die neue Frage lautete: „Wie viel Gruppe braucht ein Kind?" Passend dazu beschäftigten wir uns mit dem Artikel „Die Gruppe als Entwicklungsrisiko" von Rainer Dollase (TPS Heft 6/2005). Wir setzten uns mit dem Zusammenhang von Bildung und Gruppengröße auseinander und erkannten, dass kleinere Gruppen eine bessere Entwicklungsbasis sind und wir uns selbst in kleineren Gruppen wohler fühlen als in großen. Andere Fragen bezogen sich auf das Alleinsein in der Gruppe, auf die Elterngespräche, die zukünftig allein geführt werden sollten, auf die Zuständigkeiten für Lerngeschichten und auf die Verantwortung für die Entwicklungsbegleitung einzelner Kinder. Auch in unserer Supervision kam das Thema vor, ebenso in der Fachberatung. An einem Studientag beschäftigten wir uns gründlich mit der Frage, wie Kinder lernen, und luden dazu eine kompetente Referentin ein. Das Fazit war eindeutig. Kinder benötigen keine große Gruppe für eigenes Lernen und um selbstwirksam zu sein.

Ich musste viel Geduld aufbringen, um das gemeinsame Tempo mitzugehen. Ich sah aber die kleinen Schritte, die wir gingen und wertete unser gemeinsames Vorgehen entsprechend positiv. Schließlich, nach etwa einem Jahr, sprach unsere Leiterin ein Machtwort und wir beschlossen, nach den Sommerferien zu beginnen. Ich freute mich sehr darüber und war entsprechend aufgeregt und sehr gespannt auf die nächste Zeit.

4. Handlungsforschung: Lösungsdiskurs

Alle Kinder haben wir neu zugeordnet. Bedingung dafür war, dass eine Beziehung oder Bindung zu der jeweiligen Erzieherin und umgekehrt vorhanden war. Wenn das entsprechende Kind noch nicht zur Gruppe gehörte, wurde es eingeladen. Durch den Satz: „Ich lade *Dich* in meine Gruppe ein“ hat sich natürlich niemand gesperrt.

Die Eltern haben wir selbstverständlich auf einem vorherigen Elternabend gemeinsam informiert und sie durch das offene Gespräch mit auf unseren Weg genommen. Alle konnten sich die Vorteile sehr schnell vorstellen!

Wir ordneten die Kinder altershomogen zu, jeweils zehn Kinder und eine Erzieherin wurden zu einer Bezugsgruppe, die sich täglich zum Morgen- und Mittagskreis für 20 Minuten treffen. Unsere Heilpädagogin hatte weniger Kinder in ihrer Gruppe, um entsprechend auf die Kinder mit besonderem Entwicklungsbedarf (Integration) besser eingehen zu können. Die zweijährigen Kinder ordneten wir einer Erzieherin zu, die auch vorher Bezugsperson war. Sie hatte es sich so gewünscht.

Jede Bezugsgruppe bekam einen eigenen festen Platz für ihren Morgen- und Mittagskreis. Neun Plätze mussten gefunden werden und wurden auch gefunden. Eine Gruppe mit älteren Kindern traf sich im Turm und selbst unser Bewegungsraum wurde mit einbezogen.

5. Probehandeln: Austausch – Reflexion – Erfahrungen

Die Kinder fanden sich in unserem neuen System sehr schnell zurecht. Es ging ihnen gut damit. Nur sehr wenige Eltern konnten sich mit der Gruppenzuordnung ihres Kindes nicht identifizieren und wünschten sich einen Wechsel. Wir freuten uns über die offenen Rückmeldungen und entsprachen dem jeweiligen Wunsch. So war nach ein paar Tagen schon unser neues System installiert und wir konnten uns auf den Weg des Probehandelns machen. Dem Wunsch einiger weniger Eltern nach Tiernamen für die neuen Gruppen kamen wir nicht nach. Sie konnten sich nicht vorstellen, dass die Kinder sich auch so zurechtfinden würden. Doch die Kinder zeigten es uns, wie gut sie es konnten, und sie wussten auch oft, in welche Gruppe die anderen Kinder gehörten.

Das Probehandeln setzte uns unter Spannung. Immer und überall mussten wir einander davon erzählen. So aufregend und neu waren die Erfahrungen jetzt. Wir merkten an dem Verhalten neu aufgenommener Kinder, dass wir absolut auf dem richtigen Weg waren. Nahezu vom ersten Tag an waren sie im Kreis aktiv und wollten von sich aus beteiligt sein. Natürlich gab es und gibt es auch jetzt das „zurückhaltende Kind“, aber es wird nicht übersehen, von der Erzieherin nicht und auch nicht von den anderen Kindern, weil die Gruppe nun überschaubarer ist.

Den Beginn der Kindergartenzeit gestaltete die jeweilige Bezugserzieherin individuell für das entsprechende Kind. Sie begleitete es auch beim Frühstück in der Cafeteria, bis es dort selbständig zurecht kam und mit der Betreuerin vertraut war. Es gab auch Erzieherinnen, die in ihrer Bezugsgruppe keine neuen Kinder hatten. Sie konnten sich auf Angebote konzentrieren, die es zweimal pro Woche bei uns gibt. Das war für uns alle eine Entlastung und für die Kinder eine Bereicherung. Am meisten war die Kollegin gefordert, die sich der Zweijährigen angenommen hatte. Auch diese Kinder bekamen eine individuelle Eingewöhnung nach dem Berliner Modell. Aber sie waren durch unsere vielen Türen auch immer wieder in allen Räumen. Es gestaltete sich sehr schwierig. In der Frühbesprechung sprach unsere Kollegin immer wieder die Bedürfnisse dieser Kinder an. In der Kleingruppe mit den Integrationskindern bestimmten oft diese den Inhalt der Morgen- und Mittagskreise, sodass die anderen Kinder oft zu kurz kamen. Orientierung und die Vorbildfunktion liefen fast ausschließlich über die Heilpädagogin, sodass hier Reflexionsbedarf sichtbar wurde.

Erste Veränderungen standen schon während des Probehandelns an. Es kam zu Kooperationsbildungen mit einer Kollegin, deren Bezugskinder im gleichen Alter waren. Das wurde nötig, um bei Abwesenheit einer Erzieherin beide Gruppen zusammen zu nehmen. So entstanden neue Verbindungen, unsere Kooperationspartnerinnen. Damit die Kinder sich besser kennen lernen und sich aneinander gewöhnen, treffen sich diese Gruppen jetzt einmal in der Woche. Zum Probehandeln gehörte, dass wir von Zeit zu Zeit innehielten und unsere Erfahrungen reflektierten. Eine der wichtigsten Änderung entstand nach einem Jahr. Wir hielten es für besser, die zweijährigen Kinder auf zwei oder sogar drei Bezugsgruppen zu verteilen. So kann auf das Bedürfnis nach Bindung und Nähe besser eingegangen werden. Die Integrationsgruppe haben wir vergrößert, um durch mehr Kinder den Anteil von möglichen Vorbildern zu erhöhen. Hier bilden jetzt die Heilpädagogin und eine Erzieherin ein Bezugsteam. Diese Gruppe hat keine Partnergruppe.

Der nachfolgende Kasten gibt einen Überblick über unsere Aspekte zu Bezugsgruppen

Unsere Aspekte der Bezugsgruppen im Überblick

- Bezugsgruppen sind aus der Erkenntnis entstanden, dass Kinder kleine Gruppen brauchen.
- Die Kinder kommen in ihrer Bezugsgruppe morgens und mittags jeweils für 20 Minuten zusammen.
- Nach Auflösung der vier Stammgruppen haben wir unsere 85 zwei- bis sechsjährigen Kinder in 8 Bezugsgruppen aufgeteilt.
- Zu jeder Gruppe gehört eine Erzieherin, die zugleich Bezugsperson für die Eltern ihrer Kinder ist.
- Je zwei Gruppen bilden eine Kooperation. Sie dient in erster Linie der gegenseitigen Vertretung.
- Im Zentrum der Kleingruppentreffen steht das Gespräch, um sich gegenseitig wahrzunehmen.
- Es werden individuelle Themen der einzelnen Kinder und der Gruppe aufgegriffen. Geburtstage werden gefeiert und es wird gesungen und gespielt.
- Das alles trägt wesentlich dazu bei, dass zu allen Kindern der Bezugsgruppe eine engere Beziehung und Vertrautheit entsteht.
- Mit der Übernahme der Bezugsgruppe verbindet sich für die Erzieherin die Hauptverantwortung für das Wohlfühlen und die Entwicklung des einzelnen Kindes.

6. Wir sind auf einem guten Weg. Woran merken wir das?

Inzwischen ist für die Kinder ein Gefühl von selbstverständlicher Zugehörigkeit gewachsen. Die Kinder sind sicher gebunden. Und die Kinder, die uns einen besonderen Entwicklungsbedarf signalisieren, sind in der Verantwortlichkeit ganz klar zugeordnet und dementsprechend werden sie unterstützt. Die Unterstützung erfolgt aber auch durch andere Kolleginnen, aber die jeweilige Bezugserzieherin behält die Übersicht und Kontrolle. In der Gruppe mit den Integrationskindern machen wir positive Erfahrungen und sehen, dass sich hier vielfältige Verbindungen ergeben. Die größere Gruppe ist zu einem Gewinn geworden. Unsere ehemaligen Zweijährigen zeigen uns deutlich durch eine sehr sichere Bindung zu ihrer Bezugserzieherin, dass die Veränderung der richtige Weg ist. Sie entscheiden sich frei für ihr Spiel im Haus. Wenn sie das Bedürfnis nach Nähe oder auch nach Kuscheln haben, kommen sie selbstsicher zu „ihrer" Erzieherin zurück. Insgesamt sind unsere Beziehungen viel persönlicher geworden und einzelne Kinder können ihre Bindungsbedürfnisse ausleben.

Die altershomogene Gruppeneinteilung hat sich als ungünstig erwiesen. Kinder benötigen auch in der Gruppe Kinder als Vorbilder, an denen sie sich orientieren können. Deshalb streben wir mit der Aufnahme neuer Kinder möglichst eine Altersmischung in den Bezugsgruppen an. Unsere „neuen" Kinder fühlen sich schnell ein- und angebunden. Die Veränderung zwischen Kind und Erzieherin ist auch auf unsere Beziehung zu den Eltern „eins zu eins" übertragbar. Bei unseren Gesprächsabenden in den Kleingruppen ist jedes Elternteil wichtig und wird mit seinem Anliegen gesehen und gehört. Die Gesprächsabende gestaltet jede Kollegin in ihrer Kleingruppe inzwischen alleine. Wir erarbeiten uns vorher ein gemeinsames Raster, aber dieses gibt auch Gelegenheit zu individuellen Themen, die gerade bei den Kindern anliegen.

Jede Kollegin wächst mit und an ihren Aufgaben. Keine ist alleine, weil jede eine Partnerin hat, mit der sie auch die Vorbereitungszeit teilt. Die wöchentlichen Treffen der Kindergruppen gibt es nach wie vor. So erleben die Kinder regelmäßig ihre Kleingruppe und auch eine Großgruppe mit fester Zuordnung. Jede Kollegin folgt einem Handlungsplan zur Unterstützung einzelner Kinder. Jetzt im dritten Jahr mit Bezugsgruppen sind die Stammgruppen Geschichte. Keine Kollegin sehnt sich nach der alten Situation zurück. Es ist Intimität und tiefe Vertrautheit entstanden.

Es erfüllt sich das, was Hartmut von Hentig klar als Bedingung für das Aufwachsen und als Voraussetzung für ein gelingendes Leben auf den Punkt gebracht hat:

„Das Gefühl selbstverständlicher Zugehörigkeit, die Erfahrung gebraucht zu werden, die Gewissheit erwünscht zu sein…, das sind die wichtigsten Bedingungen für das Aufwachsen von Menschenkindern."

7. Ein kurzer Rückblick

Wir sind einen anstrengenden Weg der Selbstbildung und der Erprobung im Team gegangen. Wir hatten den Mut für einen neuen Weg. Dieser Mut wurde durch unsere fehlerfreundliche Atmosphäre sehr begünstigt.

Unser Team, das sich auf diesen Prozess eingelassen hat, entwickelte gemeinsam ein neues Selbstverständnis. Alle haben „Ja" zu unserer Veränderung gesagt. Es ist viel Vertrauen im Team gewachsen. Auch unsere Leiterin hat Vertrauen in diesen Weg gesetzt und ihn unterstützt. Unser Probehandeln nach der Handlungsforschung ist inzwischen selbstverständlich geworden, kommt immer wieder zur Anwendung und lässt uns mutig bleiben.

Unser offenes System ist in seinen Strukturen so noch klarer geworden. Aus dem Probehandeln wurde eine feste Einrichtung von Bezugsgruppen. Ich kann mir inzwischen gar nicht mehr vorstellen, anders mit den Kindern zu arbeiten. Kleingruppen sind ein wichtiger Teil im Zusammenleben eines Offenen Kindergartens. Sie eröffnen gute Möglichkeiten für eine individuelle Entfaltung im Miteinander und vertiefen die Beziehungen untereinander und zu der jeweiligen Bezugserzieherin.

Ortrud Ahrens ist stellvertretende Leiterin im Emmaus-Kindergarten Wennigsen.
Sie ist Mitarbeiterin im Netzwerk Offener Kindergarten. Hospitationen sind erwünscht.

Maria Förster

Projekte als methodisches Kernstück für neugieriges, forschendes, fragendes Lernen

Wenn ich zurück denke, welche Entwicklung sich seit unserer Öffnung 1993, das sind jetzt beinahe 20 Jahre, vollzog, dann kann ich nur Positives berichten. Ich bin seit 37 Jahren als Erzieherin tätig und war damals an einem Punkt angelangt, an dem ich dachte, Frühling, Sommer, Herbst und Winter, Fasching, Ostern, Muttertag, Sommerfest, Erntedank, St. Martin, Nikolaus, Weihnachten usw., das kann doch nicht alles sein in meinem Leben und im Leben der Kinder. Mit der Öffnung nach innen und nach außen, der damit verbundenen Umstrukturierung unserer Räume und der pädagogischen Arbeit brach etwas auf in mir, das mir wieder Lust, Freude, Interesse und viel Motivation gab. Heute sehe ich diese Eigenschaften als Voraussetzung für das Arbeiten mit Kindern.

Mit der Öffnung änderte sich die Sicht zum Kind

Es hatte sich etwas Grundlegendes geändert – unser Bild vom Kind, die damit verbundene pädagogische Planung – eigentlich das ganze Konzept!

Wir wollten den Kindern die Welt nicht mehr erklären, sie sollten sie selbst entdecken und erforschen. Es ging nicht mehr darum, den Kindern etwas beizubringen. Lernen der Kinder sieht heute bei uns anders aus: Kinder lernen in der Lebenswirklichkeit durch selbstständige Aktivitäten. Sie setzen von sich aus Bildungsprozesse in Gang, regen sich untereinander an, bilden Interessengruppen, informieren sich gegenseitig, entwickeln Ideen für die Lösung eines Problems. Sie wollen gefordert werden, erschließen sich ihre Themen selbst, beantworten sich selbst Fragen durch Ausprobieren, Zuschauen und Mittun und durch ständige Kommunikation über die Dinge der Welt. Selbst- oder mitorganisierte Tätigkeiten bleiben die nachhaltigsten

Erlebnisse. Beobachtungen und Entdeckungen regen die Kinder zum Forschen, Nachfragen und Tun an. Sie entwickeln Eigeninitiative, Kreativität, erfahren Grenzen, entdecken Stärken.

Kinder gebrauchen all ihre Sinne zum Begreifen der Dinge. Sie spielen mit Lust und Freude um des Spielens willen und nicht, um ein Ergebnis zu erzielen, und setzen sich dabei mit ihrer Umwelt auseinander. Deswegen benötigen sie eine anregende Umwelt, die zum Entdecken, Forschen und Experimentieren herausfordert und ihre körperliche, geistige und seelische Entwicklung gleichermaßen unterstützt.

Räume und Umfeld werden zum Erfahrungsfeld. Sie müssen die Kinder zum „Selbst-tätig-werden" herausfordern, um unserer heutigen Gesellschaft mit zunehmender Konsumorientierung, Verplanung, Überbehütung auf der einen Seite und Vernachlässigung auf der anderen Seite entgegenzuwirken. Das „Leben" findet für die Kinder in der heutigen Zeit meist isoliert in Räumen statt. Unbeobachtetes Spielen, auf Entdeckungsreise gehen, etwas selbst herstellen, eine Sache verfolgen von ihrer Entstehung bis zur Fertigstellung ist für viele nur noch bedingt möglich. Wir leben in einer vorgefertigten Welt, alles geht automatisch, jede Arbeit wird uns abgenommen, wir konsumieren zahlreiche Freizeitangebote, werden beschäftigt, unsere Phantasie wird nicht mehr gefordert und dadurch gefördert.

Loris Malaguzzi sagt: *„Kinder sind – ebenso wie Dichter, Musiker und Naturwissenschaftler – eifrige Forscher und Gestalter. Unsere Aufgabe besteht darin, die Kinder bei ihrer Auseinandersetzung mit der Welt zu unterstützen, wobei all ihre Fähigkeiten, Ausdrucksweisen und Kräfte eingesetzt werden."*

Projekte als angemessene Ergänzung zum Spiel

Jeder Tag bietet eine Fülle von Erlebnissen. Es müssen keine großen, für die Kinder arrangierten Abenteuer sein. Meist sind es die alltäglichen Kleinigkeiten, die die Aufmerksamkeit der Kinder auf sich ziehen; und nicht alle Kinder interessieren sich für die gleichen Dinge. Diese Erfahrung nahm damals den Druck von uns, alles mit allen Kindern machen zu müssen. Seit dem arbeiten wir mit Interessengruppen in Projekten. Sie sind für uns eine angemessene und sinnvolle Ergänzung zu den offenen Spielzeiten und ganz normaler Alltag – wie früher die täglichen Einzelangebote – und keine Sonderveranstaltung.

Heute wird der Begriff „Projekt" immer noch für viele Aktivitäten verwendet, so für die Durchführung von Lernprogrammen, von einzelnen Kursen, wie z. B. Englisch, musikalische Früherziehung, Theaterspiel, Töpfern oder das pure Aneignen von Wissen zu einem bestimmten Thema, das den Kindern vielleicht auch noch vorgegeben wird.

Für mich ist Projektarbeit dagegen ein offenes methodisches Lernunternehmen, das unter einer bestimmten Thematik steht, die sich aus den Wahrnehmungen, den Beobachtungen der Erzieherinnen, den Fragen der Kinder, ihren Interessen und Lebenssituationen, dem Spiel, dem Alltag, dem Umfeld der Kinder ergibt, sich über einen längeren Zeitraum erstreckt, mit einer kleinen Gruppe, bis zu 15 Kindern, durchgeführt wird und in einer Präsentation ihren Abschluss findet.

Ein Thema wird auf verschiedene Arten erforscht und mit verschiedenen Materialien ausgedrückt. Ein Gedanke wird lebendig in der Person, ein Gedanke, der forscht, begeistert, neugierig macht und weitergehen möchte – „ein Netzwerk der Gedanken". Wir wollen den Bildungsbegriff im Kindergarten neu beleben in einer Form, die den heutigen Ansprüchen kindorientierter Pädagogik gerecht wird. Im Projekt lernt das Kind Fähigkeiten, die nicht so leicht aufzuzeigen sind. Es wird nämlich nicht geübt, sondern entdeckt, experimentiert, viel erzählt und miteinander gesprochen. Durch Projekte wird zugleich das Lernen gelernt.

Zur Geschichte und Rolle

Wenn wir in der Geschichte der frühkindlichen Bildung zurückgehen, dann finden wir schon bei Friedrich Fröbel Ansätze der Projektarbeit, etwa wenn er sagt, ***„die Aufgabe des Menschen ist schaffen und produktiv sein, denn der Mensch hat einen Trieb zur Tätigkeit"***. Wenn er von Beschäftigung spricht, dann meint er die Weiterführung des Spiels, was im Spiel verstanden wird, das kann durch schöpferisches Gestalten zum Ausdruck kommen. Was das Kind an Fleiß, Mühe und Hingabe aufgebracht hat, die Erkenntnisse, die es sich erarbeitet hat, stehen im Vordergrund, nicht das Ergebnis. Nicht vergessen dürfen wir Maria Montessori mit ihren Prinzipien der Sinnesschulung und der Selbsttätigkeit ***„hilf mir es selbst zu tun!"*** In den 1970er Jahren wird das situationsorientierte Arbeiten entwickelt, das sich auf die Interessen der Kinder stützt und von den Lebenssituationen der Kinder ausgeht. Das Konzept der Reggio-Pädagogik und andere Ansätze, die das Kind als neugieriges, forschendes, fragendes Wesen sehen, das hinter die Dinge schauen will, das sich ko-konstruierend am Aufbau seines Wissens beteiligt, hat Projektarbeit als methodisches Kernstück. Die Erzieherinnen sind dabei selbst lernende Wegbegleiterinnen und fördern den Zugang zum Lernen durch den Zugang zu den Dingen, denn die Reggianer selbst sagen ***„Kinder flirten mit den Objekten – mit der Welt"*** und erwerben so umfassende Kenntnisse über ihre Umwelt.

Das wiederum setzt eine offene Haltung und Planung der Erzieherin voraus, d. h. sie muss sich selbst öffnen für die Belange der Kinder. Offenheit in der Beziehung zwischen Kindern, Erzieherinnen und Eltern trägt wesentlich zu einer Atmosphäre bei, in der sich alle Beteiligten gegenseitig akzeptieren und wohl fühlen. Fühlt sich ein Kind wohl, so stärkt dies seine Selbstsicherheit und es öffnet sich seiner Umwelt. Es fühlt sich verstanden, ernst genommen in seinen Fragen, Anliegen, Problemen und allem, was es bewegt. Offen sein in der Planung bedeutet: der Weg ist nicht vorgezeichnet. Er entwickelt und richtet sich nach den aktuellen Interessen und den Kompetenzen der Kinder. Aufgabe der Erzieherin ist in erster Linie die Begleitung und Unterstützung der Kinder. Kein Lehrplan hindert sie daran, den Interessen der Kinder zu folgen. Kinder gehen nicht immer den Weg, den Erwachsene erwarten. Sie gestalten partizipierend den Kindergartenalltag mit. Offene Planung heißt nicht „für die Kinder", sondern „mit den Kindern aktiv sein", denn beteiligte Kinder sind glückliche Kinder.

Das offene methodische Lernunternehmen „Projekt" erfolgt in 7 Schritten, die im Folgenden erläutert werden (siehe auch Kasten auf Seite 196)

1. Schritt: Wie komme ich zu einem Projekt? Projektfindung – Projektinitiative

> „Wenn du mit Kindern ein Schiff bauen willst,
> dann gehe nicht in den Wald und sammle Holz,
> sondern wecke in ihnen die Sehnsucht nach dem großen,
> weiten Meer."
>
> *Nach Antoine de Saint-Exupéry*

Dieser Text von Exupéry bringt es auf den Punkt. Sehnsucht, Interesse, Motivation, wie auch immer wir es nennen, sind die treibenden Kräfte, die nicht nur bei den Kindern etwas bewegen. Die Methode der Projektarbeit ist sehr gut geeignet, auf den angeborenen Drang zur Tätigkeit zu reagieren. Kinder sind wissbegierig und im Kindergartenalter sehr aufnahmefähig. Lernen ist also ein ganz natürliches Bedürfnis der Kinder, das wir unterstützen müssen.

Suchen wir nicht nach einem Projekt; es wird sich von ganz allein ergeben, wenn wir die Kinder mit allem, was sie tun und reden, wahrnehmen und ihnen unsere ganze Aufmerksamkeit schenken. Die Beobachtung ist Voraussetzung für die Projektfindung. Manche Projekte entstehen spontan aus einem Ereignis, einer bestimmten Situation, aus Spielhandlungen, andere entwickeln sich aus einer Idee, einer Frage, oder ein Projekt wird aufgrund unserer Beobachtungen von uns initiiert.

Meine Erfahrung zeigt, dass für das Gelingen eines Projekts die Projektfindungsphase oder Projektinitiative, also das „richtige" Thema aufzugreifen, sehr bedeutend ist. Wichtig ist, dass die Themen der Kinder zu den Themen der Erwachsenen werden und nicht umgekehrt. Deshalb möchte ich mit den folgenden Zeilen einmal intensiv auf die Projektfindungsphase eingehen und einige Beispiele aufzeigen:

Chefprojekt

In unserem Kindergarten gibt es sehr viele Bestimmer. Immer der Erste sein wollen, aussuchen was gespielt wird, wo und wer mitspielen darf, der Chef sein dürfen, und wenn nicht, dann sogar handgreiflich werden. Hinter jeder Bestimmer-Variante steht ein Bedürfnis, in diesem Fall das Bedürfnis nach Stärke und Macht. Dieses Bedürfnis greifen wir auf und veranstalten eine ganze Woche Ringkämpfe. Ist die körperliche Kraft das Wichtigste, um Chef sein zu können? Wir gehen der Sache nach und beginnen ein Chef- und Chefinnenprojekt, um herauszufinden, was es heißt, „Chef zu sein".

Kunst:

Es ist eines unserer ersten Projekte zu Beginn der Umstellung unseres Konzepts – weg von den Schablonen und vorgegebenen Themen. In unserem Kindergarten gestalten die Kinder während des Freispiels mit verschiedenen Materialien ihre kleinen Kunstwerke. Sie malen, schneiden aus, kleben, nageln zusammen, tonen oder probieren Material und Werkzeuge aus. Oft entstehen dabei „nur" Kleksbilder, Kritzelbilder, einfach aufeinander geklebtes Papier oder viele Nägel in einem Holzstück. Wie ausdauernd sich ein Kind jedoch mit der jeweiligen Tätigkeit beschäftigt und welche Erfahrungen es dabei sammelt, sehen die Eltern nicht. Wir beobachten immer wieder, dass die Kinder beim Abholen ihren Eltern freudestrahlend ihre Werke zeigen wollen, die Eltern jedoch negativ dazu eingestellt sind. Sie fragen z. B. was das sein soll, oder sagen „das kannst du doch viel schöner". Manchmal dürfen Kinder ihre Werke gar nicht mit nach Hause nehmen oder sie landen gleich am Eingang unseres Kindergartens in der Mülltonne. Es ist uns ein großes Anliegen, den Wert der Kinderwerke einmal besonders herauszuheben. Wir sammeln eine ganze Woche lang Kinderwerke und stellen fest, dass alle Kinder Künstler sind. Was sind Künstler? Wir unterhalten uns über die Begriffe „Kunst" und „Künstler". Für die Kinder bedeutet dies: „wenn etwas schön ist" – „wenn ich etwas selbst gemacht habe und es mir gut gefällt" – „wenn jemand zaubern kann" – „wenn jemand etwas besonders gut kann z. B. malen, basteln, nähen, kochen, Musik machen oder Theater spielen". Künstler stellen ihre Werke aus. Sie veranstalten eine Vernissage. Das wollen wir auch tun. Gelegenheit, Eltern und Gemeinde dazu einzuladen, bietet unser Sommerfest. „Kunst" breitet sich über den ganzen Kindergarten aus. Es entstehen Projektgruppen zu den Themen „Malerei", „Ton", „Pappmchaché" und „Holz".

Dinosaurier:

Immer wieder kommen Kinder ins Atelier, um dort aus Papier „Krallen" zu basteln, zuerst nur für die Finger, dann auch für die Zehen. Mit diesen Krallen an Händen und Füßen gehen sie in den Bauraum und spielen „wilde Tiere". Kinder wollen stark sein. Sie schlüpfen in die Rolle der wilden Tiere und wählen vor allem Löwe, Leopard oder Dino. Die selbstgefertigten Krallen verleihen ihnen dabei das Gefühl „ich bin stark, gefährlich und mächtig". Das Projekt beginnt mit einem Gespräch über „stark sein" und „Kraft haben". Dabei kristallisiert sich heraus, dass wir die Kraft der Dinosaurier entdecken wollen.

Stromforscher:
Sina erzählt im Morgenkreis: „Meine Mama hat heute Morgen im Bad das Licht nicht angemacht!" Ich antworte ihr: „Vielleicht wollte sie Strom sparen." Joshua fragt: „Was ist Strom sparen?" Ich sage ihm, dass man den Strom, den man verbraucht , auch bezahlen muss. Sina meint: „Und wenn man das Licht aus lässt, dann muss man nichts bezahlen." Joshua sagt: „Meine Mama bezahlt nie, wenn sie das Licht anmacht!". Alle sind sich einig – keiner bezahlt! Daraufhin gehen wir zu unserem Stromzähler und schauen wo der Stromverbrauch gezählt wird. Wir werden herausfinden, was das ist was da gezählt wird.

„Die hundert Sprachen der Kinder" – eine Gedichtinterpretation

Nach der Zertifizierung zur „reggio-orientierten" Einrichtung entdecken wir auf der Urkunde das Logo unseres Kindergartens und das Logo aus Reggio Emilia. Ein Gespräch über die Kitas in Reggio entsteht. Dabei erfahren die Kinder von Loris Malaguzzi, einem Lehrer, der ein berühmtes Gedicht gemacht hat. Tim möchte wissen welches. Ich lese den Kindern „Die hundert Sprachen der Kinder" vor und sie beginnen es zu interpretieren und sichtbar zu machen!

Die „Seifenblasenventilatormaschine":
Während eines Gesprächs über die einzelnen Kompetenzen der Kinder stellen wir fest, dass alle Kinder Baumeister und Erfinder sind. Wir wollen zusammen etwas Neues erfinden. Nils: „Wir könnten Seifenblasen erfinden." Mauricio: „Nein, die gibt es doch schon." Nils: „Dann machen wir so ein Ding

für die Seifenblasen, damit man nicht mehr selbst blasen muss." Nach längerer Diskussion beschließen die Kinder eine Seifenblasenventilatormaschine zu bauen.

Warum leuchten die Sterne:
Die Kinder schmücken den Raum mit neonfarbenen window-color-Sternen. Kevin bringt eine Rolle Leuchtband von der Bundeswehr mit um Stirnbänder zu basteln. Beide leuchten jedoch nicht, da wir nur tagsüber im Kindergarten sind. Dann ist plötzlich Bewegung im Haus. Alle Kinder stehen vor der Putzkammer. Was ist hier los? Abwechselnd gehen drei bis vier Kinder in die dunkle Kammer ohne Fenster – uns siehe da – sie leuchten!. Auch ich bekomme ein Stirnband und stehe mit 4 Kindern in der Putzkammer. Robert stellt fest: „Wir leuchten wie die Sterne!" Ich frage die Kinder, warum die Sterne eigentlich leuchten. Sie haben viele Ideen, aber keines weiß Bescheid. Wir werden es heraus finden.

Orchester:
Lukas nagelt an der Werkbank zwei Holzstücke aufeinander, kommt zu mir und sagt: „Ich habe eine Gitarre gebaut und brauche jetzt Saiten!". Zusammen machen wir uns auf die Suche und finden eine Rolle Fadengummi. Damit spannen wir Saiten auf. Seine Gitarre begleitet ihn den ganzen Tag. Stolz sitzt er im Kreis und spielt während wir singen. Andere Kinder werden dadurch angeregt und wollen ebenso eine Gitarre. Es entwickelt sich ein Freispielangebot im Atelier – Gitarrenbau. Nach ca. einer Woche beobachte ich die Kinder im Bauraum – was machen sie? Sie legen alle Bausteine nebeneinander zu einer großen Fläche und dann noch eine Reihe darüber. Lukas: „Wir machen eine Bühne!". Sie stellen sich mit ihren Gitarren auf „ihre Bühne" und beginnen zu singen und zu spielen. Ich setze mich mit meiner Gitarre daneben und wir lernen unsere Martinslieder. Einer kommt auf die Idee, doch ein Martinskonzert zu geben und die Eltern dazu einzuladen. Die Kinder organisieren dieses Konzert selbst. Sie schreiben Notenzettel, ein Plakat für die Tür, bringen Notenständer und Mikrophone von Zuhause mit, bauen mit Tischen und Bänken eine Bühne in verschiedenen Höhen, damit auch jeder gesehen wird und übernehmen die Begrüßung der Gäste. Diese langandauernde Motivation und der intensive Schaffensprozess in

den verschiedenen Räumen veranlasst mich, dieses Thema zum Projekt zu machen – ein Orchesterprojekt beginnt!

Tanzgarde:
Die Kinder planen ihre Faschingsfeier im Haus und wollen einen Tanz vorführen. Verena, eine Mitarbeiterin, erzählt von der Faschingstanzgarde, in der sie selbst mitwirkt. Sie zeigt den Kindern ihr Kostüm. Die Mädchen sind begeistert. Chiara: „Wir wollen auch so zusammen die Beine hochwerfen wie die Tanzmariechen und uns an den Händen fassen." Das Projekt „Tanzgarde" ist geboren.

Amphitheater:
Unser Außengelände wird umgestaltet. Wir unterhalten uns mit den Kindern was und wo sie draußen spielen möchten. Nach Überlegungen, was unser Außengelände dafür bieten muss, kommen wir zu dem Entschluss, mit den Kindern einen Lehmofen, ein Baumhaus, ein Klanghaus und ein Amphitheater zu bauen.

Das „Kindergartenbuch":
Der Beginn dieses Projekts führt auf verschiedene Tätigkeiten der Kinder zurück: Im Freispiel entstehen „Bücher" in verschiedenen Ausführungen und Größen, in die die Kinder mit Hilfe der Anlauttabelle schon richtige Geschichten schreiben. Diese selbst gefertigten Bücher sind den Kindern sehr wichtig. Sie nehmen sie mit nach Hause, bringen sie aber immer wieder mit und schreiben weiter. Eine Mutter schreibt sogar ein Gedicht in ein solches „Buch".

Täglich wechseln Freunde- oder Poesiealben den Besitzer. In unserem Kiga wird sehr viel dokumentiert. Auch das ahmen die Kinder nach. Inzwischen haben alle „Großen" ihr Protokollheft und schreiben auf ihre Art und Weise auf, was andere im Morgenkreis erzählen oder was wir zusammen besprechen. Zu vielen Ereignissen bringen die Kinder Sachbücher mit: Wir hatten eine Maus im Kiga – Helene bringt ein Buch über Mäuse mit. In Amerika war ein Erdbeben – Silas und Max bringen Bücher über Vulkane mit, damit wir nachschauen können warum so etwas passiert. Das Thema „Buch" ist ständig präsent. Wir beschließen, selbst ein Buch zu schreiben, und zwar über unseren Kindergarten, damit die „Neuen“ dann schon einmal Bescheid wissen.

Diese Beispiele zeigen etwas von der Vielfalt, an die wir anknüpfen können. Sie machen deutlich, dass Kinder die Welt kennen- und verstehen lernen wollen und dabei oft ganz eigene Wege gehen. Es liegt an uns, sie dabei richtig zu begleiten und zu unterstützen und die Lernprozesse so zu gestalten, dass die Kinder motiviert und engagiert an eine Sache herangehen und die Lernfreude erhalten bleibt.

2. Schritt: Die Projektgruppe findet sich

Ist die Projektfindungsphase abgeschlossen, dann findet sich die Projektgruppe. Wen interessiert das Thema noch, außer den Kindern, die an der Entstehung des Themas beteiligt waren. Diese Frage kann im Morgenkreis, in der Vollversammlung oder in der Kinderkonferenz gestellt werden. Wenn es möglich ist, stellen die Kinder „ihr Thema“ den anderen selbst vor. So identifizieren sie sich von Anfang an damit. Eine Gruppe von zwölf Kindern ist ideal, da Kinder in Kleingruppen intensiver lernen, sich leichter an Diskussionen beteiligen, die Aufmerksamkeit größer ist. Interessieren sich mehr Kinder für ein Thema, dann können auch zwei Projektgruppen mit der gleichen Thematik entstehen. Projekte können altersgemischt oder altershomogen sein. Das kommt auch wieder auf das Thema an. Größere Kinder haben oft andere, herausfordernde Themen. Die Projektleiterin muss sich natürlich ebenfalls mit dem Thema identifizieren, denn nur so springt der Funke immer wieder auf die Kinder über. Liegen mehrere Projektthemen in der Luft, so können die Kinder wählen, wo sie sich beteiligen möchten. Nachdem sich die Kinder entschieden haben, bleibt ihnen noch ein Tag Zeit, diese Entscheidung noch einmal zu überdenken. Hat sich die Projektgruppe dann endgültig gefunden, beginnt die eigentliche Planung und Durchführung des Projekts.

3. Schritt: Gemeinsame Planung

In der gemeinsamen Planung findet eine rege Diskussion über die Vorstellungen und Wünsche der Kinder zu diesem Thema statt: Was weiß ich schon – was will ich noch erfahren – was möchte ich gerne tun? Es geht darum, sich gegenseitig auszutauschen und zusammen eine Idee zu finden, die verwirklicht werden soll. Welche Gestalt diese Idee annehmen wird, das wird sich im Laufe des Projekts nach vielen Versammlungen und Gesprächen erst zeigen. Auch die Erzieherin macht sich natürlich Gedanken über das Thema. Sie wird jedoch die Vorhaben der Kinder nicht beeinflussen, sondern überlegen, welche Möglichkeiten sie den Kindern bieten kann, sich über das Thema ausführlicher und intensiver zu informieren.

4. Schritt: Durchführung

Die Durchführung beginnt eigentlich mit der Informationsgewinnung. Hier ist vor allem die Erzieherin gefordert, dies zu ermöglichen, sei es durch Besuche bei Experten, durch Hospitationen in Einrichtungen, Besuche in Ausstellungen und Museen, die Einbeziehung von Eltern als kompetente Fachberater, Exkursionen durch die Natur, Bereitstellung von Material und Objekten, Ausstattung der Räume. Das Sehen, Begreifen und Verstehen wird so durch das reale Erleben unterstützt, Erfahrungen mit allen Sinnen aufgenommen und Kenntnisse über die Umwelt erworben. Diese gemeinsamen Erlebnisse werden reflektiert und diskutiert. Schon während dieser Informationsphase zeichnet sich vielleicht ab, in welche Richtung das Projekt geht, wenn nicht etwas Bestimmtes hergestellt werden soll.

In täglichen „Was-tun-Runden" sprechen wir über unsere Aktivitäten: Was haben wir erlebt, wie geht es weiter? Eine Idee oder eine Begegnung löst die nächste aus. So ist es nicht möglich, nach einem Wochen- oder gar Monatsplan zu arbeiten.

Unsere Kinder haben z. B. geplant, einen Dinosaurier zu bauen. Nach dem Besuch im Museum und in der Bibliothek interessieren sie sich für das Innenleben des Dinosauriers. „Hat der Dino auch ein Herz?", so die Frage eines Kindes. Wir schauen nach. Beim späteren Bau des Dinosauriers spielen auf einmal die Organe eine wichtige Rolle. Der Dino wird von innen heraus gebaut – die Kinder beginnen mit der Herstellung von Herz, Magen, Nieren usw. „In den Magen müssen Knochen, damit man sieht, dass das ein Fleischfresser ist!", so die Aussage eines Kindes. Und schon stehen wir vor der nächsten Herausforderung. Alle Fragen und Ideen der Kinder werden ernst genommen. Das ist wichtig, denn sie zeigen uns, was und wie die Kinder ihre Umwelt wahrnehmen, wie sie ihre Erfahrungen interpretieren, die Welt begreifen, verstehen und zum Ausdruck bringen. Die Erzieherin hält sich mit ihren Antworten und Vorschlägen zurück, steht jedoch ständig im

Dialog mit den Kindern und lässt die Kinder ihre eigenen Ideen entwickeln und umsetzen. Sie setzt Impulse, um die Neugier der Kinder immer wieder zu wecken. Sie wiederholt die Aussagen der Kinder, um sie allen ins Gedächtnis zu rufen, hinterfragt und regt die Kinder zum Nachdenken an. So entstehen immer wieder philosophische Gespräche, die Ausgangspunkt für neues Forschen und Entdecken sind. Sie bietet ihnen die notwendige Lernatmosphäre, d.h. sie stellt ihnen Zeit, Raum und Material zur Verfügung. Es herrscht kein Zeitdruck, da das Projekt nicht zu einem bestimmten Termin abgeschlossen sein muss. Die Dauer richtet sich nach der Motivation und dem Interesse der Kinder. Der Projektverlauf bleibt offen, entwickelt sich in verschiedene Richtungen und führt die Kinder so automatisch durch alle Bildungsbereiche.

So erfahren sie das Thema mit Kopf, Herz und Hand, bringen ihre Vorstellungen ganz verschieden zum Ausdruck, eignen sich Kompetenzen und Wissen an, das nachhaltig ist. Unsere Kinder sind z. B. als Stromforscher unterwegs, erkunden unterschiedliche Stromquellen, gehen dem Phänomen Strom nach, stellen Stromkreise her. Ein halbes Jahr später entstehen an der Werkbank Schiffe aus Holz, die plötzlich eine Beleuchtung bekommen. Eigenständig bauen die Kinder eine Beleuchtung mittels Stromkreis ein – Wissen wird angewandt. In den Projekten arbeiten die Kinder mit Freude und Lust, weil es ihr Thema ist. Lässt das Interesse nach, dann verläuft das Projekt nicht im Sand, sondern findet immer einen Abschluss.

5. und 6. Schritt: Dokumentation und Präsentation

Alle Projektabschnitte werden dokumentiert, jede Aktivität in Wort und Bild festgehalten und an einer Projektwand für Eltern und Kinder sichtbar gemacht. Diese Dokumentationen regen die Kinder noch einmal zum Gespräch oder zum Nachdenken an. Eltern sind dadurch immer über den jeweiligen Stand des Projekts informiert. In den Entwicklungsordnern der Kinder befinden sich Auszüge des Projekts in Form von Fotos, Gesprächsprotokollen und Tätigkeiten, an denen sich die Kinder beteiligten. Sie dienen als eine Art Gedächtnis für die Kinder und sind als Nachschlagwerk bei ihnen auch sehr beliebt.

Der Abschluss, die sogenannte Präsentation, ist den Kindern sehr wichtig. Sie laden ihre Eltern ein, schreiben Einladungen, entwerfen Plakate, überlegen, was sie anbieten wollen. Jede Präsentation ist ein richtiges Fest. Die Kinder backen für die Eltern, decken den Tisch, stellen ihre Werke aus, berichten anhand einer PowerPoint-Präsentation oder Fotoausstellung über ihre Erlebnisse. Sie fühlen sich ernst genommen, sind stolz auf das, was sie geleistet haben.

Mit der Arbeit in Projekten und deren Präsentationen hat sich auch unsere Elternarbeit stark verändert. Eltern fühlen sich eingebunden in das jeweilige Thema und bringen sich von selbst ein. An den Präsentationen sind 100% der Eltern anwesend, oft noch mit Oma und Opa oder Verwandten, Väter nehmen sich sogar Urlaub. Da zeigt auch uns, wie wichtig diese Art von „Arbeit“ ist.

Jedes größere Projekt, das sich über mehrere Monate erstreckt, berichtet in einem Presseartikel über die Bildungsarbeit in unserem Kindergarten.

7. Schritt: Reflexion mit den Kindern

Nach der Präsentation trifft sich die Projektgruppe noch einmal zur gemeinsamen Reflexion. Was haben wir gelernt und wie haben wir das gemacht? Die Kinder denken über ihre Bildungsprozesse bewusst nach und können Lernschritte nachvollziehen. Sie treffen erstaunliche Aussagen, bringen es mit ihren eigenen Worten auf den Punkt. Joshua: „Wir haben weitergemacht, obwohl wir schon nicht mehr konnten!“ Wir würden es mit Ausdauer bezeichnen.

Angeregt von der Reggio-Pädagogik, wie schon zu Beginn im Zitat von Loris Malaguzzi gesagt ist, sehen wir unsere Aufgabe darin, die Kinder in der Auseinandersetzung mit der Welt zu unterstützen und zu begleiten, wobei die Projektarbeit ein wunderbares Instrument ist. Wie in Reggio Emilia ist sie inzwischen auch bei uns zum „Herzstück“ unserer Einrichtung geworden.

Das Lernen in Projekten weist bestimmte Strukturmerkmale auf, es vollzieht sich in sieben Schritten:

1. Projektfindung – Projektinitiative: die Themen der Kinder werden zu Themen der Erwachsenen. Hier liegt der Schwerpunkt auf der Wahrnehmung und der Beobachtung der Kinder.
2. Die Projektgruppe findet sich: Kinder nehmen nach Interesse teil.
3. Gemeinsame Planung: Die Projektgruppe legt Ziele und Aktivitäten fest.
4. Durchführung: Informationsgewinnung, Ausführung und Umsetzung der geplanten Tätigkeiten, der Projektverlauf bleibt offen.
5. Dokumentation: Projektfindung, Verlauf und Abschluss werden dokumentiert in Wort und Bild. Eine besondere Dokumentation findet noch einmal in der Präsentation statt.
6. Präsentation: Das Projekt findet einen Abschluss und wird vorgestellt (Eltern, den anderen Kindern, der Öffentlichkeit, Presseartikel, Ausstellung). Sie findet im Normalfall im Kindergarten statt, kann aber auch außerhalb sein. In diesen Präsentationen spiegelt sich das pädagogische Konzept unserer Einrichtung wider.
7. Reflexion mit den Kindern: Was haben wir gelernt und wie haben wir das gemacht? Lernmethodische Kompetenz – Kinder werden sich ihrer Lernprozesse und Kompetenzen bewusst.

Wir leben jedoch nicht, wie in Reggio in altershomogenen Gruppen, sondern in einem offenen Haus. Und trotzdem ging die Entwicklung im Laufe der letzten Jahre in Richtung altershomogene Projektgruppen. Ich glaube es lag an den Themen, für die sich die Kinder in den unterschiedlichen Altersstufen interessierten, und an der Einteilung der Bezugsgruppen, die bei uns zur Zeit altershomogen sind. Das war auch schon anders.

Ich möchte nun versuchen, einen Einblick in die praktische Durchführung eines Projekts zu geben.

Praxisbeispiel Projekt „Schätzesammler“

1. Projektfindung – Projektinitiative

Nach zahlreichen Freispielbeobachtungen der Kinder beabsichtigen wir, ein Thema, mit dem sich die Kinder immer wieder beschäftigen, aufzugreifen. In der „Was-tun“ Runde (das ist unsere tägliche Reflexions- und Planungsrunde) sage ich den Kindern, was mir in der letzten Zeit aufgefallen ist. Ich frage sie, was wir einmal näher untersuchen wollen.

- Das Spielen mit den Autos (Autos durch die Rohre flitzen lassen, um Kurven, schräge Ebene...)
- Höhlenbau (Wohnungen und Verstecke bauen und einrichten)
- Feen (tanzen, sich verkleiden...)
- Detektive (etwas herausfinden...)
- Freude, Freunde und Freundschaft (negatives Erzählen im Morgenkreis, Cliquen und Kinder ohne feste Freunde)
- Laser (Gespräche über Laserwaffen)
- Eine Geschichte erfinden (eine Gruppe von Kindern erfindet eine Geschichte, baut dazu ein Boot, ergänzt, verändert – täglich neu)

Plötzlich wirft Marie in den Raum: „Wir könnten doch ein Edelsteinprojekt machen!“ Niklas: „Ich liebe Edelsteine!“ Alle Kinder rufen begeistert ja.

Hannah: „Ich weiß aber nicht wo man Edelsteine finden kann.“

Völlig überrascht sage ich den Kindern, dass sie sich das bis morgen noch einmal überlegen sollen, ob sie das auch wirklich wollen. Am Tag darauf geschieht folgendes:

- Niklas sitzt am Esstisch zum Frühstücken und zeigt mir eine Blechkiste, in der ein Schmuckstück liegt.
- Fr. Förster: „Das ist ja ein kleiner Schatz!“ Worauf Niklas antwortet: „Wir könnten ja auch ein Schätzeprojekt machen.“
- Robert bringt seine Piratenschatzkiste mit in den Morgenkreis und zeigt uns darin eine Menge von Halbedelsteinen.
- Friederike bringt eine Schatzkiste mit, die aussieht wie ein Bücherregal.

- Fr. Förster: „Das ist ja wie im Museum!“ Jule: „Da hat die Schatzkiste ausgesehen wie eine Kommode!“ Anne: „...aus Holz war die, dass die so aussieht, dass sie die Diebe nicht klauen.“ Christian: „...aus Eisen, die war nur so angemalt!“
- Christian hat eine kleine Playmobil-Schatztruhe dabei, in der sich lauter Goldsteine befinden. Er erzählt uns, dass er diese Steine im Playmobil-Land aus dem Sand ausgrub.
- Das Thema „Schätze und Edelsteine“ beschäftigt die Kinder auch an diesem Tag. In der Erzählrunde während des Morgenkreises zeigen sie stolz ihre mitgebrachten Dinge. Ich gehe darauf ein und sage den Kindern, dass wir auch gerne die Welt der Edelsteine erforschen oder Schätze entdecken können.
- Nach dem Mittagessen lesen wir zur Zeit täglich in einem Märchenbuch. Heute heißt das Märchen „Der goldene Schlüssel“. Ein Junge findet im Wald einen goldenen Schlüssel, gräbt darauf hin in der Erde, findet eine Schatzkiste und der Schlüssel passt! Das Ende des Märchens bleibt offen, jeder kann sich den gefundenen Schatz selbst vorstellen!
- Joy gestaltet während des Freispiels ein Buch – auch Bücher können ein Schatz sein!

Die Kinder steigen von selbst interessiert in dieses Thema ein und wir beschließen, ein „Schätzesammlerprojekt“ zu beginnen, denn wo die Motivation ist, da ist der Weg. Auch das war für mich ein Prozess, das so anzunehmen, mit den Kindern zu gehen und eigene Vorstellungen zurückzunehmen.

2. Die Projektgruppe findet sich

Bei uns finden die Gesprächsrunden im Moment in altershomogenen Gruppen statt. So unterhalten sich nur die Großen über Schätze und Edelsteine. Deshalb findet das Projekt in der altershomogenen Gruppe der Großen mit 15 Kindern statt.

3. Gemeinsame Planung

Die gemeinsame Planung beginnt mit der Definition der Begriffe: Was heißt für uns „Schätzesammler“? Was ist ein Sammler – was ist ein Schatz? Das folgende Gespräch zeigt deutlich, dass jedes Kind etwas anderes im Kopf hat.

Was ist ein Sammler?

Fr. Förster: Wer von euch sammelt denn etwas?
Friederike: ...Edelsteine.
Christian: Ich sammle Gold.
Anne: Ich hab'ne Schatztruhe vom Nikolaus bekommen, die kann ich euch mal mitbringen.
Joy: Der Verputzer bei uns, der sammelt von der Oma und vom Opa Geld.
Robert: Die Carla sammelt Briefmarken. Die hat auch ein Buch dazu.

Was ist ein Schatz?

Joy: Andere haben den vergraben und andere Menschen finden das.
Marie: ...wenn jemand einen Schatz gefunden hat.
Celia. ...Funkelsteine.
Dominic: ...wenn einer sagt, willst du den Schatz, dann nehme ich das und verkauf es nicht, weil es viel zu wertvoll ist.
Celia: Takatukaland ist überall Sand und da ist ein Schatz, da fliegt die Pipi ins Takatukaland und steigt auf den Turm und klaut den Piraten das Messer. Ihr Vater sagt der Pipi, wo der Schatz ist, und dann geht die Pipi hin; und dann waren Schildkröten in dem Schatz.
Christian: Da ist Gold drin und ganz viele Juwelen.
Joy: ...Schmuck, dass man reich ist.
Fr. Förster: Schatz, das sagt man auch manchmal Zuhause.
Christian: ...zu uns.
Marie: ...dass man von denen geliebt wird.
Fr. Förster. Wenn ich jemanden gerne mag, dann sag ich manchmal „du bist mein Schatz!“
Dominic: Das hat der Papa schon einmal zu mir gesagt.
Celia: ...und der Papa zur Mama.
Fr. Förster: Wisst ihr zu wem ich das manchmal sage?
Dominic: ...zum Silas
Joy: ...und zur Linnea.
Celia: ...weil das sind ja deine Enkelkinder.
Dominic: ...weil du sie magst, weil du ihre Oma bist.

Anne: Die Mama sagt manchmal Schatz zu mir und zum Papa.
Fr. Förster: Wie ist denn dann ein Schatz, oder wie sind Schätze?

Wir stellen fest, dass Schätze wertvoll, wichtig, kostbar, lieb, lebendig und schön sein können!

Nach der Klärung der Begriffe fragen wir uns: Was wissen wir schon, was wollen wir noch wissen oder herausfinden und was wollen wir zusammen tun? Die Antworten der Kinder halte ich schriftlich fest. So merken sie, dass es wichtig ist, was sie sagen, denn wichtige Dinge müssen aufgeschrieben werden.

Was wollen wir zusammen tun?

- Schätze suchen – im Wald graben
- Friederike: „ins Schatzmuseum gehen“
  Anne: „Kennst du eins?“
  Friederike. „da gibt’s bestimmt eins!“
  Niklas: „...im Sieboldmuseum.“
  Christian: „Da sind doch lauter Kreisel.“
  Anne: „Da war ein Bagger, der hat gemerkt, dass da was angestoßen ist. Da war lauter Gold und Silber.
  Hannah: „Das war doch im Geldmuseum.“
- Schätze sammeln
- Niklas: „Wenn wir Schätze gefunden haben, dann machen wir Schmuck daraus.“
- Eine Schatzkiste machen

Mit dieser Planung steigen wir in das Projekt ein.

4. Durchführung

Die Durchführung beginnt mit der Vorstellung des Themas an der Projektwand der Gruppe (siehe Schritt 5 Dokumentation) und der Informationsgewinnung über das Thema. Leider kann ich aus Platzgründen nicht so ausführlich weiter machen wie bisher und auf die einzelnen Schwerpunkte der Aktivitäten und Aussagen der Kinder, die oft Auslöser für das nächste Tun sind, eingehen. Das Projekt „Schätzesammler“ dauerte in seiner Durchführung ca. 12 Wochen. Wichtig ist mir, dass alle Angebote, Exkursionen und Tätigkeiten aufeinander aufbauen und miteinander in Beziehung stehen. Hilfreich und wichtig sind in diesem Zusammenhang die täglichen Treffen in der Projektgruppe. Nur so bleiben die Themen interessant, spannend und motivierend für die Kinder.

Robert bringt die „Glücksedelsteinsammlung" von Carla mit. Alle Kinder schauen sich die Halbedelsteine in der Schatzkiste an, benennen, begreifen sie und bringen ihre Wahrnehmungen zum Ausdruck. Wir entdecken auch einen Bergkristall.

Wir schauen nach, wo der Bergkristall zu finden ist – Brasilien und die Alpen.

Niklas: Da könnten wir doch einmal hingehen.

Christian stellt den Globus in die Mitte und wir schauen wo Brasilien ist.

Robert: Das ist weit.

Friederike: Da müssen wir fliegen.

Fr. Förster: Stimmt, nach Südamerika müssen wir fliegen oder mit dem Schiff fahren.

Christian. Das ist am Äquator.

Jetzt schauen wir wo die Alpen sind. Was sind die Alpen überhaupt?

Jule: Das sind Berge im Allgäu.

Friederike: ...wo meine Oma und mein Opa wohnen.

Wir stellen fest, dass die Alpen zu Deutschland, Österreich, Italien, Schweiz und Frankreich gehören.

Wir hören die Geschichte „Der Bergkristall" von Adalbert Stifter. Der Bergkristall ist ein Quarz – was ist das? Friederike bringt das Buch „Steine und Fossilien" mit. Wir schauen nach und es entsteht ein Gespräch über die Entstehung der Erde und der Gesteine. Was durch den Druck in der Erde passieren kann, das erfahren wir an einem kleinen Experiment. Wir nehmen weichen Ton in die Hand und drücken ihn ganz fest. Der Ton quetscht sich zwischen den Fingern heraus. Gestein besteht aus Mineralien. Was ist das? In einem Experiment lassen wir Kristalle wachsen.

Die Begeisterung für dieses Thema zeigt sich auch darin, dass die Kinder immer wieder Schätze, Bücher und Zeitungsausschnitte von Zuhause mitbringen. Robert zeigt uns Salzkristalle, die seine Schwester Carla selbst gezüchtet hat. Hannah bringt das Buch „Mineralien und Gesteine" mit. Christian hat einen Zeitungsartikel über Diamanten dabei. Wir erfahren, dass der Diamant der härteste Stein der Welt ist.

Um unsere Schätze aufheben zu können, brauchen wir eine Schatztruhe. Jeder fertigt eine Schatztruhe. Einen kleinen ungeschliffenen Bergkristall legen wir unter das Mikroskop. Wir bekommen jede Menge Rohedelsteine und auch geschliffene Steine geschenkt, darunter auch Achatscheiben. Die Struktur einer Achatscheibe versuchen die Kinder mit Ölfarben auf einer Leinwand wiederzugeben.

In der Uni Würzburg gibt es ein Mineralogisches Museum. Wir reflektieren den Besuch. Den Mädchen bleibt in Erinnerung, dass sich die Frauen früher mit Pulverfarben, aus Steinen gemacht, geschminkt haben. Das tun sie jetzt auch.

Unsere Schatzkisten sind fertig. Wir gehen auf Schatzsuche und wandern zum Längberg. Anne und Rike zeichnen zuvor eine Schatzkarte für die Wanderung. Es kommt viel zusammen: Steine, Glasstücke, Moos, Schneckenhäuser, Flaschen, Äste, Rindenstücke, Blumen, eine Holzkiste, Metallteile und zwei Vogelköpfe (beide sind wahrscheinlich einem Raubvogel zum Opfer gefallen – wir schauen im Naturführer nach welche Vögel es waren: Kernbeißer und Amsel) usw. …

Wir bauen ein Schätzeregal im Garten auf und sortieren unsere Fundstücke ein. Wir interpretieren die Bibelstelle „vom Schatz im Acker", Mt. 13, 44–46. Darauf schließt sich ein philosophisches Gespräch über den Himmel an.

Die mittleren Kinder bringen uns aus der Bücherei das Bilderbuch „Mein Schatz" mit. Schätze finden sich im Kinderzimmer, auf dem Dachboden, vielleicht auf einer Insel oder in einer Höhle, in einem Burgverlies oder in Großmutters Sekretär. Im Kindergarten haben wir auch einen Dachboden – gibt es da auch Schätze –? Wir steigen auf den Dachboden, gehen auf Schatzsuche und entdecken jede Menge alte Koffer, eine Schaufensterpuppe und eine Kiste mit Kassettenbändern, ein Puppenwagen, ein Ofenrohr, Garderobenhaken und Matten.

Mit dem Schatz „Kassettenbänder" gestalten wir Bilder, die Koffer inspirieren zu einer „Geschichte aus dem Koffer". Die Geschichte wird in einem Buch festgehalten. Unsere alljährliche Veranstaltung „Kunst für Kinder" auf der Trimburg bietet sich an, die fertigen Werke auszustellen (siehe auch Präsentation). Um auch unsere einzelnen Steine ausstellen zu können, fertigen wir ein „Steinmuseum" aus Eierschachteln. Joy bringt noch einen großen Bergkristall für unser Steinmuseum mit. Dass Bergkristalle bis zu 6 m hoch werden können, das wissen wir schon.

Wieviel sind 6 Meter? Wir kleben Meterstreifen aneinander. Hannah bringt ein Stück Schiefer mit. Wir sprechen über den Begriff „Schiefer". Fortlaufend hören wir die Geschichte „Tatatuks Reise zum Kristallberg". Schon während der Geschichte beginnen die Kinder Wurzelzwerge zu tonen. Andere wollen einen Wurzelzwerg aus Filz fertigen. Wir schauen uns das Bilderbuch „Frederic" an. Die Maus Frederic ist ein Sammler. Sie sammelt besondere Schätze, Schätze, die man nicht kaufen kann.

Wir singen „Ich sammle Farben für den Winter..." und hören die Bibelstelle Mt. 6, 19–21: „Sammelt euch nicht Schätze auf Erden..." Diese Bibelstelle wird zum Thema unseres Sommerfestes. In verschiedenen Workshops für alle Kinder unter dem Titel „Schätze, die man nicht kaufen kann" kann das Thema hautnah erlebt werden.

5. Dokumentation

Die Dokumentation beginnt bereits mit der Projektfindungsphase. Szenen aus dem Freispiel, die bedeutend erscheinen, werden von uns fotografiert und das Tun näher beschrieben oder auch interessante Gespräche protokolliert. Bei den „Schätzesammlern" bringt Marie`s Vorschlag „wir könnten doch ein Edelsteinprojekt machen" die Wende und meine Beobachtungen richten sich nun auf das was folgt . Steht das Thema endgültig fest, dann stellen es die Kinder an der sog. „Projektwand" vor, indem sie ein Bild malen oder kleben, das sie mit dem Titel des Projekts und den Namen der Teilnehmer beschriften. Jeder Prozess, der folgt, wird nun in Wort und Bild festgehalten und hängt für Kinder und Eltern an dieser Wand. Jede Projektgruppe hat ihre eigene Wand (insgesamt haben wir 4 Projektwände für die laufenden Dokumentationen der unterschiedlichen Projekte). Vor diesen Projektwänden findet ein reger Austausch der Kinder untereinander statt, aber auch mit den Eltern.

6. Präsentation

Unsere Veranstaltung „Kultur für Kinder – Kunst im Kindergarten“, die alle zwei Jahre auf der Trimburg stattfindet, bietet sich an, das Projekt „Schätzesammler“ der breiten Öffentlichkeit vorzustellen und damit einen Einblick in unser pädagogisches Konzept zu geben.(Programm siehe nächste Seite)

Eine kleine Flötengruppe eröffnet die Vernissage, in der alle Kinderwerke ausgestellt sind. Stolz führen die Kinder ihre Eltern durch die Ausstellung und Eltern staunen über die Kompetenzen ihrer Kinder. In den angebotenen Workshops kann jeder Besucher auf Schatzsuche gehen und eigene Schätze herstellen. Zum Abschluss spielt das Kiga-Team das Theater „Steinsuppe“. Für das leibliche Wohl sorgen die Eltern mit Ausschank und Kaffee und Kuchen. Ein Kamerateam eines Schweinfurter Senders interviewt Kinder, Eltern und Erzieher. Die „Schatzhöhlenbilder“, entstanden aus den alten Tonbändern, stellen wir anschließend in unserem Schaufenster in der Innenstadt von Hammelburg aus.

Diese Veranstaltung hätte Abschluss des Projekts sein können. Für die Kinder ist sie jedoch noch Teil des Projekts. Sie planen ihre Präsentation selbst. Es gibt „Edelsteinkuchen“, Kaffee und Saft, die Tatatukgeschichte auf Kassette, Spiele mit Edelsteinen, eine PowerPoint-Präsentation mit vielen Fotos, eine Ausstellung der fertigen Werke und ein Flötenstück. Damit jeder Bescheid weiß, gestalten die Kinder ein Plakat für die Eingangstür und Einladungen für alle Eltern.

7. Reflexion mit den Kindern – lernmethodische Kompetenz

Nach der Präsentation ist das Projekt für alle Beteiligten abgeschlossen. Die Projektgruppe trifft sich ein letztes Mal, um zu reflektieren: „Was haben wir gelernt – und wie haben wir das gemacht? So lernen Kinder, über ihr eigenes Tun nachzudenken, die Aufmerksamkeit auf die eigenen Lernprozesse zu legen. Sie drücken mit eigenen Worten aus, was wir vielleicht Kreativität, Ausdauer, Konzentration, Umwelt- und Naturverständnis, Sprache- und Schriftkultur, Mathematik, Wertschätzung usw. nennen würden.

Programm:

11.00 Uhr Eröffnung der Vernissage

Ausstellungen:
- Schätze und Schatzkisten
- Schatzbilder
- Projektdokumentation „Schätzesammler"
- Gemeinschaftsarbeit Piratenschiff
- Geschichte aus dem Koffer

13.00 Uhr offene Werkstattangebote
- Schatzkiste gestalten
- Schätze ausgraben
- Perlenschmuck
- Malen an der Staffelei „Effekte mit Glitzerfarben"
- Fensterkristalle
- „Findedinger" Schätze rund um die Trimburg"

16.30 Uhr „Steinsuppe" – ein Theaterstück eine spannende Geschichte um Gefühle, Sorgen, Neugierde und List

Es ist Nacht. Ein alter Wolf nähert sich dem Dorf. Als er an die Tür der Henne klopft, ahnt man Schlimmes. Doch völlig unwölfisch will er ihr nicht ans Hühnerbein, sondern nur an ihren Kochtopf. Denn dem Wolf gelüstet nach Steinsuppe. Steinsuppe??? Was führt der denn im Schilde?

Bewirtung:
- Mittagessen: Steinsuppe
- Grillstand
- Kaffee und Kuchen

Portrait zeichnen mit Konrad Albert

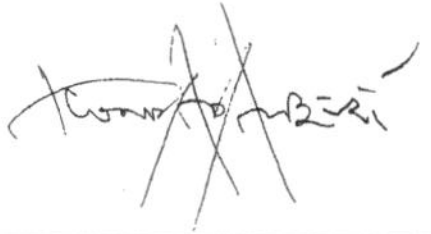

Abschließend sollen die Kinder noch einmal zu Wort kommen. Zu unserem Kindergartenbuch haben sie folgendes über Projektarbeit gesagt:

„Wenn man ein Projekt macht, dann kann man sich aussuchen, welches Projekt man macht. Da sagt die Erzieherin welches Projekt wir machen könnten. Wenn einer das Projekt machen will, dann stellt er sich zu dem hin und wer die meisten Kinder hat, dieses Projekt nehmen wir. Da macht man bestimmte Sachen über das Projekt. Wir machen jetzt ein Bücherprojekt. Wir besprechen die Sachen die wir machen. Da zeigen wir Bücher von daheim. Wir haben Bücher aus der Bücherei ausgeliehen. Wir haben sie angeguckt und vorgelesen. Wir waren auch in der Bücherei und haben uns „der Löwe, der nicht schreiben konnte" angeguckt und die Frau hat es uns vorgelesen. Auf der Leinwand hat man die Bilder gesehen. Da war die Anja da und hat uns ein Drachenbuch erzählt und wie das Buch gemacht wurde. Sie hat das Buch selbst geschrieben und den Drachen selbst gemalt. Wir wollen ein Buch machen über den Kindergarten. Das ist ein Sachbuch. Wenn jemand über sein Leben schreibt ist es eine Biografie. Wir haben schon über den Bauraum und über die Theaterwerkstatt und die Sachen, die es hier oben gibt, geschrieben. Wir wollen noch über die Erwachsenen, die Erzieherinnen, schreiben. Wir wollen noch sehen wie die Bücher gemacht werden. Und wenn noch Kinder in den Kindergarten kommen, dann können sie in unserem Kindergartenbuch gucken was es hier alles gibt. Wir fahren auch manchmal fort mit dem Zug oder Bus. Wenn das Projekt fertig ist machen wir einen Abschluss. Wir schmücken den Kindergarten und wir machen Kuchen oder Törtchen. Wir laden die Gäste ein mit Einladungen und ein Plakat. Dann kommen die Mamas und die Papas und die Omas und die Opas und feiern mit. Da legen wir unsere Projektsachen hin was wir alles gemacht haben. Bei der Feier zeigen wir Bilder auf der Leinwand. Dann essen und trinken wir Saft und Kaffee. Dann gehen alle heim und das Projekt ist abgeschlossen."

Ein Beitrag aus dem Kindergarten St. Peter und Paul, „Lernwerkstatt für Kinder" in 97762 Hammelburg/Westheim.

Maria Förster ist Leiterin und Fortbildnerin zum Thema Projekte.
Die Einrichtung arbeitet „reggio-orientiert";
Konsultationseinrichtung für Bayern 2009–2011.
Hospitation ist möglich.

VI. Öffnungen des institutionellen Rahmens

Sabrina Fenzl

Alterserweiterndes Arbeiten durch die Einrichtung einer Krippe – eine Herausforderung für alle

Im Folgendem möchte ich von der Integration einer Krippe in einem Offenen Kindergarten berichten und die Entwicklung aufzeigen, die in diesem Zusammenhang stattgefunden hat. Dazu gehören einerseits die Aufgaben der Vorbereitung, wie z. B. die räumliche Gestaltung, die Einrichtung des Krippenraums und die Erstellung eines Fragebogens und eines Elternbriefs und andererseits das sich durch vertrauenvolles Miteinander entwickelte pädagogische Konzept. Weiter wird die Zusammenarbeit zwischen den Kolleginnen der Krippe und des Kindergartens beschrieben. Ein Augenmerk soll auch auf Schwerpunkte der Krippenarbeit gelegt werden, wie das Erstgespräch, die Eingewöhnungszeit und der damit verbundene Beziehungsaufbau. Abschließend möchte ich mit einem kurzen Resümee enden.

1. Angaben zum Kindergarten

Der Stankt Nicolai Kindergarten Schlossstraße in Coppenbrügge, der unter kirchlicher Trägerschaft steht, wurde 2002 für 50 Kinder eingerichtet. 2008 kam eine Krippengruppe hinzu, woraufhin sich die Zahl der Kindergartenkinder geringfügig verringerte. Von Anfang an waren wir ein Offener Kindergarten und wollten es auch mit Krippenkindern sein. Unsere Leiterin kommt aus dem ersten evangelischen Kindergarten des Ortes. Sie kennt die offene Arbeit von Anfang an.

Die Einrichtung der Krippe erfolgte nach den niedersächsischen Richtlinien und Auflagen und erfüllt die gesetzlich vorgeschriebenen Rahmenbedingungen. In der Krippe wurden zunächst 10 Kinder betreut. Inzwischen werden in dieser Einrichtung 30 Kindergartenkinder in zwei Bezugsgruppen im Alter von 3–6 Jahren und 15 Krippenkinder im Alter von 1–3 Jahren betreut.

Die Räume verteilen sich auf zwei Stockwerke, wobei die Kindergartenkinder unten frühstücken und oben verschiedene Spielräume haben. Die Krippenkinder haben ihren Bereich im Parterre.

Die für alle Kinder bestehende Betreuungszeit geht von 8:00 Uhr bis 13:00 Uhr. Bei Bedarf kann eine Sonderöffnungszeit von 7:30 Uhr bis 14:00 Uhr genutzt werden.

2. Die wichtigsten Veränderungen

Zunächst zum Personal: eine Erzieherin aus dem bestehenden Team wechselte in die Krippengruppe, nachdem sie zuvor schon im Kindergarten die Betreuung der unter dreijährigen Kinder übernommen hatte. Die dadurch entstandene freie Erzieherinnenstelle im Kindergarten wurde neu besetzt. Als zweite Erzieherin für die Krippe wurde ich eingestellt. Ausschlaggebend dafür waren meine Erfahrungen, die ich bereits im Kleinkindbereich sammeln konnte. Das Erzieherinnenteam erweiterte sich somit von fünf auf sieben Personen.

Räumlich begannen wir mit unseren zehn Kindern in einem Raum, den wir durch die vorhandene sichtbare Fachwerkkonstruktion in einen Bewegungs-, einen Ess- und einen Kuschel- und Ruhebereich aufteilten. Im Bewegungsbereich wurden flexible Elemente aufgestellt, die ein großes Spektrum an Variationsmöglichkeiten bieten, um so den unterschiedlichen und wechselnden Bedürfnissen der Kinder gerecht zu werden. Trotz des nicht sehr großen Bewegungsbereiches wurde darauf geachtet, dass neben den Kletter-, Rutsch- und unterschiedlich hohen Krabbelelementen für die grobmotorischen Bewegungen immer ausreichend freie Bodenfläche zur Verfügung stand. Im Bereich, wo gefrühstückt und mittags gemeinsam gegessen wurde, standen zwei kleine Tische mit Sitzhockern, die der Größe der Kinder angepasst werden können sowie zwei Essbänkchen und ein Teewagen für Geschirr und die Taschen der Kinder. Ein Teil des Raumes, der mit Matten ausgelegt war, diente den Kindern als Rückzugsmöglichkeit: zum Ausruhen, zum ungestörtem Spiel, zum Betrachten von Bilderbüchern oder Spielzeug oder bei Bedarf zum Schlafen.

Bei der Anschaffung des Spielmaterials achteten wir darauf, dass es den Bedürfnissen der Kinder entspricht und in ausreichender Anzahl zur Verfügung steht, um möglichen Streit um Spielmaterialien vorzubeugen. Insgesamt kam es uns bei der Auswahl des Spielmaterials jedoch nicht auf Quantität, sondern auf Qualität an. Dazu zählt stabile Beschaffenheit und die Möglichkeit, das Material vielfältig zu nutzen, um den Spielthemen der Kinder gerecht werden zu können.

3. Kooperation zwischen Krippe und Kindergarten

Es wurden vielfältige Absprachen zwischen den Mitarbeiterinnen der Krippe und dem Kindergarten getroffen. In einem Haus, indem sich sowohl ein Kindergarten, als auch eine Krippe befinden, wird von den dort arbeitenden Kolleginnen ein hohes Maß an Flexibilität gefordert. Eine strikte Trennung zwischen Krippe und Kindergarten war nicht gewollt und unter dem Aspekt des Offenen Kindergartens auch nicht erstrebenswert. Auf der Grundlage dieser Kooperation kam Partizipation zum Ausdruck, wenn es darum ging, im achtsamen Miteinander ein gemeinsames Ziel zu verfolgen und den Weg dorthin gemeinschaftlich zu gestalten und zu leben.

3.1 Die Zusammenarbeit der Kolleginnen

Die Veränderung innerhalb des Kolleginnenteams und die Neueinstellung von zwei weiteren Kolleginnen war zunächst für alle eine Umstellung. Die Erzieherin, die in die Krippe wechselte, bekam eine neue Kollegin zur Seite, mit der es galt, sich als ein Team zu sehen und als solches zusammenzuwachsen. Auch die Erzieherin für die freigewordene Kindergartenstelle musste sich zunächst ins Team einfinden. Das haben wir gut bewältigt. Wir sind durch die täglichen Begegnungen und durch Dienstbesprechungen, Supervisionen und Studientage gut zusammengewachsen.

Uns ist es wichtig, dass jede Erzieherin für jedes Kind ansprechbar ist. So unterstützt z. B. eine Kindergartenerzieherin ein Krippenkind, das im Kindergartenbereich frühstücken möchte, eine Krippenerzieherin bietet einem Kindergartenkind Hilfe im Waschraum an; und im Außenbereich haben alle Erzieherinnen alle Kinder im Blick. Krippen- und Kindergartenkinder bilden mit den Erzieherinnen eine große Gemeinschaft.

3.2 Dienstbesprechung

In unseren Dienstbesprechungen planen und organisieren wir gemeinsam sowohl die gesonderten Aktivitäten von Krippe und Kindergarten als auch selbstverständlich alle die ganze Einrichtung betreffenden Feierlichkeiten und Angebote, wie z. B. Aktivitäten für Feste, Gottesdienste, Eltern-Kind Nachmittage, Fasching und den Laternenumzug.

Neben den organisatorischen Planungen und Absprachen wird in der gemeinsamen Dienstbesprechung über die pädagogische Arbeit gesprochen. Es ist hilfreich und z. T. unabdingbar, dass alle Erzieherinnen wichtige und benötigte Informationen bekommen, wie Unverträglichkeiten oder Krankheiten der Kinder, welche Kinder im Früh- oder Spätdienst sind ...usw. Gemeinsam werden Lösungen für pädagogische Erfordernisse gesucht, Beobachtungen ausgetauscht und reflektiert. Manchmal kommt es z. B. vor, dass sich ein Kind innerhalb der Krippe anders verhält als im Kindergarten, unabhängig davon, ob es sich um ein Krippenkind oder ein Kindergartenkind handelt. Zudem wird ausgetauscht, welche Interessen die Kinder zeigen. Dies ist wichtig für die Gespräche mit Eltern, um Kenntnis über die Bedürfnisse der Kinder zu haben und auch, um die Vorlieben, Spielgewohnheiten und Entwicklungsphasen in den Entwicklungsverläufen festhalten zu können.

3.3 Gemeinsam flexibel gestaltete Tagesstruktur

Im Außenbereich ist es so, dass flexibel entschieden wird, ob die Krippenkinder den ganzen Außenbereich nutzen oder in ihren „geschützten" Bereich gehen, der für die Kinder überschaubar ist und ihnen so Sicherheit und Ruhe zum Ausprobieren bietet. Diese Entscheidung hängt von verschiedenen Faktoren ab, z. B., wie lange die Kinder schon in der Krippe sind, wie sicher sie sich fühlen oder ob im Kindergartenbereich gerade Fahrzeuge genutzt werden oder nicht. Jedoch wird nicht immer für alle Kinder gleich entschieden. So kann es sein, dass einige Kinder bereits den ganzen Außenbereich nutzen und andere im „geschützten“ Bereich spielen. Die Kindergartenerzieherinnen sind darüber informiert, welche Kinder der Krippe den ganzen Außenbereich nutzen.

Das Mittagessen nehmen die Kindergartenkinder und die Krippenkinder jeweils für sich ein. Beim Frühstück besteht für alle Kinder das Angebot sowohl im Kindergartenbereich, als auch im Krippenraum zu frühstücken.

4. Schwerpunkte der Krippenarbeit

Für die Arbeit in der Krippe ist es genauso wichtig wie für den Kindergarten, sich eine Konzeption zu erarbeiten. Schwerpunkte und Ansätze der Arbeit werden dargelegt, um sie einerseits für die Eltern transparent zu machen und andererseits um eine für alle Erzieherinnen gemeinsame Basis zu schaffen. Natürlich lag das Konzept des Kindergartens Schlossstraße bereits vor und wurde zur Grundlage der Konzeption für die Krippenarbeit. Unsere Konzeption orientiert sich an entwicklungspsychologischen, pädagogischen und wissenschaftlichen Erkenntnissen, sowie eigenen Erfahrungen und verfolgt den in der Praxis bewährten Ansatz von Emmi Pikler (siehe Literatur am Schluss). Daraus ergeben sich folgende Schwerpunkte: das Erstgespräch, die Eingewöhnung, sowie die Pflege und Versorgung der Kinder, sowie das freie Spiel.

4.1 Erstgespräch

Vor der Eingewöhnungszeit werden die Eltern des Kindes zu einem „Erstgespräch“ eingeladen. Dieses findet nach der Betreuungszeit statt, so dass die Erzieherin ausreichend Zeit für die Eltern hat. Sie führt sie durch die Einrichtung und beschreibt die einzelnen Räumlichkeiten. Zudem wird auf wichtige Regelungen und Vorgehensweisen eingegangen, wie z. B. der Umgang mit Krankheiten der Kinder, der Tagesablauf, das Eingewöhnungsmodell unserer Krippe und die Wichtigkeit des Austauschs zwischen den Eltern und den Erzieherinnen. Mögliche Fragen und Wünsche von Seiten der Eltern werden geklärt und besprochen, damit bei der Eingewöhnung das Kind im

Vordergrund stehen kann. Das Erstgespräch dient also einerseits dem Austausch und der Informationsweitergabe zwischen Eltern und Erzieherin und andererseits dem Kennenlernen. Wenn Eltern und die Erzieherin offen und vertraut miteinander umgehen, ist auch der Einstieg für das Kind leichter. Die Eltern stellen die „Brücke" zwischen dem Kind und der Erzieherin dar.

Weil die Eltern nicht alle Informationen vollständig aufnehmen können, haben wir einen Elternbrief entwickelt (siehe Anhang). Darin wird in Kürze noch einmal das Vorgehen in der Eingewöhnungszeit beschrieben und diese als eine sehr wichtige Zeit herausgestellt. Dies gibt den Eltern die Möglichkeit, zuhause alles in Ruhe zu bedenken.

Zudem möchten wir den Eltern mit unserem Brief Sicherheit vermitteln: sie wissen nun genau, wie die erste Zeit gestaltet wird, wie die Eingewöhnung abläuft und wie sie sich ihrem Kind gegenüber verhalten können, um die Eingewöhnung in förderlicher Weise mitzugestalten.

Zudem geben wir den Eltern einen selbstentwickelten Fragebogen mit (siehe Anhang). Dieser ermöglicht es den Erzieherinnen, einen ersten Überblick über die Vorlieben und Gewohnheiten der Kinder zu bekommen und wichtige allgemeine Angaben zu Krankheiten und Unverträglichkeiten noch einmal in schriftlicher Form vorliegen zu haben. Zudem informiert der Fragebogen die Erzieherin darüber, welche Erfahrungen das Kind schon mit anderen Bezugspersonen und Einrichtungen gemacht hat, womit es gerade gerne spielt und wie und womit das Kind getröstet werden möchte und kann. All diese Informationen sind gerade für die Eingewöhnung sehr hilfreich. Zudem fragen wir gezielt nach Wünschen und Anregungen der Eltern an die Erzieherinnen und die Krippenzeit, denn Offenheit und eine gute Vertrauensbasis zwischen den Eltern und den Erzieherinnen ist wesentlich für das Gelingen der Eingewöhnung und der gesamten Krippenzeit des Kindes.

4.2 Die Eingewöhnung in die Krippe und der damit verbundene Beziehungsaufbau zur Erzieherin

Die Eingewöhnungsphase ist eine für unsere Einrichtung unabdingbare Zeit. Der Leitgedanke hierbei ist, dass sich das Kind seiner Persönlichkeit entsprechend und in seinem individuellen Tempo an die Erzieherinnen und die Einrichtung gewöhnt. Es soll ohne Zwang und Eile Vertrauen zu den Erzieherinnen aufbauen können. Erst wenn die Eingewöhnung erfolgreich verlaufen ist, kann das Kind in der Krippe ausgeglichen sein und neue Entwicklungsschritte gehen. Wann die Eingewöhnung als abgeschlossen angesehen werden kann, ist an verschiedenen Kriterien festzumachen. Das Eingewöhnungsmodell der Krippe im St. Nicolai Kindergarten Coppenbrügge orientiert sich an dem bewährten Berliner Eingewöhnungsmodell und ist dem Elternbrief zu entnehmen.

In dieser Zeit der Eingewöhnung entsteht die Basis für eine sichere und vertrauensvolle Bindung zwischen dem Kind und der Erzieherin. Erst wenn das Kind die Angebote der Erzieherin annimmt, aufgreift und in einen Kontakt mit ihr tritt, beginnt der Beziehungsaufbau.

Das Kind braucht in dieser ersten Phase auf jeden Fall aber noch die Eltern als „sicheren Hafen". Erst allmählich wird sich das Kind dann mehr und mehr der Erzieherin zuwenden und sich somit von der familiären Bezugsperson fortbewegen und lösen. Anfänglich wird die Pflege des Kindes noch von den Eltern übernommen. Erst wenn das Kind die Krippenerzieherin akzeptiert und eine Beziehung zwischen beiden hergestellt ist, übernimmt sie die Pflege.

An verschiedenen Kriterien erkennen wir, dass die Eingewöhnung erfolgreich verlaufen ist und abgeschlossen werden kann: das Kind lässt sich bereitwillig von den Erzieherinnen versorgen (z. B. füttern und wickeln), es kann die familiäre Bezugsperson ohne Schwierigkeiten nach dem Bringen gehen lassen, es lässt sich von der Erzieherin beruhigen und trösten und es wendet sich dem Spiel zu.

Uns ist wichtig, dass die Kinder gut in der Krippe ankommen und sich wohlfühlen. Doch nicht nur die Kinder brauchen Zeit. Manchmal brauchen auch die Eltern die Zeit der langsamen Trennung und das wiederholte Erleben, dass ihr Kind in der Krippe gut versorgt und betreut wird. Wir sehen neben dem Kind also auch die Eltern in dieser Situation als Lernende und gehen auf ihr Empfinden im angemessenen Umfang ein.

4.3 Die achtsame und beziehungsvolle Pflege und Versorgung des Kindes

Uns ist wichtig, dass ein neues Krippenkind nicht gleich von mehreren Erzieherinnen versorgt, gewickelt und getröstet wird, sondern am Anfang nur von der Erzieherin, die zu dem Kind Kontakt aufgenommen und zu der das

Kind Vertrauen gefasst hat. Erst wenn das Kind einige Zeit in der Krippe ist und auch die andere Erzieherin gut kennen gelernt hat, können beide Erzieherinnen das Kind gleichermaßen versorgen. Mit der Zeit bestimmt dann auch das Kind, von welcher Erzieherin es wann versorgt oder getröstet werden möchte. Das kann dann auch von Situation zu Situation unterschiedlich sein.

Das Wickeln wird bei uns nicht nur als eine notwendige Erledigung angesehen, sondern stellt für uns eine wichtige Beziehungszeit zwischen Erzieherin und Kind dar. Hier nimmt sich die Erzieherin Zeit für jedes Kind, sie stillt nicht nur ein Grundbedürfnis. Sie geht auf die Wünsche und Reaktionen des Kindes ein (z. B. ob das Kind lieber im Liegen oder im Stehen gewickelt werden möchte) und wartet die Bewegungen und Eigeninitiative des Kindes ab. Bevor sie eine Handlung ausführt, verbalisiert sie das Folgende, um dem Kind die Gelegenheit zu geben, sich selber einzubringen und mitzuhelfen. So bekommt das Kind das Gefühl, am Wickeln aktiv beteiligt zu sein. Besonders wichtig ist während des Wickelns der Blickkontakt mit dem Kind. Wir möchten, dass die Kinder das Wickeln nicht nur als eine passive und zu erduldende Versorgung eines ihrer Bedürfnisse erleben, sondern als eine gemeinsame Zeit mit der Erzieherin.

Neben dem Wickeln ist auch die Hilfestellung beim Essen ein wichtiger Punkt. Die Erzieherin sitzt immer auf Augenhöhe der Kinder mit ihnen am Tisch. Sie greift unterstützend jedoch nur dort ein, wo Hilfe benötigt und erwünscht ist. Kinder, die noch nicht alleine essen können, werden im individuell angemessenen Umfang unterstützt.

5. Interaktion/Partizipation zwischen den Krippen- und Kindergartenkindern

Die Möglichkeit, eine neue Altersgruppe in einem Haus zu integrieren, ist nicht nur ein ökonomischer Vorteil, sondern bringt eine Menge an Potential mit sich. Alle profitieren von dieser wechselseitig stattfindenden Interaktion. Kinder lernen und partizipieren voneinander und bilden nach einer Anfangsphase eine Spiel-, Lern- und Lebensgemeinschaft.

5.1 Krippenkinder in den Räumen des Kindergartens

Wir haben die Erfahrung gemacht, dass wenn sich die Krippenkinder in Bezug zu den Krippenerzieherinnen und dem Krippenraum sicher fühlen, sie von alleine neue Schritte wagen und explorieren wollen. Je nach Individualität eines Kindes erfolgt die Eroberung des Kindergartens und der weiteren Spielmöglichkeiten unterschiedlich schnell. Auch die Art, wie Kinder sich neuen Herausforderungen stellen, ist sehr unterschiedlich. Einige Kinder möchten zunächst an der Hand der vertrauten Erzieherin neue Räume erkunden, andere wagen sich alleine schrittweise immer weiter vor oder zusammen mit anderen Krippen- und/oder Kindergartenkindern. Es gibt aber auch Kinder, welche zunächst längere Zeit in den vertrauten Krippenräumen bleiben, um dann im Anschluss ohne Schwierigkeiten gleich den ganzen Kindergarten zu nutzen. Jedes Kind entscheidet selber, wann es wie den Kindergartenbereich erobern und erkunden möchte.

Allgemein kann ich sagen, dass die Krippenkinder die anderen Räume, die auf der gleichen Etage waren, sich nach und nach eigenständig erobert haben, hingegen die Räume der oberen Etage eher zusammen mit anderen in kleinen Schritten.

Wichtig ist uns, wenn Kinder in „ihren" Bereich zurückkommen und Sicherheit und Vertrautheit suchen, diese auch stets finden. Das kann sich z. B. darin zeigen, dass Kinder ihr Übergangsobjekt brauchen und an sich drücken, dass sie die Nähe zur vertrauten Erzieherin suchen oder ihren vertrauten und persönlich gewählten „Stammplatz" aufsuchen. Ist das Kind sich dieser Sicherheit wieder ausreichend bewusst, die Balance wieder hergestellt, wird es erneute Schritte wagen.

Später fühlen sich die Kinder dann in der gesamten Einrichtung sicher und haben Vertrauen zu den anderen Erzieherinnen aufgebaut. Sie können sich dann in allen Räumen frei bewegen, wobei die Kindergartenerzieherinnen darüber informiert werden, dass Krippenkinder in ihren Räumen spielen möchten.

Es kann aber auch Zeiten geben, in denen Räume für Krippenkinder nicht „geöffnet" sind, weil z. B. Projekte laufen oder gerade etwas gebaut, gestaltet wird, was den ganzen Raum erfordert. Hier müssen die Bedürfnisse der Kindergartenkinder gewahrt werden. Dafür ist es wichtig, dass die Erzieherinnen untereinander im Kontakt stehen und sich absprechen.

5.2 Kindergartenkinder im Krippenbereich

Nicht nur die Krippenkinder erobern und erkunden für sich die Spielmöglichkeiten und die Räume des Kindergartens und bauen Vertrauen zu den anderen Erzieherinnen auf, sondern auch die Kindergartenkinder haben den Wunsch, in der Krippe und mit den jüngeren Kindern zu spielen und zu erfahren, was dort los ist.

Dabei kann es vorkommen, dass Kindergartenkinder ebenfalls noch einmal erfahren und erspüren möchten, wie bestimmte Dinge sich anfühlen. „Nee, ich hab nie Windeln getragen, oder?" „Wie fühlt sich das an?". Sie möchten Dinge herausfinden und/oder noch einmal etwas nacherleben.

Ich möchte dazu kurz ein Beispiel anführen: ein Kind im Alter von 6 Jahren kam auf die Krippenerzieherin zu und wollte gerne wissen, wie es ist, aus einer Flasche mit Gummi-Sauger zu trinken. Es entwickelte sich ein Spiel, bei dem das Kind ein Lätzchen umgebunden haben und aus einer Flasche trinken wollte. Die Krippenerzieherin nahm diesen Wunsch des Kindes ernst und ermöglichte ihm das Trinken aus einer Flasche; für das Kind eine Erfahrung, die es von sich aus machen wollte. Die Erzieherinnen verweisen also nicht auf das Alter („du bist doch schon zu alt", „du kommst doch schon bald zur Schule, da macht man das nicht mehr" ... usw.), sondern nehmen die Wünsche des Kindes ernst. In diesem „geschützten" und sicheren Rahmen ist genau der richtige Platz, um solche Erfahrungen machen zu können und Dinge zu wiederholen und ihnen nachzuspüren.

Es findet also ein liebevolles Lernen statt: die Krippenkinder lernen von den Kindergartenkindern und, nicht zu unterschätzen, auch umgekehrt. Die Kindergartenkinder lernen den Umgang mit kleineren Kindern, entdecken oftmals in sich den Wunsch, den „Kleinen" zu helfen und ihnen etwas zu zeigen und bauen so ihre sozialen Fähigkeiten gegenüber jüngeren Kindern aus.

Doch es gibt natürlich auch immer wieder Momente, in denen ein solch offener Raum nicht oder nur sehr eingeschränkt möglich ist. Gerade wenn eine neue Krippengruppe entsteht, ein neues Kind in die Gruppe kommt oder Veränderungen in personeller oder räumlicher Hinsicht entstehen, haben wir Krippenerzieherinnen besonders gut darauf geachtet, was die Krippenkinder gerade brauchen und wie viel Raum den Kindergartenkindern in der entsprechenden Zeit eingestanden werden könnte. Es ist uns wichtig, dass die „Krippe" immer auch ein „sicheres Nest" für die Krippenkinder darstellt und vermittelt. Die Krippenkinder zeigen uns, wenn sie das eigene Spiel unterbrechen, keine weiteren Spiele aufnehmen, die Nähe der Erzieherinnen vermehrt suchen und sich eher zurückziehen oder es zu laut oder unruhig für sie wird, wenn etwas nicht stimmt. Solche Beobachtungen führen dazu, mit den Kindergartenkindern zu sprechen und sie zu bitten, woanders zu spielen.

5.3 Wechsel der Krippenkinder in den Kindergarten

Bevor ein Krippenkind in den Kindergarten wechselt, wird in der gemeinsamen Dienstbesprechung geklärt, in welche der Bezugsgruppen das Kind kommt. Das Kind wird individuell an den bevorstehenden Wechsel herangeführt und dieser auf seine Wünsche abgestimmt; einige Kinder möchten bis zum Wechsel den Krippenalltag miterleben, andere orientieren sich schon am „Rhythmus“ des Kindergartens, nehmen dort schon intensiv an Aktivitäten und Aktionen teil.

Einige Tage vor dem Wechsel geht die Krippenerzieherin mit dem Krippenkind zu der Erzieherin, in dessen Gruppe das Kind kommen soll, damit sich das Krippenkind ein „Zeichen“ aussuchen kann, also ein Symbol, mit dem z. B. die Garderobenhaken, Handtuchhaken und der Postkasten versehen ist. Dieses wird zum einen gemacht, damit das Kind das Gefühl bekommt, schon vor dem Wechsel einen neuen festen Platz für die persönlichen Dinge zu haben und zum anderen, um einer bewussten Interaktion zwischen Krippenkind und Kindergartenerzieherin Raum zu geben.

Das Krippenkind und die Erzieherin kennen sich natürlich bereits, doch wir haben festgestellt, dass dieses gemeinsame Zeichen aussuchen eine gute Gelegenheit ist, beide auf den bevorstehenden Wechsel aufmerksam zu machen. In den Tagen kurz vor dem Wechsel sprechen wir immer mal wieder in kleinen Sequenzen mit dem Kind und den anderen Krippenkindern über den bevorstehenden Wechsel. Am letzten Krippentag wird das Kind dann in der Krippe „verabschiedet“. Das wechselnde Kind weiß jetzt, dass es ein Kindergartenkind ist, uns aber jederzeit „besuchen“ kann und die Kinder natürlich auch weiterhin miteinander spielen können. Kinder, die die Einrichtung verlassen, bekommen zudem ihren Portfolio-Ordner mit, der zuvor noch einmal mit dem Kind angeschaut wird.

Am ersten Kindergartentag begrüßt dann die Kindergartenerzieherin das Kind und die Eltern und nimmt sich (bei Bedarf) Zeit für das Kind.

Durch die kooperative Arbeit von Krippe und Kindergarten klappen die Wechsel sehr gut und die Kinder freuen sich darauf ein Kindergartenkind zu werden. „Ich bin schon groß!" ist in diesem Zusammenhang zu hören. Eine neuerliche Eingewöhnungszeit im Kindergarten wird damit mit hoher Wahrscheinlichkeit hinfällig. Jedes Kind reagiert anfänglich unterschiedlich auf den Wechsel; einige Kinder kommen zunächst noch öfter in den Krippenraum, andere hingegen nur selten. Einige Kinder suchen auch nach dem Wechsel noch gelegentlich die Nähe ihrer bisherigen Bezugserzieherin, andere haben schon vor dem Wechsel selbstbestimmt eine neue Bezugserzieherin im Kindergarten gefunden. Ich beschreibe das so ausführlich, weil ein solcher Wechsel keine auf einen Tag festgelegte Veränderung ist, sondern ein Prozess, an dem sowohl Kolleginnen der Krippe, als auch des Kindergartens beteiligt sind. Das Kind bestimmt, in welchem Tempo es sich wohin orientiert und von der Krippen-Bezugsperson löst.

6. Eine spannende Zeit durch die Alterserweiterung in einem offenen Kindergarten

Wenn ich auf die zwei Jahre meiner Tätigkeit als Krippenerzieherin zurückschaue, dann möchte ich die enge Zusammenarbeit mit meiner Kollegin besonders hervorheben. Wir haben uns als ein Team verstanden, wodurch wir gemeinsam den Aufbau der Krippe gestalten und bewältigen und das Grundkonzept entwickeln konnten. Wir haben uns gegenseitig unterstützt, wenn z. B. die Eingewöhnung eines Kindes lief. Dann verschoben sich die Aufgaben dahingehend, dass die nicht eingewöhnende Erzieherin noch bewusster die gesamte Krippengruppe im Blick hatte, notwendige Informationen weitergab oder auch ein Kind der Kollegin wickelte – letzteres natürlich nur mit der Zustimmung des Kindes. So war der „Rücken frei", um sich intensiver dem neuen Kind zuzuwenden und es eingewöhnen zu können. Wir sagten uns auch immer Bescheid, wenn wir den Krippenraum verlassen haben. Die Verlässlichkeit, die für Kinder so wichtig ist, wurde auch für unsere Zusammenarbeit ein hoher Wert.

Ich sehe es als ein wertvolles Geschenk an, Kinder in dieser ersten und wichtigen Entwicklungszeit eine Zeit lang begleiten zu dürfen. Mir war es immer wichtig, dass die Kinder sich wohl und sicher in der Krippe fühlten und mich als eine verlässliche und liebevolle (Bezugs-)Erzieherin erleben konnten. Doch nicht nur die Kinder sind in der Zeit in vielen Bereichen gewachsen, sondern auch ich durfte „wachsen". Aus dem Vertrauen heraus, das die Leitung, die Kolleginnen und die Eltern in meine Arbeit hatten und der Tatsache, dass ich selber beständig dazulernen wollte und möchte, konnte ich in die Krippenarbeit mehr und mehr hineinwachsen und so persönlich bereichernde Erfahrungen sammeln.

7. Ausblick

Allgemein kann ich sagen, dass diese Zusammenarbeit und die mit der Krippe einhergehende Erweiterung der bestehenden Einrichtung für alle Kolleginnen eine spannende und herausfordernde Zeit war, die noch immer ihren Fortbestand hat.

Der Bedarf an Krippenplätzen ist gegeben, sodass die Zahl der Krippenkinder nach zwei Jahren nun von 10 auf 15 Kinder erweitert wurde und in jüngster Zeit weitere räumliche Veränderungen in der Einrichtung vorgenommen wurden. Auch die durch die Einführung der Krippengruppe veränderten Betreuungszeiten werden zunehmend in Anspruch genommen. So wurde zunächst die allgemeine Betreuungszeit bis zwölf Uhr für alle um eine Stunde verlängert. Auch gibt es immer mal wieder Anfragen, ob die Betreuungszeiten nicht noch weiter ausgedehnt werden könnten.

Es ist nicht nur bei uns, sondern auch in vielen anderen Krippeneinrichtungen viel in Bewegung und ich wünsche allen Leserinnen und Lesern, die bereits einen Krippenbereich aufgebaut haben oder noch dabei sind, viele tolle Erfahrungen, viel Motivation und Freude bei ihrer pädagogischen Arbeit mit den Kindern.

Literatur

Pikler, E., Tardo, A., u.a. (2007). Miteinander vertraut werden. Wie wir mit Babies und kleinen Kindern gut umgehen – ein Ratgeber für junge Eltern. 8. Aufl., Freiburg: Herder

Pikler, E. (2001). Laßt mir Zeit. Die selbständige Bewegungsentwicklung des Kindes bis zum freien Gehen. 3. Aufl., München: Pflaum

Laewen, H.-J. u. Andres, B. (1990). Ein Modell zur Gestaltung der Eingewöhnungssituation in Krippe und Tagespflegestellen. Berlin: INFANS

So geht's mit Krippenkindern. (2002). *Spot: Sonderheft der Fachzeitschrift für Erziehung „Kindergarten heute"*

Haug-Schnabel, G. u. Bensel, J. (2005). Grundlagen der Entwicklungspsychologie. Die ersten 10 Jahre. 6. Aufl., Freiburg: Herder

Sabrina Fenzl hat nach zwei Jahren Krippenerfahrung im evangelischen Kindergarten St. Nicolai in Coppenbrügge ihr Studium als Pädagogische Psychologin fortgesetzt und mit dem Master abgeschlossen.

Anhang

Es folgen im Anhang der Elternbrief und der Fragebogen.
St. Nicolai Kindergarten/Krippe Coppenbrügge Schlosstrasse

Liebe Eltern!

Bald ist es so weit. Ihr Kind kommt in die Krippe. Das ist für ihr Kind, aber sicher auch für Sie, ein wichtiger Schritt. Wir möchten mit Ihnen zusammen erreichen, dass dieser Übergang für ihr Kind und Sie so positiv wie möglich wird. Daher noch einmal schriftlich, wie die Eingewöhnungszeit aufgebaut ist. Wir sind auf ihre Mithilfe angewiesen und möchten die Eingewöhnung für alle zu einer stressfreien und entspannten Zeit werden lassen.

Das Ziel der Eingewöhnungszeit ist nicht, ihr Kind „schnell" in die Krippe zu führen, sondern das Kind seinem Bedürfnis entsprechend an die neue Einrichtung heranzuführen und ihm ein Gefühl von Sicherheit zu vermitteln.

Wir orientieren uns an dem Berliner Eingewöhnungsmodell.

Die Grundphase umfasst die ersten Tage, die eine gemeinsame Zeit mit ihrem Kind, Ihnen und einer Erzieherin vorsieht. Wir werden die Zeit zusammen im Gruppenraum verbringen, ohne einen Trennungsversuch vorzunehmen.

Der erste Trennungsversuch erfolgt frühestens am zweiten Tag der Eingewöhnung und sollte nicht viel länger als eine halbe Stunde dauern. Anfänglich verbleiben Sie bitte noch in der Einrichtung, um jeder Zeit bei Bedarf erreichbar zu sein.

Verläuft der Trennungsversuch gut, wird die Trennungszeit allmählich ausgedehnt, bis hin zu kurzen Sequenzen, in der Sie die Einrichtung verlassen können. Zudem wird nun auch die Pflege und gegebenenfalls das Füttern von der Bezugserzieherin übernommen.

Sollte hingegen das Kind den ersten Trennungsversuch nicht akzeptieren, wird er abgebrochen und einige Tage später wiederholt.

Hat sich Ihr Kind dann an die Erzieherinnen und die Einrichtung gewöhnt und lässt sich von uns versorgen, kann die Eingewöhnung als abgeschlossen angesehen werden. Es genügt für etwaige Notfälle Sie telefonisch erreichen zu können. Eine gelungene Eingewöhnung zeichnet sich z. B. dadurch aus, dass sich Ihr Kind nun von uns pflegen und trösten lässt.

Grundphase	Ab 2 Tag: erster Trennungsversuch	Stabilisierungs- u. Schlussphase
→ Das Kind verbringt zusammen mit der Begleitperson und der Erzieherin eine begrenzte Zeit im Krippenraum. Danach gehen beide zusammen nach Hause. → Es wird kein Trennungsversuch vorgenommen.	→ Die Begleitperson verabschiedet sich nach geraumer Zeit von dem Kind, verlässt den Raum, verbleibt aber in der Einrichtung. → Die Reaktion des Kindes bestimmt das weitere Vorgehen.	→ Die Trennungszeit wird stetig verlängert bis das Verlassen der Einrichtung gut verläuft. → Die Versorgung des Kindes übernimmt nun die Erzieherin. → Die Eingewöhnung ist abgeschlossen, wenn das Kind die Erzieherin völlig akzeptiert.

Hilfreiche Anregungen für Sie als Bezugs- und Begleitperson

Diese Anregungen sind nicht als starre Regeln zu befolgen, sie können Ihnen aber vielleicht helfen, die Eingewöhnung entspannter zu Erleben:

→ **Für die Zeit der Eingewöhnung:**

- Sein Sie für ihr Kind ein „sicherer Hafen“, zu dem es jederzeit zurückkommen kann.
- Bitte spielen Sie nicht mit ihrem Kind, um der Erzieherin die Möglichkeit zur Kontaktaufnahme zu ermöglichen/erleichtern.
- Um Eifersucht bei Ihrem Kind zu vermeiden, suchen Sie bitte nicht den Kontakt zu anderen Kindern.
- Auch ein Übergangsobjekt (ein für das Kind wichtiges und vertrautes Objekt, z. B. ein Kuscheltier, Schnuffeltuch oder ähnliches) ist sehr wichtig und hilfreich. Es vermittelt ihrem Kind Sicherheit und Schutz und ist zudem „ein Stück zu Hause“ für ihr Kind.
- Es ist hilfreich, wenn Sie sich ein kurzes, aber immer gleich bleibendes Verabschiedungsritual überlegen.

→ Ihre Aufmerksamkeit sollte nicht von anderen Dingen oder Kindern abgelenkt werden, sondern gehört ihrem Kind und der Erzieherin, kurz der Eingewöhnungszeit.

Bitte lassen Sie Ihrem Kind die benötigte Zeit und setzen Sie sich und ihr Kind nicht unter Druck. Alles hat seine Zeit, dass wissen Sie bestimmt auch aus eigener Erfahrung.

Wir freuen uns auf ihr Kind und die gemeinsame Zeit und wünschen Ihnen und ihrem Kind schon jetzt eine entspannte Eingewöhnungszeit.

Ihr Krippenteam

Liebe Eltern, dieser Fragebogen dient dazu Ihr Kind und seine Vorlieben besser kennenzulernen und kann den Mitarbeitern der Krippe helfen, gezielter auf Ihr Kind einzugehen und somit eine Atmosphäre zu schaffen, in der sich das Kind wohlfühlen kann.

Alle Ihre Angaben werden vertraulich behandelt und tragen wesentlich dazu bei, den Übergang Ihres Kindes in die Krippe zu erleichtern.

Allgemeine Angaben zu Ihrem Kind
Mein Kind ....
ist geboren am ....
und ist jetzt .... (Jahr und Monat).

1. Hat Ihr Kind irgendwelche
   a. Allergien,...
   b. Unverträglichkeiten,..
   c. Krankheiten/Beeinträchtigungen,.....................................
2. Gibt es etwas, auf dass die Krippenmitarbeiter besonders achten sollten?
3. Gab es im Leben Ihres Kindes besondere Ereignisse, von denen Sie meinen, dass sie für die Entwicklung Ihres Kindes besonders bedeutsam waren oder noch sind? (z. B. Trennung, Umzug, längere Krankenhausaufenthalte......o.ä.)?
4. Sind Ihnen Besonderheiten in der bisherigen Entwicklung Ihres Kindes aufgefallen?

Aktuelle Angaben zur Entwicklung Ihres Kindes

5. Womit beschäftigt sich Ihr Kind zurzeit besonders gerne/am liebsten?
6. Wann trägt Ihr Kind Windeln?
   ◦ gar nicht mehr,
   ◦ nur beim Schlafen,
   ◦ den ganzen Tag/dauerhaft
7. Haben Sie bereits mit der Sauberkeitserziehung/dem auf die Toilettegehen angefangen?

Kontakt ihres Kindes zu anderen Bezugspersonen oder Gruppen

8. Haben Sie mit Ihrem Kind bereits an altersentsprechenden Angeboten teilgenommen? (z. B. Krabbelgruppe, Babyschwimmen...)
9. Hat das Kind außer Ihnen noch weitere Bezugspersonen, die es betreuen? (z. B. Tagesmutter, Verwandte,.........).

Gewohnheiten, Vorlieben und Rituale Ihres Kindes

10. Hat Ihr Kind einen festen Tagesablauf, gibt es einen bestimmten Tagesrhythmus?
11. a. Haben Sie und Ihr Kind ein Ritual beim Essen? Wenn ja, welches?
11. b. Hat Ihr Kind bestimmte Essgewohnheiten?
12. a. Haben Sie mit ihrem Kind ein Ritual vor dem Einschlafen? Wenn ja, welches?
12. b. Hat Ihr Kind bestimmte Schlafgewohnheiten?
13. Hat Ihr Kind einen Gegenstand (z. B. Kuscheltier, Schnuffeltuch....), den es besonders liebt und bevorzugt? Wenn ja, was ist es und wie benennt es das Kind gegebenenfalls?
14. Wie beruhigten/trösten Sie ihr Kind? Was mag es, was gar nicht?

Wünsche/Anregungen

15. Haben Sie Wünsche an die Krippenmitarbeiterinnen und/oder die Krippenzeit?
16. Ist Ihnen für die Zeit Ihres Kindes in der Krippe etwas besonders wichtig?
17. Gibt es etwas, dass Sie uns gerne noch mitteilen möchten?

Wir danken Ihnen für die Beantwortung der Frage und freuen uns auf eine schöne Zeit mit Ihren/Ihrem Kindern/Kind in der Krippe!

Ihr Krippenteam

Margrit Schade-Didschies

Auch mit 145 Kindern sind wir ein Offener Kindergarten – Von der Bereicherung durch Krippengruppen

Unsere evangelische Kindertagesstätte St. Marien in Isenbüttel (bei Gifhorn) befindet sich seit mehr als dreißig Jahren in einem ständigen Wandel. Als wir mit der Öffnung vor etwa 20 Jahren begannen, wir verstanden uns damals bereits als Bewegungskindergarten, waren wir eine Einrichtung mit 120 Kindergartenkindern. Auf dem Weg zu einer offenen Einrichtung begegneten uns immer wieder neue Herausforderungen, z. B. eine sehr intensive Teamentwicklung, die Erarbeitung unseres Konzeptes, die erste Qualitätsentwicklung und Vieles mehr. Die größte Herausforderung bestand vor 17 Jahren darin, Kindern mit Benachteiligungen durch die Einrichtung einer Integrationsgruppe die gemeinsame Erziehung in einer offenen Einrichtung zu ermöglichen. Erleichtert hat uns bei dieser Entwicklung sicherlich, das die beiden ersten Kinder mit besonderem Förderbedarf bereits als Regelkinder in unserem Kindergarten waren. So mussten wir zunächst erst einmal herausfinden, wie wir ihren besonderen Bedürfnissen eher und besser gerecht werden konnten und welche Bedingungen dafür zu schaffen waren. Den Kindern waren das Haus und die offenen Phasen im Tagesablauf schon vertraut, und für uns wurde ihre Begleitung schon durch die Reduzierung der Gruppenstärke und eine zusätzliche Mitarbeiterin sehr erleichtert. Ganz wichtig war für uns aber auch die Unterstützung aus der Elternschaft. Die Eltern hatten gemeinsam mit uns bei der Kommune für die Einrichtung der Integrationsgruppe in unserem Kindergarten gekämpft und begleiteten unseren Beginn mit sehr viel Wohlwollen.

Als sich im Jahr 2004 immer deutlicher abzeichnete, dass der Bedarf an Krippenplätzen sehr stark an uns herangetragen wurde, mussten wir uns dieser neuen Herausforderung stellen.

Wichtig war uns, ***gemeinsam*** ein Konzept zu entwickeln, dass sich in unser bestehendes einfügen würde. Viele Fragen drängten sich auf und lösten auch Ängste aus.

1. Am Beginn einer neuen Herausforderung

- Werden wir in unserem großen Haus den Bedürfnissen so kleiner Kinder gerecht?
- Wer aus unserem Team fühlt sich in der Lage und ist bereit, sich auf diese Altersgruppe einzulassen?
- Wie können wir ein Offener Kindergarten bleiben?
- Wo gibt es einen geeigneten Raum, der eine geschützte Atmosphäre bietet?
- Wie schaffe ich einen Schlafraum?
- Wo bleiben Kinderwagen und Karren? usw., usw.

An einem Studientag wurde uns deutlich, wie groß die Verantwortung für uns alle sein würde und wie viele Aspekte, angefangen von der Bindungstheorie bis zur Eingewöhnungszeit, wir zu berücksichtigen hätten.

Es war wirklich schwierig abzuwägen, ob es uns gelingen würde, eine gute, den Kindern zuträgliche Krippe zu schaffen. Einig waren wir uns darin, dass wir nicht einfach einer Notwendigkeit folgen wollten, sondern den Qualitätsanspruch, den wir an den Kindergarten und die Hortgruppe hatten, auch für die Krippe erreichen wollten.

Wir schauten dann, auf welche Ressourcen wir zurückgreifen könnten. So fanden wir eine Kollegin mit langjähriger Erfahrung in der Kleinstkinderpädagogik, die es sich auch vorstellen konnte, sich dieser Aufgabe erneut zu stellen, und eine junge Kollegin, die bereit war, diese neue Herausforderung als Chance zu begreifen und anzunehmen. Das war für uns die entscheidende Vorraussetzung. Es wäre bei unserem Konzept, das die Beziehung als wesentlichste Richtschnur allen pädagogischen Handelns postuliert, undenkbar gewesen, Mitarbeiterinnen gegen ihre eigene innere Überzeugung zu dieser Aufgabe zu zwingen.

Auf drei Säulen konnten wir gemeinsam aufbauen, zum Einen auf ein durch ständig gepflegte Teamentwicklung sehr gutes, tragfähiges Team, zum Anderen auf die langjährige positive Erfahrung als Offener Integrationskindergarten und schließlich durch das mit der offenen Arbeit verbundene Konzept der Handlungsforschung.

Natürlich war die Entscheidung für eine Krippengruppe nicht umkehrbar, aber wir konnten in diesem Rahmen getrost sein, dass einmal getroffene Entscheidungen ständig überprüft und im Diskurs aller Beteiligten verändert oder verbessert werden könnten.

Wir sahen für uns auch viele Chancen darin, jüngere Kinder in eine eigene Gruppe aufzunehmen. So würden sie einen angemesseneren Rahmen finden als in einer altersgemischten Gruppe. Die Mitarbeiterinnen würden noch einmal durch gezielte Fortbildungen auf ganz speziellen Bedürfnisse sehr junger Kinder vorbereitet werden. Wir könnten durch einen frühen Kontakt zu den Eltern eine positive Beziehung aufbauen, die sich dann in den Kindergarten fort trägt. Die Kindergartenkinder bekämen die Chance, sich als groß und kompetent zu erleben, und für den Wechsel der Krippenkinder wäre der Übergang zum Kindergarten sicherlich einfacher.

Alle diese Vorüberlegungen, auch die Gewissheit, dass wir zu einer zustimmenden Haltung zur Einführung einer Krippengruppe gefunden hatten, vermittelte uns Sicherheit, auch in Verhandlungen mit der Samtgemeinde. Wir waren Agierende, nicht nur Ausführende.

Bei der Wahl eines geeigneten Raums zur Umgestaltung in einen Krippenraum musste ein Kompromiss gefunden werden, der sich auch danach richtete, wo noch ein Ruheraum und ein Materialraum/Kinderwagengarage angebaut werden konnten. Sehr schmerzlich war dann auch der Abschied der Ganztagsgruppe von ihrem Raum, denn das bedeutete für sie, künftig aufgrund der Größe des Raumes mit fünfundzwanzig Kindern statt zwanzig leben zu müssen. Dieses kleine „Privileg" hatten wir gerade den Ganztagskindern gegönnt. Hinzu kam eine veränderte Teamzusammensetzung, neue Kleinteams mussten zusammenfinden. Auch hier war es sehr hilfreich, dass wir uns durch eine enge Zusammenarbeit schon gut kannten .

2. Der Start in eine offene Arbeit mit Krippenkindern

Nach der Vorbereitungs- und Umbauphase ging es dann im August 2005 mit einer Krippengruppe mit zunächst 10 Kindern los. Über die ersten Erfahrungen aus der Sicht der Krippenmitarbeiterinnen wird noch anschließend berichtet. Ich will darstellen, wie sich die Erweiterung des Altersspektrums durch die Krippe auf uns Kindergartenerzieherinnen auswirkte.

Wir erlebten recht hilflos, wie sehr unsere Krippenkolleginnen in der Anfangszeit litten, wie sie letztendlich trotz aller Solidarität doch mit ihren Problemen auf sich alleingestellt waren und wir ihnen nichts abnehmen konnten. Unsere Hochachtung stieg aber mit jedem Tag, und auch heute sind wir der Überzeugung, dass die Arbeit in der Krippe an die Mitarbeiterinnen höchste Anforderungen stellt.

Das Zusammenwachsen zu einer offenen Einheit wäre ohne das Instrument der Handlungsforschung nur schwer zu bewältigen gewesen. Immer wieder zeigte sich in der Praxis, wo unerwartete Herausforderungen lagen. Ich möchte einige Beispiele dazu nennen:

Sehr bald waren einige Kindergartenkinder von den Jüngeren sehr fasziniert und wollten gerne mit ihnen in Kontakt kommen. Doch wie sollte dieser positive Impuls gesteuert werden? Wir trafen folgende Vereinbarung: wie schon im Kindergartenbereich bedeutete die geschlossene Gruppenraumtür Eintrittsverbot wie beim Morgenkreis, bei Angeboten für Kleingruppen, Gruppenfeiern usw. Die geöffnete Tür zur Krippe wurde durch ein Türgitter zusätzlich gesichert. In einem von den Krippenkräften festgelegten Zeitfenster – je nach der Gruppensituation – konnten Kindergartenkinder Kontakt zu den Krippenkindern aufnehmen, sei es durch Beobachten und kleine Gesten vor der Tür, sei es nach Rücksprache mit den Erwachsenen direkt im Raum. Vielen Kindern reichte es völlig, mal einen Blick in den Raum zu werfen, auch ältere Geschwister wollten sich offenkundig nur vergewissern, dass es dem Geschwisterkind gut geht. Der von uns befürchtete Andrang blieb aus, dafür war sehr schön zu beobachten, mit welcher Inbrunst sich einzelne Kinder den Kleinen zuwandten, mit wie viel Einfühlung und Umsicht sie sich den Kindern näherten und wie genau sie einzelne Entwicklungsschritte registrierten. Häufig ergab sich daraus so etwas wie eine Paarbeziehung, und die Großen wurden von ihrem Kind schon bald mit einem strahlenden Lächeln empfangen. Ein Junge antwortete auf die Frage, was ihm im Kindergarten gefalle: „...und am Schönsten finde ich, dass ich jeden Tag zu meinen kleinen Freunden darf.“ Immer wieder können wir beobachten, dass Krippenkinder gerade bei älteren Jungen mit sehr viel Power deren soziale

Kompetenzen geradezu herauslocken, wir erleben diese Kinder als liebevolle, einfühlsame und fürsorgliche Spielpartner der jüngeren Kinder.

Nach der Eingewöhnungszeit waren einige Krippenkinder sehr explorationsfreudig, besonders unsere Halle mit Aquarium und Kaufladen hatte es ihnen angetan. Hier konnten wir feststellen, wie stark sich die Kindergartenkinder zurücknahmen, den Krippenkindern den Vortritt ließen, ihren eigenen Bewegungsdrang zügelten. Ähnliche Beobachtungen konnten wir auch im Bewegungsraum machen. Hier entschieden wir uns aber für ein Probehandeln mit getrennten Benutzungszeiten, als die zweite Krippengruppe hinzukam. In der Reflexion stellten wir dann fest, dass es durch die unterschiedlichen Tagesabläufe immer eine Zeit gibt, in der der Bewegungsraum mehr von den Krippenkindern genutzt wird, und Zeiten, die den Kindergartenkindern allein zur Verfügung stehen. In den Übergangsphasen, die eine gemeinsame Nutzung des Bewegungsraums zuließen, haben wir positive Erfahrungen gemacht. Es entstanden für die Kindergartenkinder klare Zusatzregeln, z. B. immer Rücksicht auf die Jüngeren nehmen, abwarten und Verständnis aufbringen, wenn sich ein jüngeres Kind „vordrängelt“, bestimmte Bewegungsbedürfnisse, die Gefahren für die Kleinen bergen, auf später verschieben. Der hohe Grad an Akzeptanz hat uns positiv überrascht. Natürlich ging es nicht immer ohne Regelverstöße ab, und einigen Kindern fiel es sehr schwer, sich so stark selbst zu kontrollieren und zurück zu nehmen. Sie akzeptierten aber unsere Ermahnungen, und auch ein „Rausschmiss“ wurde hingenommen in der Gewissheit, wiederkommen zu können, wenn die Jüngeren das Feld geräumt hatten. Sicherlich war es bei solchen Problemen auch hier immer wieder hilfreich, dass durch die Rücksicht auf Integrationskinder sich ein Gefühl für Schwächere und deren besonderen Bedürfnisse entwickelt hatte.

Auf unserem großen Außengelände haben wir uns bis heute dagegen entschieden, bestimmte Bereiche für die Krippe abzugrenzen. Auch hier wurde der unterschiedliche Tagesablauf berücksichtigt. Die Vorstellung, dass zunächst mal der Sandspielbereich eine besonders hohe Bedeutung für die Krippenkinder bieten könnte, bestätigte sich. Es gab aber einen Bereich, der den Bobbycars und anderen Fahrzeugen der Krippenkinder vorbehalten war und Bereiche für die Fahrzeuge der Kindergartenkinder.

Ein wesentlicher Unterschied besteht bis heute in der Wahrnehmung der Aufsichtspflicht. Es ist im Kindergartenbereich ein erklärtes Prinzip, den Kindern Rückzugsmöglichkeiten zu schaffen, wo sie ungestört und unbeobachtet agieren können. Für Krippenkinder war diese Sichtweise nicht geboten. Trotzdem galt und gilt die Bewegungsfreiheit für alle Kinder, und so war es selbstverständlich, dass gemeinsam Verantwortung übernommen wurde. Schön anzusehen war für uns das gemeinsame Spiel von Krippen- und Kindergartenkindern. Es war für uns eine echte Entlastung.

3. Es kamen noch zwei weitere Krippengruppen hinzu

Die Nachfrage nach Krippenplätzen ist mittlerweile so groß, das wir nach der Einrichtung einer zweiten, auf das Pfarrgelände ausgelagerten Krippengruppe im ehemaligen Jugendheim und einem Um- und Anbau bei unserem Gebäude nun über drei Krippengruppen verfügen mit insgesamt bis zu 30 Krippenkindern. Die Kinder werden in einer Dreivierteltags- und zwei Ganztagsgruppen betreut. In jeder Krippengruppe arbeiten drei Erzieherinnen, in einer der Ganztagsgruppen vier, die sich das Stundenkontingent untereinander aufgeteilt haben und sich gegenseitig unterstützen und vertreten.

Die Gefahr, doch zwei Einrichtungen, Krippe und Kindergarten, unter einem Dach zu beherbergen, ist nicht von der Hand zu weisen, zumal es ja wirklich sehr unterschiedliche Anforderungen an die verschiedenen Gruppen gibt. Die Zahl der Mitarbeiterinnen im pädagogischen Bereich hat sich auf 25 erhöht, durch unterschiedliche Arbeitszeiten ist auch das kurze Morgentreffen nicht mehr für alle Mitarbeiterinnen möglich. Dieses direkte Zusammenkommen empfanden wir immer als wichtig, um wenigstens kurz über anstehende Aufgaben und auch persönliche Befindlichkeiten informiert zu werden. Jetzt müssen wir auf mittelbare Informationen durch die Vertreterinnen der einzelnen Gruppen zurückgreifen oder durch das Informationsbuch, das wir führen. Immer wieder versuchen wir nach dem hilfreichen Prinzip der Handlungsforschung, Probleme und Fragen, die uns bewusst gewordenen sind, so anzugehen, dass wir mit der gefundenen Lösung gut leben können. Dazu einige Beispiele:

Dienstbesprechungen werden so strukturiert, dass es einen gemeinsamen Beginn mit den Gesamtkindergarten betreffenden Themen gibt und sich danach die Kindergarten- und die Krippenmitarbeiterinnen trennen, um sich mit kindergarten- bzw. krippenspezifischen Themen zu beschäftigen. Wichtig sind dabei die Protokolle, um sich wechselseitig zu informieren. Auch bei den wöchentlich stattfindenden Treffen des Leitungsteams unserer Kita, das sich zusammensetzt aus der Leiterin, zwei Stellvertreterinnen aus dem Bereich des Kindergartens und einer Erzieherin aus dem Krippenbereich, kommt diese Struktur zur Geltung, weil es ganz klar ist, dass bestimmte Bereiche , selbst wenn sie wirklich nur die eine Gruppe betreffen, Auswirkungen auf das Ganze haben. In diesem Kreis arbeiten wir für das Gesamtteam vor, um einerseits gut informieren zu können, andererseits die Dienstbesprechungen und Studientage vorzubereiten.

Es ist sicherlich bei einer so großen Kindertagesstätte immer schwierig, eine gute, vertrauensvolle und von gegenseitiger Akzeptanz getragene Arbeitsatmosphäre zu schaffen. Dies konnte und kann nur gelingen durch die langjährige gute Zusammenarbeit, eine verständnisvolle Aufnahme und Begleitung neuer Mitarbeiterinnen und die Offenheit, neue Aufgaben als spannende Herausforderung anzunehmen.

Natürlich sind wir auch auf Grenzen der Gemeinsamkeit gestoßen. So mussten sich unsere Krippenmitarbeiterinnen nach einigen Fehlversuchen damit abfinden, dass selbst eine zeitweise Teilnahme an unseren See- und Waldwochen die Kinder überforderte. Die Gottesdienste werden jetzt mit den Eltern-Kindgruppen als Krabbelgottesdienste gefeiert.

Es gibt auch Konfliktbereiche, die durch bauliche Gegebenheiten begründet sind. So ist der Flur der einen Krippengruppe Durchgangsbereich sowohl zur Küche als auch zur Cafeteria, zu den Erwachsenentoiletten und zum Bewegungsraum. Dieser Konflikt lässt sich nicht vollständig lösen, aber durch sehr viel Rücksichtnahme mildern.

Ein positives Beispiel noch zum Schluss meines ersten Teils:

Seit zwei Jahren gestalten wir in der Adventszeit unsere Halle folgendermaßen um: Es steht ein großer, ungeschmückter Tannenbaum im Raum, an einem Tisch gibt es täglich verschiedene offene Angebote (vom Baumschmuck und Geschenke basteln über Back- und Spielangebote), die reihum von den einzelnen Gruppen für alle geplant und durchgeführt werden.

Es gibt auch eine gemütlich gestaltete Leseecke mit vorweihnachtlichen und weihnachtlichen Bilderbüchern, die zum Verweilen einladen. Erstaunlich ist für uns, wie viel Ruhe in diesem großen Raum herrscht, wie interessiert die Kinder, ältere wie jüngere schauen, ob es etwas für sie zum Mitmachen gibt. Erstaunlich ist auch, mit welcher Geduld die meisten Kinder warten können, bis sie an die Reihe kommen.

Wenn wir feststellen, dass dieses Adventsangebot von den Kindern nicht mehr so gut angenommen wird, werden wir wieder durch Handlungsforschung, die eine Befragung der Kinder mit einschließt, zu einem neuen Probehandeln kommen.

Wir Mitarbeiterinnen des Kindergartens fühlen uns durch die Krippengruppen sehr bereichert. Wir dürfen ihren Entwicklungsprozess über einen längeren Zeitraum begleiten und uns gezielter auf unsere zukünftigen Kindergartenkinder vorbereiten. Wir kennen die Kinder beim Namen und haben schon einige ihrer Vorlieben erfahren. Unsere Kolleginnen haben uns auch schon teilweise auf spezielle Bedürfnisse eines Kindes hingewiesen. So war es sehr wichtig und hilfreich für die Eltern eines autistischen Kindes und uns, dass wir gemeinsam mit der Frühförderin einen guten Übergang zu einem von uns übereinstimmend beschlossenen Zeitpunkt ermöglichen konnten.

Wir sind für die Krippenkinder keine völlig Fremden mehr. Erstaunlich, wie gut sie uns schon beobachtet haben. Das wird den Übergang sehr erleichtern. Wir haben dadurch mehr Raum und Zeit für die Kinder, die neu in die Einrichtung kommen und für deren Eingewöhnung. Und letztlich ist der Start ins neue Kindergartenjahr wesentlich vereinfacht, weil vielen Kindern Personen, Räume und Regeln vertraut sind.

4. Erfahrungen der Krippenerzieherinnen der ersten Gruppe

Die beiden Krippenerzieherinnen gingen sehr motiviert und mit dem Gefühl des Getragenwerdens vom Team an ihre neue Aufgabe heran. Es wurde noch eine junge Kollegin eingestellt, die sie mit auswählen konnten.

Dann kam mit den ersten Wochen die Praxis, die fast alle gründlichen Vorüberlegungen durcheinander wirbelte. Es gab so viel auf einmal zu bewältigen. Die Eingewöhnung mit acht sehr jungen Kindern unter zwei Jahren, die sich sprachlich noch nicht mitteilen konnten, war eine totale Überforderung. Das Gefühl, den Bedürfnissen der Kinder nicht ausreichend genügen zu können, war eine als niederdrückend empfundene Erfahrung, zumal sich hier ganz deutlich herausstellte, dass die Krippenerzieherinnen mit diesem Problem wirklich auf sich alleingestellt waren. Ihnen konnte niemand von außen helfen, sie mussten sich selbst einlassen auf den Beziehungsaufbau und die Einfühlung in das einzelne Kind. Auch Hinweise von Eltern halfen oft nicht weiter, weil die Kinder in der für sie neuen, unbekannten Situation häufig ganz anders reagierten, als die Eltern vermutet hatten. Die Eltern selbst waren in der auch für sie neuen Situation sehr verunsichert und hätten oft gern jemanden gehabt, der sich für sie genügend Zeit nehmen konnte. Die Schere zwischen dem Anspruch, jedem einzelnen Kind und seinen Bedürfnissen gerecht zu werden und der Wirklichkeit mit ihren begrenzten Möglichkeiten klaffte immer weiter auseinander. Das Gefühl des Verlassenseins verstärkte sich noch durch die geschlossenen Türen und die Krippenerzieherinnen fühlten sich regelrecht eingesperrt. In dieser Zeit flossen einige Tränen, und die Erzieherinnen fürchteten zu scheitern.

In der so schwierigen Anfangsphase war es für die Mitarbeiterinnen ganz wichtig, immer wieder von unserer Leiterin getröstet zu werden, die auch die Eltern teilweise auffing. Auch erhielten sie Anteil nehmende Signale von den anderen Mitarbeiterinnen und das Angebot, dort zu unterstützen, selbst mit Kleinigkeiten, wo es möglich war. Der Respekt und die Anerkennung, die ihnen entgegengebracht wurden, ermutigte sie schließlich, ganz offen über ihre Probleme zu sprechen. Dennoch mussten sie diese Phase letztlich allein durchstehen.

Die Situation wurde erträglicher, als nach ca. 12 Wochen behutsam die ersten Schritte zur Öffnung gewagt wurden. Das Öffnen der Gruppenraumtür, gesichert durch ein Türgitter, ein erster Blick in die Welt hinter dem Schonraum weckte die Neugier der Krippenkinder. Einige zeigten sich ganz fasziniert, andere zogen sich in ihre vertrauten Spielbereiche zurück. Nach und nach begleitete eine der Krippenerzieherinnen einzelne Kinder, die deutlich aus dem Gruppenraum strebten, in die Halle, die mit ihrem Aquarium einen großen Anziehungspunkt bildete. Als später noch ein Kaufladen eingerichtet wurde, lockte er wieder andere Krippenkinder an. Ein an die Halle angrenzender kleiner Bauraum (ca. 12 m^2) forderte wiederum den Forscherdrang anderer Kinder heraus. Wichtig war die Begleitung durch eine der Bezugspersonen.

Ermutigt durch diese Erfahrungen wagten die Erzieherinnen den nächsten Schritt: sie gingen mit den Kindern in den großen Bewegungsraum. Was sie hier erlebten, hat eine neue Sichtweise für uns alle hervorgerufen. Der Bewegungsraum war von Anfang an ein Lieblingsort der Krippenkinder. Fast alle waren von der Größe und Weitläufigkeit begeistert und kaum wieder zu bewegen, zum Essen in den Gruppenraum zurück zu kehren. Hier konnten auch die Kindergartenkräfte unterstützend einwirken, indem eine Kollegin in den Bewegungsraum ging. So konnte sich eine Krippenkollegin um das oder die Kinder im geschützten Gruppenbereich kümmern, die Ruhe brauchten oder genug hatten.

Im Bewegungsraum wurde im Laufe der Zeit viel experimentiert: Zeiten, die nur den Krippenkindern vorbehalten waren, gemeinsame Phasen mit einer begrenzten Zahl von Kindergartenkindern usw. Wie schon geschildert, sind diese Beschränkungen weitgehend aufgehoben, nur bei Angeboten speziell für bestimmte Altersgruppen bleibt der Zugang zum Bewegungsraum den Kindern vorbehalten, die dieses Angebot wahrnehmen.

Nach gut einem halben Jahr folgten die Ausflüge in den Kindergartenbereich durch den Besuch der einzelnen Gruppen. Die Krippenkinder erforschten die darin angebotenen Spielmöglichkeiten. Schließlich begleiteten die Krippenerzieherinnen ihre Kinder zu ersten gemeinsamen Angeboten, die für jüngere Kinder geöffnet waren.

Eine ganz wichtige Erfahrung stellte die zeitweise Öffnung der Krippengruppe für Kindergartenkinder nach ca. 4 Monaten dar. Hier nahmen wir uns mit dem Regulieren bereits zurück, und es lief nach dem Prinzip der Selbstregulierung. Es kamen nur die Kinder, die wirklich interessiert waren und sich offenkundig schon auf die jüngeren Kinder durch Vorsicht und Rücksicht einstellen konnten. Sie waren eine Bereicherung für die Krippenkinder, weil sie andere Spielangebote machen als Erwachsene. So entstanden sehr intensive, liebevolle Kontakte, die für die Erwachsenen entlastend wirkten. Es war aber auch schön für die Erwachsenen zu beobachten, wie sich einige Kinder ihre frühkindlichen Spielerfahrungen bewusst zurückholten.

Diese Erfahrungen haben nicht nur das Gefühl der Krippenerzieherinnen bestärkt, wieder in einem für alle gemeinsamen Kindergarten zu leben und zu arbeiten, sie gehörten wieder ganz dazu. Sie halfen schließlich sehr dabei, als die Erweiterung auf eine zweite und schließlich dritte Krippengruppe an uns herangetragen wurde.

Ganz wichtig war uns, dass immer eine Kollegin, die in der Krippe den ganzen Entwicklungsprozess mitgemacht und die Erfahrungen mit der allmählichen Öffnung miterlebt hatte, das neue Gruppenteam begleiten konnte. Das bedeutete aber auch immer wieder Abschied zu nehmen von den Kindern und vom vertrauten Gruppenteam, um die neuen Kolleginnen in die von uns entwickelten Strukturen einzuführen, und es erforderte, sich immer wieder auf eine Beziehungsentwicklung mit neuen Mitarbeiterinnen einzulassen.

Wir haben die Erfahrung gemacht, dass es besser ist, sich von einigen wieder zu trennen, weil sie nicht das Gespür für die Kinder dieser Altersgruppe entwickeln konnten oder mit unseren pädagogischen Ansprüchen nicht zurechtkamen. Dieses ist natürlich sehr belastend und konnte nur durch gegenseitige Unterstützung und Bestärkung aufgefangen werden.

Nach den schweren Anfängen ist es schön, wieder in der Gemeinschaft „St. Marien Kindertagesstätte" verankert zu sein und noch eine ganze Weile die weitere Entwicklung der Kinder im Kindergartenbereich mitverfolgen und beobachten zu können.

Margrit Schade-Didschies ist stellvertretende Leiterin in der Kita St. Marien in Isenbüttel und Mentorin für Psychomotorik in der Ev.-luth. Landeskirche Hannovers/Diakonisches Werk.
Hospitationen sind erwünscht.

Gerhard Regel und Corvinus-Team

Ein Offener Kindergarten wird zu einem Familienzentrum – Wie sich die bisherige Arbeit fortsetzt und erweitert

Mit dem nachfolgenden Text berichte ich von der Ev. Corvinus Kindertagesstätte in Hannover-Stöcken, die sich am Stadtrand im Nordwesten in einem sozialen Brennpunkt befindet. Der Kindergarten hat sich in den letzten 20 Jahren durch seine multikulturelle Zusammensetzung mit bis zu 20 Nationen, durch seine offene Pädagogik und durch die Aufnahme von acht Kindern mit anerkanntem heilpädagogischen Förderbedarf zeitgemäßen Entwicklungen gestellt. 2006 ergab sich dann kurzfristig die Entscheidung, den Ganztagskindergarten zu einem Familienzentrum zu erweitern. Das ermöglichte eine Planung der Stadt Hannover, die bisher in 19 Stadtteilen ein solches Zentrum anregte und unterstützt. Alle großen Träger von Kindertageseinrichtungen sind daran beteiligt.

1. Die Beziehung zu Kindern und Eltern als Grundlage

Für das Stöckener Corvinus-Team war die Chance, ein Familienzentrum zu werden, die logische Weiterentwicklung eines offenen Hauses im Stadtteil. Im Bewusstsein, dass ein Großteil der Kinder aufgrund einer schwierigen häuslichen Lebenslage stark entwicklungsgefährdet ist und nach den Ergebnissen der PISA-Studie zur Risikogruppe der leistungsschwachen Schüler gehört, fand schon seit längerem eine familienzentrierte Arbeit statt. Stärkend waren in diesem Zusammenhang die Erkenntnisse der Resilienzforschung, wonach ungünstige Ausgangsbedingungen nicht zwangsläufig schlechte Prognosen darstellen. So konnten zwei miteinander verknüpfte Linien verfolgt werden: Stabile Beziehungen zum Kind und stabile Beziehungen zu seinen Eltern. Die Erfahrung zeigt, dass ein solcher gelingender Anfang für die gesamte Kindergartenzeit tragend bleibt. So ist schon bei der Anmeldung und während der Eingewöhnungszeit jede Familie herzlich willkommen. Ihr Kind wird geschätzt, respektiert und anerkannt als einzigartige Person mit seiner individuellen Sichtweise der Welt und seiner besonderen Art der Weltaneignung (s. Bericht aus der Corvinus-Kita in G. Regel „Plädoyer für eine offene Pädagogik der Achtsamkeit", S. 75ff.).

Während der gesamten Kindergartenzeit sind Eltern partnerschaftlich eingebunden. Das gilt besonders für die Projektarbeit, die als ein wichtiger Schwerpunkt der pädagogischen Arbeit gesehen wird. Über Dokumentationen der Projekte, Kindertagebücher, Hospitationen und durch regelmäßige Gespräche bekommen die Eltern Einblicke in den Alltag ihrer Kinder. Durch Elternfrühstück, Teestube, Werkstattangebote, Elternbeiratsarbeit, Feste und Ausflüge besteht Gelegenheit, sich gegenseitig kennen zu lernen.

2. Die Bedingungen für eine Weiterentwicklung sind optimal

Um den ungleichen Entwicklungs- und Bildungsverläufen von Kindern entgegenzuwirken, orientiert sich die Corvinus-Kita stark an der basisdemokratischen, kindzentrierten Pädagogik aus Reggio-Emilia. Öffentliche Kindererziehung wird dort als gemeinschaftliche Aufgabe von Eltern, ErzieherInnen und BürgerInnen der Stadt verstanden. Die Einrichtungen der Kinder sind nicht nur Orte für Kinder, sondern auch Treffpunkt für die gesamte Bevölkerung und somit tragende Stätten des öffentlichen und kulturellen Lebens. Diese Philosophie wurde zur Grundlage des Umdenkens und schon vor der Einrichtung des Familienzentrums umgesetzt. Das Angebot der Stadt kam der Einrichtung entgegen und bot die Chance, über Beratungsangebote und den Ausbau von Bildungsangeboten auf diesem Weg weiterzugehen. So soll für Kinder über eine vertiefende Elternarbeit ein verbessertes Umfeld entstehen und für Eltern zugleich eine Entwicklung in eine sichere stadtteilbezogene Gemeinschaft und Kultur.

In diesem Zusammenhang darf die Öffentlichkeitsarbeit nicht unerwähnt bleiben. Die Kita öffnet sich der Kirchengemeinde mit Gemeindehaus und Kirche und dem Stadtteil. Es gibt verschiedene Arbeitskreise, in denen der Kindergarten vertreten ist, darunter auch das Kinder- und Jugendforum Herrenhausen-Stöcken. Das Bemühen um zeitgemäße Pädagogik wird durch Ausstellungen, Feste, Kunstmärkte u. a. öffentlich gemacht, ebenso durch Pressearbeit und Artikel in Fachzeitschriften.

Die Kita ist im Stadtteil durch die Teilnahme an Festen und in verschiedenen Formen aktiv, durch Vernetzung mit Schulen, sozialen Einrichtungen u.a. und durch regelmäßige Erkundungstouren mit den Kindern.

2006 beteiligte sich die Kita an einer Ausschreibung und Preisverleihung („Dreikäsehoch 2006") der Bertelsmannstiftung zum Thema „Jedes Kind mitnehmen – Bildungschancen für Kinder aus sozial benachteiligten Familien". Es kam zu 180 Einsendungen. Die Corvinus-Kita zählte zu den Finalisten und belegte den 3. Platz. Folgende Profilmerkmale wurden in diesem Zusammenhang herausgestellt:

- Ausgeprägter inklusiver, interreligiöser und interkultureller Ansatz;
- Teamqualifizierung, Kita als lernende Organisation, Familienzentrum;
- Beziehungs- und Resilienzförderung; umfassende Partizipation von Kindern;
- Differenzierte Projektarbeit und Projektdokumentation;
- Erziehungs- und Bildungspartnerschaft und Mitarbeit von Eltern.

3. Zu den Rahmenbedingungen eines Familienzentrums in Hannover

Die Stadt Hannover hat Qualitätskriterien entwickelt. Sie sollen eine verbindliche Leitlinie für den Entwicklungsweg von der Kita zum Familienzentrum sein und umfassen auch die Fortbildung von Mitarbeiterinnen und Selbstevaluation.

In Anlehnung an die englischen Erfahrungen des Early-Excellence Ansatzes sollen die Familienzentren vielfältige bedarfsgerechte Angebote für die ganze Familie anbieten. Dazu zählen Babygruppen, Sprachkurse, Beratungsangebote zu vielfältigen Lebensfragen, verschiedene Angebote zur Gesunderhaltung und die Möglichkeit zur Beteiligung an (inter)kulturellen und freizeitpädagogischen Angeboten für Eltern und Kinder. Elterncafes sollen die Möglichkeit bieten, sich über Angebote zu informieren, Kontakt zu knüpfen und sich aktiv zu beteiligen. Alle Angebote des Familienzentrums sollen Eltern und Bewohnern des Stadtteils offen stehen.

Zur Finanzierung stehen € 25.000,- pro Jahr für Personalkosten zur Einrichtung einer Koordinationsstelle mit 19,25 Stunden zur Verfügung, außerdem € 15.000,- pro Jahr für Sachkosten. Zusätzlich übernimmt die Stadt Entwicklungskosten für Werbematerial und Werbung über Einleger in Stadtteilzeitungen, Türschild, Gesamt- und Einrichtungslogo und Broschüren. Weiterhin wird eine halbe Stelle Fachberatung auf Stadtebene zur Koordination des Fachprogramms finanziert.

Qualitätssicherung wird durch jährliche Sachberichte der Familienzentren, Sachberichte des Jugendhilfeausschusses, Wirksamkeitsuntersuchung durch eine wissenschaftliche Begleitung der FHS Hannover ab 9/2009 und trägerübergreifende Zusammenarbeit angestrebt, was fachberaterische Begleitung und deren Qualifizierung im Rahmen der Multiplikatorenschulung des EEC e.V., Berlin zu Beratern für Early-Excellence einschließt.

Die Qualitätskriterien sind ein umfangreiches Papier mit differenzierten Ansprüchen. Es wirkt erschlagend, wenn die Anforderungen mit dem finanziellen Rahmen in Verbindung gebracht werden. Zugleich besteht eine gute Basis, die zu einer angemessenen einrichtungsbezogenen Umsetzung in Verbindung mit den räumlichen Bedingungen führen kann. Finanzielle Mittel für bauliche Erweiterungen von Bildungsräumen sind nicht vorgesehen.

4. Schwerpunkte, die sich in der Zwischenzeit herausgebildet haben

In einem ansprechenden Flyer werden die Aufgaben und Angebote des Familienzentrums unter 5 Akzenten konkretisiert: Betreuung und Erziehung, Bildung, Beratung, Freizeitangebote und Netzwerkarbeit.

Während der erste Punkt die (früh)kindliche Entwicklung und Bildung und die dazugehörige Elternzusammenarbeit umfasst, verbinden sich mit den weiteren Punkten Familienangebote, die über die übliche Zusammenarbeit hinausgehen. Folgendes hat sich bewährt:

- **Ausdrucksmalen, Malen zur Entspannung**
  Das Angebot von 1 ½ Stunden pro Woche richtete sich an Eltern und wurde zu einem ständigen Kurs für Mütter, die meisten mit Migrationshintergrund. Die Leitung wird von einer erfahrenen Kunsttherapeutin und einer Erzieherin mit Weiterbildung zur Kunsttherapeutin wahrgenommen. Der Schwerpunkt ist das Ausdrucksmalen, um sich so bildhaft zu zeigen und in gehaltener Atmosphäre eigene Schritte zu gehen. Es ist eine Zeit, die die Mütter ganz für sich haben, so dass sie zur Ruhe und zum Gespräch kommen und gestärkt in die Familie zurückkehren. Kinderbetreuung findet während dieser Zeit von 15.30–17.00 Uhr durch den Kindergarten statt.

- **Baby – Treffen**
  Es findet einmal pro Woche für 1 ½ Stunden am Vormittag statt. Zunächst war an das Alter 0–16 Monate gedacht. Es erweiterte sich auf 0–28 Monate, weil Mütter dabeibleiben wollten. Die Ev. Familienbildungsstätte unterstützte diese Arbeit. Inzwischen leiten zwei Erzieherinnen die Treffen. Diese Treffen erfolgen in lockerer Atmosphäre, dienen dem Austausch und können auch für Beratung genutzt werden.

- **Vor – Kindergarten – Gruppen I und II**
  Sie finden jeweils für 90 Minuten einmal wöchentlich mit drei Blöcken im Jahr für Kinder zwischen dem 2. und 3. Lebensjahr statt. Jede Gruppe wird von etwa 10 Kindern mit einem Elternteil und teilweise auch Geschwistern besucht. Das Leitungsteam setzt sich aus einer Dipl.-Heilpädagogin und der türkischen Stadtteilmutter zusammen. Bewährt hat sich eine feste Struktur mit einer Begrüßungsrunde im Sitzkreis mit Liedern, Fingerspielen o. Ä. Dann schließt sich eine gemeinsame Spielzeit im Bewegungsraum an und eine weitere in einem Gruppenraum, der jede Woche gewechselt wird. Hier findet dann freies Erkunden statt oder ein vorgegebenes Spiel- oder Kreativangebot für Kind und Elternteil. Danach folgt eine gemeinsame „Kaffeezeit". Getränke kommen vom Haus, die einzelnen Familien beteiligen sich einmal mit Keksen, Kuchen oder Obst. Den Abschluss bildet ein Liedritual.

Diese Gruppen haben sich sehr bewährt, weil eine Vertrautheit der Kinder und Eltern mit der Einrichtung entstand und sich dadurch später eine ausgesprochen positive Eingewöhnung ergab und nachhaltig weiterwirkte.

- **Das familienunterstützende FuN-Programm**
  „FuN" steht für Familie und Nachbarschaft (s. homepage prae paed.de) 6–8 Familien, deren Kinder die Corvinus-Kita besuchen, können daran teilnehmen. Alle Familienmitglieder sind herzlich willkommen. Der Teil I beginnt mit wöchentlichen Treffen am Spätnachmittag von 3 Stunden. Inhalte sind: andere Familien kennen lernen, gemeinsames Spielen, Basteln und Essen, sowie Elternzeit mit dem eigenen Kind durch Untergruppen. Spaß zu haben für Groß und Klein ist besonders bedeutsam. Beim 8. Treffen erhalten alle teilnehmenden FuN-Familien eine Urkunde. Geleitet wird das Projekt bisher gemeinsam von einer Mitarbeiterin der Ev. Familienbildungsstätte (FABI), einer Erzieherin und einer Heilpädagogin aus dem Kindergartenteam. Die wöchentlichen Treffen werden abwechselnd von je einem Elternteil einer Familie mit vorbereitet. Die Aufteilungen in Untergruppen haben sich bewährt. Ein gemeinsames Essen, das von einer Familie mitgebracht und von der FABI finanziert wird, schließt den Nachmittag ab. Teil II ist dann die Fortsetzung in monatlichen Abständen mit zunehmender Eigenständigkeit der Eltern, um die gewonnenen Kontakte zu halten und zu erweitern. Die Leitung bleibt hierbei unterstützend für ca. 6 Monate tätig. Dann sollen die Kontakte eigenständig im Kindergarten weitergehen. FuN-Programme finden ein- bis zweimal jährlich statt.

  Das Projekt soll vor allem der Erziehungskompetenz dienen. Es ermöglicht, Kontakte im gemeinsamen Tun mit anderen Familien zu schließen und sich in gelockerter und fürsorglicher Atmosphäre anderen gegenüber zu öffnen und mitzuteilen. Dadurch entstehen entlastende Momente. Sie können zu erweiterten Erfahrungen führen, wenn das Vertrauen zu den Leitungspersonen wächst und individuelles Coaching möglich wird, besonders bei Konflikten im Umgang mit dem eigenen Kind. Hierdurch und durch die gemeinsame Zeit mit dem eigenen Kind wird die Bindung zwischen Eltern und Kind gestärkt. So besteht zugleich die Chance, dass weniger Gewalt im Zusammenleben in der Familie stattfindet (Gewaltprävention).

- **Rucksackprogramm**
  Dieses Programm ist ein zweistündiges wöchentliches Bildungs- und Sprachförderprogramm für Eltern mit drei- bis sechsjährigen Kindern. Es ist ein Sprachförderprojekt der Stadt Hannover, das den Familienzentren und Kitas angegliedert ist. Eltern werden eingeladen, um ihre wichtige Rolle bei der Sprachentwicklung zu erkennen und Hilfen zur Unterstützung zu erfahren. Sie sollen Spiel und Spaß in die Familie bringen, gestärkt werden in der Interaktion mit ihren Kindern und Materialien einsetzen. Gefördert wird die Erstsprache, während die Kinder beim Erlernen der Zweitsprache im Kindergarten unterstützt werden. Zum Einsatz kommen geschulte Kindergartenmütter. Das Honorar wird von der Stadt gezahlt.

- **Stadtteilmütter**
  Dieses Projekt nahm seinen Anfang in Berlin. Die Stadtteilmutter ist eine engagierte türkische Frau aus Stöcken, die eine besondere Ausbildung hat. Sie kennt sich gut im Gesundheits- und Bildungssystem, in allgemeinen rechtlichen Grundlagen und im Umgang mit Behörden aus. Über die Mitarbeit in Kindergärten knüpft sie Kontakte, um Eltern zu begleiten und zu unterstützen und im Stadtteil zu vernetzen, Im Corvinus-Familienzentrum erfolgt eine Mitarbeit in den Vor-Kindergarten-Gruppen. Außerdem betreut sie die Kinderbücherei im Foyer der Einrichtung, die dienstags und freitags für eine Stunde geöffnet wird. Durch eine geplante Handarbeitsgruppe sollen weitere Kontakte geknüpft und Gesprächs- und Unterstützungsangebote gemacht werden.

- **Afrika-Projekt**
  Aus dem Kreis afrikanischer und türkischer Eltern hat sich eine „Afrika-Gruppe“ gebildet. Sie besteht aus 8–10 Frauen und Männern und wird von 3 Pädagoginnen aus dem Kindergartenteam geleitet. Eine Kollegin kommt aus Eritrea, eine zweite hat Gemeinschaftsprojekte im Togo durchgeführt. Sie bringt viele Erfahrungen ein und hat Zugang zu af-

rikanischen Kulturen. Im Mittelpunkt stehen gemeinsame Freizeitaktivitäten, hauptsächlich afrikanisches und türkisches Kochen für alle Kindergarteneltern, die Interesse an fremden Esskulturen haben. Die Eltern tragen sich in eine Liste ein und treffen sich dann freitags zum gemeinsamen Essen. Hier zeigt sich dann ein fröhliches buntes Bild von Nationen.

Aus der Afrika-Gruppe kommen viele Ideen. Fast alle sind bereit aktiv mitzuarbeiten, besonders bei der Vorbereitung und Durchführung von Festen.

- **Offene Angebote für alle Eltern**
  Verbindenden Charakter haben Frühstückstreffen und das Elterncafe, ebenso Elternabende mit besonderen Themenschwerpunkten, zu denen Referenten von Einrichtungen eingeladen werden, mit denen die Kita kooperiert.

5. Zum Stand der Entwicklung nach vier Jahren

Die vielfältigen Prozesse auf dem Weg zum Familienzentrum mit ihrem Auf und Ab und stattgefundenen Begrenzungen aufgrund von Krankheit und Leiterinnenwechsel können hier nicht wiedergegeben werden. Durch die vorherige Beschreibung von Bildungsangeboten soll jedoch nicht der Eindruck entstehen, als wäre die Durchführung von Kursen die entscheidende Arbeit. Sie ist eine Folge der Philosophie des Early-Excellence Ansatzes, den sich möglichst alle MitarbeiterInnen über eine zentrale Fortbildung aneignen sollen. Die Philosophie bestätigt die offene Pädagogik mit ihrer Grundhaltung, das Kind als reich an Potentialen, stark, kraftvoll, kompetent und vor allem verbunden mit Erwachsenen und anderen Kindern zu sehen (Malaguzzi). Sie geht jedoch auch davon aus, dass Eltern nichts intensiver und dauerhafter berührt als die Vermittlung von Einsichten in das Verhalten und Können des eigenen Kindes.

Das bedeutet in der Praxis der Corvinus-Kita, Eltern wie bisher in die Entwicklungs- und Bildungsprozesse einzubeziehen. Im Sinne der Reggio-Pädagogik haben die Eltern das Recht darauf zu erfahren, was ihr Kind in der Kita erlebt. Das erfolgt wie schon erwähnt vielfältig über Wanddokumentationen, Mappen von Kindern, Gesprächen u. a. So wird der Blick auf das eigene Kind erweitert, Sorgen und Ängste können sich verringern und Gefühle des Stolzes entstehen.

Das Kind steht also im Zentrum, Eltern sind die Experten ihrer Kinder, und die Angebote und Möglichkeiten durch Bildung und Beratung sind vielfältig stärkend wirksam. Kinder brauchen Eltern, die sich kompetent fühlen und sich etwas zutrauen. Das Streben die MitarbeiterInnen an. Sie werden dabei unterstützt und lassen sich schulen. Bildungsarbeit erfolgt dabei in den unmittelbaren Lebenszusammenhängen der Eltern und erweitert ihre Verbindungen nach außen.

Die wohl größte Herausforderung ist das FuN-Programm. Hierfür werden vor allem Familien und allein erziehende Mütter angesprochen, die relativ isoliert im Stadtteil leben. Es ist insgesamt mühsam, TeilnehmerInnen für die gesamten Projekte zu gewinnen und eine kontinuierliche Beteiligung zu erreichen. Viel Motivation ist nötig und eine ständige Erinnerung anfangs erforderlich. Hierbei wirken auch die Kinder unterstützend. Sie lieben die Gemeinschaft mit dem Elternteil und genießen die Zweierspielzeit. Durch ihre Freude sorgen sie dafür, dass eine relativ konstante Teilnahme der einzelnen Familien erfolgt.

Das wichtige Ziel der „Hilfe zur Selbsthilfe“ kann zwar nur bei wenigen erreicht werden, wird jedoch als wichtiger Erfolg gewertet. Trotz aller Erschwernisse konnte das FuN-Programm schon mehrfach erfolgreich durchgeführt werden. Dabei wuchs das Bewusstsein, dass selbstorganisiertes und selbstbestimmtes Leben zwar wichtige Ziele sind, andere jedoch als viel bedeutsamer gelten müssen. Es ist das aufkeimende Vertrauen durch Verlässlichkeit, die Bestärkung kleinster Schritte in die Selbständigkeit und Gefühle der Zugehörigkeit zur Gruppe und schließlich zum Familienzentrum, in dem jede Familie willkommen ist, wie immer sie sich zeigt. So baut sich für einen Teil der Familien und Alleinerziehenden zum ersten Mal eine Stadtteilbindung auf.

In diesem Zusammenhang muss betont werden, dass die Angebote des Familienzentrums niederschwellig angelegt sind. Deshalb werden sie immer von einer kompetenten pädagogischen Fachkraft aus der Kita durchgeführt und begleitet und die Kinder besonders betreut. Vertrautheit besteht auch dadurch, dass die Kurse in der Kita oder im angrenzenden Gemeindehaus durchgeführt werden. Außerdem sind ihnen die TeilnehmerInnen durch den Kita-Kontakt vertraut. Wichtig ist auch, dass die Teilnahme fast kostenlos erfolgt. Es wird bei manchen Kursen ein Symbolbeitrag von einem Euro erhoben. Dadurch sollen Eltern daran gewöhnt werden, dass die meisten Angebote im Stadtteil (z. B. Freizeitheim, Sportverein) etwas kosten.

In dem letzten Sachbericht sind Entwicklungen und Mängel deutlich zu erkennen:

- Das Interesse von Eltern an ihrem Kind und an der Zusammenarbeit mit den Pädagogen ist gestiegen. Es besteht eine rege Beteiligung bei den Angeboten und Elternabenden. Das Wohlfühlen und die Vertrautheit der Eltern im Haus sind erkennbar gestiegen.
- Eltern führen Gespräche über ihr eigenen Interessen, z. B. mit der Schulrektorin, die zur Zusammenarbeit ins Haus kommt und an einem Elternabend zum Schulthema erlebt wurde. Eltern öffnen sich für ihre Kinder gegenüber Personen (Therapeuten,Übungsleiter), die ins Haus kommen und können sich und ihre Kinder ihnen anvertrauen.
- Kinder bekommen Einblicke in Möglichkeiten im Stadtteil und in der Stadt selbst durch Besuche von Museen, Ausstellungen, Büchereien, Schwimmbäder, Kino, Theater. Sie erleben ein Matheprojekt in einem Freizeitheim und ein Fußballturnier im Stadtteil. Die sich so nach außen entwickelnden kindlichen Interessen können Vorbildwirkung für Eltern haben.
- Die Kursarbeit oder Bildungsarbeit mit den Eltern und Familien sind selbstverständlicher Teil des Familienzentrums. Die Gruppenbildungen von Eltern mit gleichen Interessen (Mütter mit Babys, integrativen Kindern) zeigen sich als richtiger Weg und können sich so fortsetzen. Es ist so manche Freundschaft dadurch entstanden.
- Es gibt eine feste Gruppe von Müttern, die kontinuierlich an den Angeboten teilnimmt. Sie tragen die Informationen weiter und werben für die Kurse. Die Mütter haben eine intensive Beziehung untereinander und natürlich zum Team, durch das sie sich gepflegt fühlen.
- Ziele der sozialräumlichen Netzwerkentwicklung werden gesehen und sollen zukünftig stärker berücksichtigt werden. Dazu müssen die An-

gebote im Stadtteil erst einmal genauer wahrgenommen und geprüft werden.

- Elternbildung erfolgt über die obigen Angebote, Elternberatung durch regelmäßige Gespräche, themenorientierte Elternabende und Elternfrühstück. Elternbeteiligung geschieht in Verbindung mit dem Elternfrühstück, den Festen und durch Kochen und gemeinsames Essen. Die Beteiligung an der weiteren Entwicklung des Familienzentrums erfolgt über Gespräche.
- Für die gemeinsame Fortbildung zur Kindergartenpädagogik, Elternpartnerschaft und zum Konzept des Familienzentrums stehen zu wenig Fortbildungstage im Haus zur Verfügung. Erwünscht sind 10 Tage; bisher sind es 6 Tage. Zu kurz kommt auch die Organisationsberatung und Supervision. Es fehlt an Vorbereitungszeit. Hier zeigt sich, dass die magere Verfügungszeit von 7 Stunden pro Gruppe das Hauptübel ist.
- Die räumliche Ausstattung wird als schlecht eingestuft, obwohl das Gemeindehaus an den Kindergarten angrenzt. Aus Platzmangel können deshalb Kochkurse, Nähkurse, Sprachkurse und Kinderbetreuung am Vormittag für Angebote nicht realisiert werden.
- Als größtes Problem kristallisiert sich jetzt das Vergütungsthema heraus. Mit der Bereitschaft und dem Schwung des Anfangs waren die Erzieherinnen bereit, dass die Vergütung über die Gehaltsabrechnung erfolgte und die einzelnen abzurechnenden Stunden aus dem Bruttogehalt berechnet wurden. Am Ende kam netto wenig dabei heraus, manchmal € 2,- für eine geleistete Stunde. Die Mitarbeiterinnen sind inzwischen nicht mehr bereit, so weiterzuarbeiten. Ein anderer Abrechnungsmodus ist kirchenrechtlich in der Hannoverschen Landeskirche erschwerend. Dabei wäre alles so einfach und aufgrund des erhöhten Einsatzes und der Schwere der Arbeit angemessen, eine Vergütung als Übungsleiterin zu erhalten. Dann könnten monatlich bis zu € 300,- steuerfrei gelten. Die jetzt vorhandene Unzufriedenheit ist ein schwerer Konflikt. Wird hier keine Lösung gefunden, könnte das das Ende der bisherigen differenzierten Arbeit bedeuten.

Die bisherige Entwicklung zum Familienzentrum wird von den Mitarbeiterinnen als sehr positiv eingeschätzt. Das liegt nicht nur an der guten Zusammenarbeit im Team und in den Projektteams, sondern vor allem an den vertrauensvollen Beziehungen zu den Familien, die mit der Zeit immer offener, intensiver und zum Teil sogar inniger werden. Das Bewusstwerden der Anstrengungen und der Umsetzung der Ziele schafft das Gefühl, auf einem sinnvollen Weg zu sein. Ein Familienzentrum im sozialen Brennpunkt mit dem Early-Excellence Ansatz ist ein gangbarer Weg, Familien noch stärker zu unterstützen, damit ihre Kinder durch verbesserte Voraussetzungen zu einer guten Entwicklung kommen und diese sich in der Schule fortsetzen kann.

Das Corvinus-Team wünscht sich für die weitere Arbeit, dass ihre oft sehr schwierige Tätigkeit gerade auch im Hinblick auf den finanziellen Aspekt wertgeschätzt wird. Für den weiteren Schwung im Corvinus-Familienzentrum braucht es schnellstens die Lösung des Vergütungskonfliktes, damit die Bildungsarbeit im bisherigen Umfang bestehen bleibt.

Leiterin des Corvinus-Teams: Ilka Kasten

Ute Lehmann-Grigoleit

„Alles unter einem Dach" – Unsere Weiterentwicklung zu einem „Haus für Kinder und Familien"

Unsere Kindertagesstätte Baumhaus in Göttingen Nikolausberg wurde 2008/09 neu- und umgebaut. Seit dem Herbst 2009 nutzen wir die neuen Räumlichkeiten, um für Kinder und Familien ein neues, breit gefächertes Angebot für Bildung und Erziehung bereitzuhalten und verstehen uns als Familienzentrum.

Der Familie wird ein zentraler Stellenwert für die positive Entwicklung der nachfolgenden Generationen und für den Zusammenhalt im Gemeinwesen zugewiesen (VII. Familienbericht).

Der siebte Familienbericht weist deutlich darauf hin, dass die Entwicklungschancen von Kindern durch eine qualitativ hochwertige, frühzeitige und individuelle Förderung in Kindertageseinrichtungen deutlich steigen. Zusätzliche Effekte für bessere Bedingungen der Lebensplanung von Familien gehen von einer verlässlichen Kinderbetreuung aus. Durch eine sichergestellte Betreuung der Kinder werden Familien stabilisiert und entlastet, was die Grundlage für eine gute Zeitplanung darstellt und Voraussetzung für die Vereinbarkeit von Familie und Beruf ausmacht. Sind Eltern durch ein gutes Betreuungsangebot in der Lage zu arbeiten, vermindert dies langfristig das Armutsrisiko in den Familien. Kindertageseinrichtungen können Kooperationen und Vernetzungen mit anderen Institutionen anregen, die Familien mit Beratungs- und Bildungsangeboten unterstützen. Durch den Strukturwandel der Arbeitsgesellschaft stehen Familien vor neuen Herausforderungen, die häufig zu Krisensituationen führen. Familienbeziehungen funktionieren nicht automatisch, sondern müssen immer wieder neu hergestellt und ausgehandelt werden. Kindertageseinrichtungen haben laut Gesetz die Aufgabe, sich an den Bedürfnissen von Familien zu orientieren.

Familien brauchen eine soziale Infrastruktur, die Anforderungen und Belastungen der Familien abfedert.

Die evangelische Baumhaus Kindertagesstätte ist auf dem Weg, für den Stadtteil Nikolausberg zu einem zentralen Ort der Begegnung zu werden und ein Netzwerk mit weiteren im Ort vorhandenen Menschen, die sich für Angebote zur Verfügung stellen, Gruppen und Institutionen zu entwickeln. Eine enge Kooperation mit der hiesigen Grundschule besteht bereits. Auf diese Weise wird die Kindertagesstätte zu einem zentralen Ort des Lernens für alle. Durch die räumliche Anbindung an die Kita als erste Bildungseinrichtung eröffnen wir einen niedrigschwelligen Zugang. Die im Ortsteil und auch im Stadtgebiet Göttingen vorhandenen Strukturen und Angebote für Familien sollen quantitativ und qualitativ weiterentwickelt und genutzt werden. Eine 2007 durchgeführte Bedarfsanalyse hat ergeben, dass bei vielen Eltern sowohl Interesse an zusätzlichen Angeboten als auch Interesse an einer Mitwirkung bei Angeboten besteht.

Auf dieser Grundlage versuchen wir, bisher getrennte Angebotssegmente zusammenzuführen mit dem Ziel, eine integrierte Angebotsstruktur für Eltern und Kinder zu entwickeln.

Ziele:

- Bildung, Entwicklung und Erziehung von Kindern von Anfang an fördern.
- Begeisterung und Freude fürs Lernen wecken.
- Eltern als die ersten und wichtigsten ErzieherInnen ihrer Kinder wertschätzen, einbinden und beteiligen.
- Erziehungspartnerschaften zwischen Kindern, Eltern und Erzieherinnen aufbauen.
- Module der Elternbildung und bedarfsgerechte Unterstützungsangebote einrichten.
- Eltern in ihren persönlichen, erzieherischen und beruflichen Kompetenzen unterstützen.
- Gesundheitsfördernde Aktivitäten als wichtigen Bestandteil integrieren.
- Sozialräumliche Netzwerke aufbauen und interdisziplinär arbeiten.

Diese Ziele orientieren sich an dem „early-excellence-centre“ Ansatz von Pen Green.

> „Unser Bild vom Kind bedeutet, es ist reich an Potentialen, stark, kraftvoll, kompetent und vor allem verbunden mit Erwachsenen und anderen Kindern“ (Malaguzzi).

Das Kind wird zuallererst mit seinen Stärken und Kompetenzen wahrgenommen. Diese individuellen Bildungsprozesse werden von uns beobachtet und in Form von Bildungs- und Lerngeschichten dokumentiert. Auf diese Weise werden die Stärken der Kinder gefördert und weiter entwickelt. Hierbei werden die Eltern als Experten für ihre Kinder gesehen und wertgeschätzt.

Mitarbeiterqualifizierung/Personalentwicklung

Wenn die Kindertageseinrichtung die veränderten Lebenslagen von Familien zum Anlass nimmt und ihr Angebot über ihren originären Auftrag für Bildung, Erziehung und Betreuung von Kindern hinaus auf Angebote für Eltern und Familien ausbaut, kommt dem Fachpersonal eine hohe Bedeutung zu.

Es erfordert ein Umdenken in Bezug auf die Ausgestaltung der Elternarbeit. Das pädagogische Fachpersonal wird mit Aufgaben konfrontiert, für die evtl. weiterführende Qualifikationen benötigt werden, z. B. Kommunikationskompetenzen für Beratungs- und Konfliktgespräche. Weiterhin setzt die Öffnung für die Bedürfnisse von Familien eine sozialpolitische und gemeinwesenorientierte Grundhaltung der Mitarbeiterinnen voraus.

Ziel unserer Weiterentwicklung ist es, die Kompetenzen des Teams, besonders im Umgang mit Eltern in Krisensituationen, und die interdisziplinäre Zusammenarbeit durch Fortbildungsangebote zu stärken.

Für einen erfolgreichen Umstrukturierungsprozess hin zu einem „Haus für Kinder und Familien“ bedarf es weiterhin zusätzlicher Personalstunden. Wir finanzieren derzeit 19,25 Personalstunden für eine Sozialpädagogin im Anerkennungsjahr.

Für die vielschichtigen Leitungs- und Koordinierungsaufgaben, die eine Ausweitung des vorhandenen Angebots erfordern, stehen uns zwei zusätzlich finanzierte Leitungsstunden zur Verfügung.

Lebenslagen der Kinder und Familien im Einzugsbereich – Daten zur Bevölkerung des Stadtteils Nikolausberg

Der Ortsteil Nikolausberg wurde 1963 in die Stadt Göttingen eingemeindet. Die Einwohnerzahl lag 1963 bei 876 und stieg seither ständig an. Im Jahr 1980 waren es 2.768 Einwohner, 1995 3.470 und im Jahr 2007 lag die Einwohnerzahl bei 3.699. Die Anzahl der ausländischen EinwohnerInnen der Gesamtbevölkerung Nikolausbergs betrug im Jahr 2007 310 EinwohnerInnen. Laut Schätzung des Fachdienstes Statistik und Wahlen liegt die Zahl der Haushalte in Nikolausberg bei 1.649. Die Zahl der alleinstehenden Personen mit Kind lag bei 93 im Jahr 2005. Die Zahl der Sozialhilfeempfänger lag im Jahr 2007 bei 221. Seit 1998 wird das Neubaugebiet Eschenbreite besiedelt. Hier stieg die Bevölkerungszahl von 44 im Jahr 1998 auf 400 im Jahr 2006. Die Zahl der Familien mit Kindern hat sich dort entsprechend rasant erhöht, von neun Familien im Jahr 1998 auf 63 Familien bis zum Jahr 2005.

Die Infrastruktur Nikolausbergs

Der Stadtteil Nikolausberg liegt außerhalb Göttingens Stadtgebiet und ist mit öffentlichen Verkehrsmitteln aus der Innenstadt innerhalb von 30 Minuten zu erreichen. Vor Ort befinden sich verschiedene Einkaufsmöglichkeiten, Supermarkt, Banken, Bäcker, mehrere Gaststätten, ein Hotel, verschiedene Ärzte und eine Apotheke. In fußläufiger Entfernung zur Kindertagesstätte befindet sich die Grundschule Nikolausberg, deren Turnhalle an einzelnen Tagen von Gruppen der Kindertagesstätte genutzt wird. Der Sportverein bietet Familien ein umfangreiches Angebot an verschiedenen Sportarten sowohl für Kinder als auch für Erwachsene. Innerhalb der Kirchengemeinde bieten verschiedene Gruppen Angebote für Kinder, Jugendliche und Erwachsene an.

Räumliche Möglichkeiten

Nach unserem Umbau können wir Eltern und Familien zu bestimmten Zeiten, die vereinbart und koordiniert werden müssen, eine große Küche mit Speiseraum, einen großen Raum, der für Bewegungsangebote und andere Dinge genutzt werden kann, verschiedene kleine Ausweichräume und das Mitarbeiterinnenzimmer zur Verfügung stellen. Weiterhin steht für Beratungssituationen ein kleines separates Zimmer zur Verfügung. Hierfür kann ein eigener Eingang, der nicht von den Eltern genutzt wird, angeboten werden. Unser Angebot richtet sich in erster Linie an die von uns zu betreuenden Kinder und ihre Familien.

Der Ursprung der Idee: Erweiterung der Kindertagesstätte um Angebote für Familien

In den letzten Jahren hat sich die Zusammensetzung der Elternschaft in unserer Kindertagesstätte stark verändert. Nikolausberg ist ein Wohngebiet, das viele Jahre verstärkt aus Akademikern und Selbständigen bestand. Seit einiger Zeit machen sich auch in Nikolausberg gesellschaftliche Veränderungen bemerkbar. Die Anzahl der Sozialhilfeempfänger und Eltern mit sehr niedrigem Einkommen hat stark zugenommen.

Das Bild der Armut hat sich verändert. Es gibt nicht mehr die „traditionellen Armen". Das Armutsrisiko ist in die „normalen Schichten" vorgedrungen und gehört mittlerweile zur Lebenswirklichkeit vieler Normalfamilien. Die Familie stellt für Kinder und Jugendliche die soziale Umwelt dar, in der Sozialisationsprozesse stattfinden. Ein Aufwachsen in einer armen Familie bedeutet deshalb eine direkte Beeinflussung. Konkret bedeutet das für Kinder, dass keine Urlaubsreisen möglich sind, Freizeitaktivitäten sind eingeschränkt, Anschaffungen sind kaum möglich und das Taschengeld fällt sehr gering aus.

Da die Familienarbeit nach wie vor ökonomisch unterbewertet ist und Frauen durch Erziehungszeiten beruflich oft schlechter gestellt sind, betrifft die Armut in besonderer Weise allein erziehende Mütter. Weiterhin betreuen wir bedingt durch das nahe gelegene Max Planck Institut Kinder von wissenschaftlichen Mitarbeitern aus vielen verschiedenen Ländern die durch häufige Umzüge über die Kita Kontakte suchen.

Die Biographien der Kinder, die unsere Kindertagesstätte besuchen, sehen heute deutlich anders aus als noch vor einigen Jahren. Viele Kinder wachsen nach Trennungen von Eltern in neu zusammengesetzten Familien mit anderen Kindern auf, die zu Geschwistern werden. Etliche Kinder leben in Einelternfamilien. Eltern bleiben nicht mehr selbstverständlich auch soziale Partner, sondern Kinder sind zunehmend in Prozesse der neuen Partnerfindung ihrer Eltern involviert und müssen daher relativ „reife" soziale Kompetenzen aufbringen, um sich aus engen intimen Bindungen zu den Eltern zu lösen und wieder neue Bindungen einzugehen. Die immer höher werdende Bereitschaft zur Flexibilität und Mobilität, die der Familie abverlangt wird, führt zu komplexen Organisationsstrukturen.

Daneben wachsen viele Kinder als Einzelkinder auf. Hier besteht für Tageseinrichtungen für Kinder ein besonderer Handlungsbedarf, da diese Kinder mehr auf Kontakte zu Gleichaltrigen angewiesen sind. Gerade in Konfliktsituationen haben Kinder wenig Entlastung und Unterstützung durch Geschwister. Ferner fehlen hier auch in den folgenden Generationen Bezugspersonen wie Tanten, Onkel und Cousinen. Hinzu kommt, dass den Kindern soziale Lernbereiche zur Kultivierung der Konfliktaustragung fehlen.

Die Ergebnisse der Elternbefragung im Projekt: „Orte für Kinder" (Deutsches Jugendinstitut 1994) besagen, dass Eltern die Kindertageseinrichtung nicht nur als Lebensort für ihre Kinder sehen, sondern auch als Treffpunkt und Kommunikationsort für sich selbst nutzen. Bei der hohen Mobilität, die Familien heute aufbringen müssen, ist die Tagesstätte häufig die erste öffentliche Einrichtung, in der Familien Kontakte zu anderen Familien knüpfen können. Daher suchen vielfach gerade Mütter nicht nur eine Entlastung bei der Kinderbetreuung, sondern neue gemeinschaftliche Formen der Kindertageseinrichtung. Durch so entstehende Netzwerke können Kindertageseinrichtungen Hilfeleistungen und institutionelle Unterstützung bei der Kindererziehung anbieten.

Darüber hinaus gibt es in Nikolausberg eine gewachsene Dorf – und Vereinsstruktur, die ihre Werte und Normen in die Kindertagesstätte trägt. Die Betreuung der sehr unterschiedlichen Familienkonstellationen hat Auswirkungen auf den Kindertagesstättenalltag und die Elternarbeit. Die Familien der unterschiedlichen „gesellschaftlichen Schichten" gehen nicht unbefangen aufeinander zu, sondern grenzen sich zum Teil aktiv voneinander ab. Hier ist eine neue Integrationsfunktion der Kindertagesstätte gefragt. Eine Aufgabe, die wir durch die Arbeit im Familienzentrum unterstützen.

Da es für die Implementierung von Angeboten für Familien unerlässlich ist, die Angebote an den Bedingungen und der Lebenswelten der Familien zu orientieren, haben wir bereits 2007 eine Bedarfserhebung in der Kindertagesstätte durchgeführt.

Ideen und Wünsche, die sich aus der Bedarfserhebung ergeben haben und die bereits umgesetzt wurden:

Austausch und Begegnung

Elterncafe, Frauenfrühstück, Kinderkleidermärkte, Angebote für Väter und Kinder, Eltern-Kind-Gruppe, Kochkurs, Kreativangebote wie Adventskränze binden, Malkurs, Filzen, Flötengruppe, Kinderchor, Pilates, Oma und Opa Nachmittage, Familiennachmittage zu Ostern und Nikolaus, German-Conversation-Group, Pubi-Treff (Treff für Eltern pubertärer Jugendlicher), Familiengottesdienste.

Beratung und Unterstützung

Sprechstunde der Ev. Lebensberatungsstelle, Themenabende, „Give and Take" Schrank mit Kinderbekleidung, Alleinerziehenden Treff , musikalische Früherziehung, Selbstverteidigungskurs für Kinder, Kinderbibeltage.

Elternbildung

Themenabende: „Friert Opa nicht in dem kalten Sarg"; Umgang mit Tod und Trauer in der Familie; Wut und Zorn bei Kindern; Pubertät, der Wahnsinn hat einen Namen; Vortrag. „Wie aus Kindern glückliche Erwachsene werden"; Gesunde Ernährung bei Kindern; Erste Hilfe am Kind; Entwicklung von Kleinkindern; Nähkurs.

Familienservice/Tagespflege

Babysitterausbildung und Vermittlung, Familienpatenschaften, Hausbesuche, Großelterndienst.

Gemeinsame Projekte mit der Kirchengemeinde

Es besteht auch seitens der Kirchengemeinde der Wunsch, Familienarbeit im Gemeindebild zu verankern. Zu dieser Thematik hat bereits eine Klausurtagung des Kirchenvorstandes stattgefunden.

Auf diese Weise kann die Gemeinde den Familien als Feierraum, als Ort der Hilfe, als Begegnungsstätte und auch als Klärungsraum bei Problemlagen dienen. Fragen wie „Was macht eine familienfreundliche Gemeinde aus?"

oder „Wie kann sich Familienarbeit in der Gemeinde weiterentwickeln?“ sind zu klären.

Atmosphäre im Team und im Haus

Bereits nach der Eröffnung des Familienzentrums waren erste Veränderungen in der Atmosphäre zwischen Eltern und MitarbeiterInnen zu spüren. Eltern fühlen sich wohl und willkommen. Das Haus ist nicht mehr in erster Linie Haus für Kinder, in dem Eltern nur zum Bringen und Abholen willkommen sind, sondern ein Haus für Groß und Klein geworden. Erwachsene halten sich hier auf, sie erzählen, trinken Kaffee und bringen sich mit Ideen und Kompetenzen ein. Es ist eine Steuerungsgruppe entstanden aus Eltern, Leitung, Koordinatorin, Erzieherinnen und einer Stellvertreterin vom Kirchenvorstand, welche Angebote und das Familienzentrum betreffende Themen gemeinsam planen und diskutieren. Die Steuerungsgruppe trifft sich ungefähr einmal im Vierteljahr. Weiterhin sind zahlreiche Kooperationen mit engagierten Menschen aus Nikolausberg, Institutionen und Gruppen entstanden. Nach gut einem Jahr Arbeit im Familienzentrum haben wir im Januar alle die mitarbeiten eingeladen und gemeinsam reflektiert, geplant und gefeiert.

Innerhalb des Teams wurde das Familienzentrum sehr gut angenommen. Die Erzieherinnen der Kindertagesstätte sind offen und neugierig dem Familienzentrum gegenüber. Einige Erzieherinnen bringen sich verstärkt mit Ideen und Engagement ein. Sie gestalten Angebote aktiv mit.

Über die Einrichtung gibt es jetzt nach einem Jahr verstärkt positive Reaktionen auf die Veränderungen. Generationsübergreifende Gruppen kommen und schauen sich die Arbeit des Familienzentrums an. Für den Sommer 2011 planen wir eine erneute Bedarfsanalyse, um Wünsche und Interessen abzufragen.

Ute Lehmann-Grigoleit ist Leiterin der Kita Baumhaus in Nikolausberg. Hospitationen erwünscht

Torsten Sander

Wie wir uns als Offener Kindergarten in den Stadtteil einbinden und einbringen

Das Wohngebiet Lehfeld, früher im Volksmund Ostblock genannt, in Cuxhaven-Ritzebüttel ist ein traditionelles Arbeiterviertel, welches in den letzten drei Jahrzehnten des letzten Jahrtausends in vielerlei Hinsicht vernachlässigt wurde. Ich bin in Cuxhaven wohlbehütet aufgewachsen, und damals wurde uns angeraten, nicht in den sogenannten Ostblock hineinzugehen, da dort nur „Rabauken" wohnen, die „einem schon helfen werden". Später als ich in einer diesem Wohngebiet nahen Kindertagestätte als Erzieher gearbeitet hatte, drehten sich, nun aus professioneller Sicht, viele Gespräche darum, wie man die Bewohner besser erreichen könnte.

Im Zuge der Diskussion um einen neuen, zusätzlichen Kindergarten in unserem Stadtteil Ritzebüttel hat sich im Sommer 1998 eine Stadtteil AG gebildet, die die Lebenssituation von Kindern, Jugendlichen und deren Familien im Stadtteil verbessern will. Neben der Kita und Kirchengemeinde Martinskirche sind dort die katholische Kita St. Willehad, das Amt für Jugend und Soziales der Stadt Cuxhaven vertreten gewesen. Wir hatten es uns zur Aufgabe gemacht die Kommunikation im Stadtteil auszubauen.

Für mich als Erzieher, der in einem „Offenen Kindergarten" gearbeitet hatte, stellte sich die Frage, wie sich die Kindertagestätte mehr nach außen, hin zum Stadtteil öffnen lässt. Der Öffnungsbegriff musste durch eine neue sozialpolitische Dimension erweitert werden, es galt den Verantwortungsbereich für unsere Kindertagestätte neu zu definieren. Wir mussten unsere Arbeit über unsere eigene Klientel hinaus als Teil des sozialen Netzwerkes verstehen. Ein Netzwerk, das für die Menschen und das mit den Menschen des Stadtteils nach neuen Verknüpfungen und Lösungsstrategien suchte, sollte aufgebaut werden. Im September 1999 fand auf Initiative der AG ein erstes Stadtteilfest im sogenannten Ostblock statt, bei dem neben den AG-Mitgliedern bzw. weiteren Mitarbeitern ihrer Einrichtungen die Grundschule, ein Spanischer Verein, der Ortsverein der SPD sowie Anwohner beteiligt waren. Es folgten weitere Stadtteilfeste, Ferienaktionen und andere Aktionen.

In unserer Stadtteil AG gab es Hochs und Tiefs und ich saß oft genug allein bei den Treffen unserer Stadtteil AG. Zum Glück gelang es immer wieder, unsere Stadteilarbeit zu aktivieren.

Mittlerweile waren die politischen Beschlüsse für einen Neubau einer Kindertagestätte direkt im Wohngebiet gefasst. Die Trägerschaft der neuen Kindertagestätte wurde an die Kirchengemeinde, mit der Maßgabe von hier aus Stadteilarbeit zu betreiben, vergeben. Im Sommer 2001 wurde die Kindertagestätte „Lummerland" eröffnet. Die Hälfte des Teams der Kita Martinskirche und auch die Hälfte derer Kinder sind mit mir als Leitung in das neue Haus eingezogen. Die anderen Hälften waren neueingestellte Kollegen und neuaufgenommene Kinder. Wir fühlten uns in der ersten Zeit als Fremdkörper im Ostblock. Welches sich aber zusehends geändert hat und mich in meiner Erkenntnis bestärkte, das mein neuer Arbeitsort ein liebenswertes Viertel mit genauso liebenswerten Menschen ist. Die Kindertagesstätte Lummerland hat es sich seit Bestehen zur Aufgabe gemacht, bedarfsorientierte inklusive Angebote für Familien und deren Kinder anzubieten.

Inklusion bedeutet für uns, alle die sich am Prozess beteiligen möchten mitzunehmen, einzubeziehen, ihren individuellen Weg finden und gehen zu lassen, egal welche Widrigkeiten im Leben eines Einzelnen vorkommen.

Das Einzugsgebiet der Kindertagestätte Lummerland umfasst im Wesentlichen das Wohngebiet Lehfeld, aber auch das Zentrum Cuxhavens, welches Arbeitsstätten für Eltern bieten kann. Hieraus resultiert ein vielschichtiges Klientel, das ein breites pädagogisches Angebot erfordert. Dies zeigt sich insbesondere in der Konzentration sozial schwacher Familien, einem hohen Anteil ausländischer Bewohner und vielen allein erziehenden Müttern und Vätern. Bei einer Vielzahl der von uns nun betreuten Kindern gab und gibt es oft Indizien für materielle Armut, wie beispielsweise schmutzige, abgetragene oder unpassende Kleidung, kein oder zu wenig Geld für außerordentliche Aktivitäten der Freizeitgestaltung, Unterernährung, usw. Aber auch andere Formen der Armut sind für uns seit dem allgegenwärtig geworden, wie der Mangel an elterlicher Zuwendung und Unterstützung, geringer Wortschatz, sowie das soziale Umfeld, in dem die Kinder aufwachsen. Man kann behaupten, dass diese Kinder zu den Schwächsten in der Gesellschaft gehören! Es sind zumeist „arme Kinder".

Aufgrund dieser Rahmenbedingungen war es für uns von großer Bedeutung, das Netzwerk in unserem Stadtteil weiter auszubauen. Inhaltlich und Konzeptionell bedeutete das für unsere tägliche Arbeit:

- Intensive, kontinuierliche Elternarbeit, Begleitung der Eltern zu Beratungsstellen, Durchführung von Elternschulungen und vermehrte Hausbesuche
- Bedarfsgerechte frisch zubereitete Mahlzeiten
- Enge Kooperation mit den sozialen Diensten des Jugendamts
- Planung und Durchführung von Aktionen im Gemeinwesen, um Familien den Zugang zu Unterstützung- und Hilfsangeboten aufzuzeigen
- Förderung von Kindern mit Entwicklungsverzögerungen, Einzelförderung, Förderung der Selbständigkeit, zusätzliche Sprachförderangebote.
- Intensive Elternarbeit mit Beratungsangeboten

Wie schon erwähnt, war mit der Vergabe der Trägerschaft für die Kindertagestätte Lummerland auch das Engagement in der Stadtteilarbeit gefordert. Für das Personal der Kita Lummerland war dies eine zusätzliche Herausforderung neben der schwierigen Arbeit im täglichen „Kita-Geschäft". Es wurde während des Aufbaus der Stadtteilarbeit im Lehfeld immer wieder deutlich, dass die Arbeit mehr Personal erforderte. Nach einem Versuch mit einer ungelernten ABM Kraft wurde auch deutlich, das auch eine ausreichende Qualifikation notwendig ist. Daraufhin wurden uns im Jahre 2002 von der Stadt Cuxhaven 8,5 Stunden wöchentlich bewilligt, wodurch die Vernetzung und der weitere Aufbau der Stadtteilarbeit im Lehfeld forciert werden konnte. Aber auch eine Anlaufstelle und Räumlichkeiten für Personen und der sich bildenden Gruppen war von Nöten. Die „Siedlung AG Cuxhaven", eine Vermietungsgesellschaft, welche 98% der Wohnungen im Lehfeld besitzt, sah die Notwendigkeit und Sinnhaftigkeit unserer Stadtteilarbeit und stellte unserer Stadtteil AG ein renovierungsbedürftiges kleines Ladengeschäft, welches gegenüber unserer Kita liegt, unentgeltlich zur Verfügung. Lediglich laufenden Kosten wurden und werden aus Spenden und Mitteln der Stadt Cuxhaven bestritten. Voraussetzung für die unentgeltliche Nutzung war für die Siedlung eine Spendenbescheinigung, so dass wir im Januar 2003 den Verein „Ritzebüttel aktiv e. V. (Verein zur Entwicklung von Stadtteilarbeit im Lehfeld)" aus der Taufe gehoben haben. Die Gründungsmitglieder waren Vertreter der Stadt Cuxhaven, der Kirchengemeinde, des Fußballvereins sowie Erzieherinnen der Kindertagestätten. Ich selbst bin seit der Gründung im geschäftsführenden Vorstand des Stadtteilvereins tätig.

Die Stadtteilarbeit im Lehfeld hat sich seit der Gründung des Vereins und der Eröffnung des Stadtteilladens positiv entwickelt. Die Stadtteilarbeit des Vereins besteht aus dem gemeinsamen Engagement verschiedener Vereine, Verbände, Institutionen und Bewohner des Quartiers. Langfristig hat sie die Verbesserung individueller Lebensqualität sowie eine Steigerung der Attraktivität des Wohnumfeldes zum Ziel. Durch die Entwicklung verschiedener Angebote sollen insbesondere benachteiligte Jugendliche, junge Erwachsene sowie Familien unter Einbeziehung ihrer Ressourcen befähigt werden, Perspektiven für ihre Lebensgestaltung zu entwickeln. Diese durchaus positive Entwicklung ist auch im hohen Maße der im Jahre 2005 aus Mitteln der Stadt Cuxhaven geschaffenen halben Sozialarbeiterstelle zu verdanken. Durch die enge Kooperation mit der Siedlungsgesellschaft ist die andere Hälfte der Stelle dort in der Mieterberatung angesiedelt.

Die Angebote im Lehfeld orientieren sich immer an den Bedürfnissen der Bewohner und sind im Netzwerk abgestimmt. Hier hat sich unser regelmäßiges Netzwerktreffen bewährt, auf dem Vertreter aller pädagogisch handelnden Institutionen zusammenkommen, um so trägerübergreifend auf die Bedarfe der Bewohner im Lehfeld eingehen zu können. Neuigkeiten aus einzelnen Institutionen, aber auch die Sorgen, Nöte der teilnehmenden haben hier ihren Platz. Innerhalb der langjährigen Zusammenarbeit zeigen sich immer wieder viele Parallelen bei verschiedenen Thematiken, wie zum Beispiel beim Umgang mit Familien. Wir versuchen gemeinsam, die Lebenssituation der Bewohner im Stadtteil aus unseren unterschiedlichen Blickwinkeln zu betrachten und der tatsächlichen Bedürfnisse der Bevölkerung zu erkennen, um daraufhin bedarfsgerechte Angebote für die von uns betreuten Familien zu entwickeln. Der regelmäßige Erfahrungsaustausch hilft uns dabei, einmal gemachte Fehler möglichst zu vermeiden und stattdessen von den Erfolgen der anderen zu profitieren. Indem wir versuchen, die sozialen Ressourcen im Stadtteil optimaler zu nutzen, wollen wir verhindern, dass es zu Doppelangeboten mehrerer Institutionen kommt.

Auf unseren Treffen planen wir auch unsere großen Events wie das Fußballturnier und unser Stadtteilfest, welches wir vor fünf Jahren in die Weihnachtszeit verlegt haben. Gemeinsam mit unserer Kita und der Jugendhilfestation führen wir seit sechs Jahren Ferienfreizeiten nach Dänemark durch. Hier wollen wir den Kindern aus dem Stadtteil ein tolles Ferienerlebnis verschaffen. Zielgruppe dieses Angebots sind Kinder aus sozial benachteiligten Familien, Kinder mit einem schwierigen familiären Hintergrund und Kinder mit problematischen Verhaltensformen. Ziel dieser Freizeit ist die Förderung der individuellen Bildung, Kennenlernen anderer Gegebenheiten wie fremder Sprache, fremdes Geld und einfach „Kind sein und Schönes erleben dürfen".

Die möglichen Teilnehmer werden von den Mitgliedern des Netzwerktreffens vorgeschlagen und dann zu dieser Freizeit eingeladen, denn die Kosten hierfür werden komplett aus Spendenmitteln bestritten. Auf unseren Netzwerktreffen sind folgende Akteure vertreten:

- Caritas Cuxhaven
- DRK Jugendhilfestation Ritzebüttel
- Fußballverein Eintracht 01
- Kinderschutzbund
- Kita Lummerland
- Kita St. Willedad
- Lebenshilfe Cuxhaven
- Ritzebütteler Schule
- Quartiersmanagement
- Siedlungsgesellschaft Cuxhaven AG
- Spanischer Elternverein
- Stadt Cuxhaven
- Stadtteilverein Ritzebüttel aktiv e.V.

Ein weiteres großes Themenfeld auf unseren Netzwerktreffen ist die Betreuung von Schulkindern in unserem Stadtteil. Sozial benachteiligte Kinder und Jugendliche haben bereits beim Eintritt in den Bildungsbereich Schule

Bedingungen, die nicht entwicklungsfördernd sind. Ihre Bildungschancen sind dadurch negativ beeinflusst, was Einfluss auf ihr ganzes Leben hat. Aus diesem Grunde sind die Schulkinder auf die Betreuung und Förderung der Kindertagesstätten, der Schule oder auf die Angebote des Stadtteilvereins „Ritzebüttel aktiv" angewiesen (80% der Schulkinder aus der KiTa Lummerland werden zusätzlich vom Jugendamt betreut).

Die Erfahrung in der Arbeit mit den Kindern aus dem Lehfeld hat uns gezeigt, das in unserer Kita die Verweildauer der meisten Kinder weit über das Einschulungsalter hinausgeht. Als im Jahre 2001 die Kita Lummerland eröffnet wurde, waren keine Schulkinder in der Einrichtung. Heute sind es mittlerweile 50 Hortkinder, die in zwei Zweigstellen betreut werden. Während der Schulzeit werden die Kinder nachmittags bis 17:00 Uhr, in den Ferien und an schulfreien Tagen ganztägig betreut. Es werden pro Gruppe 20 Schulkinder im Alter von 6–14 Jahren von zwei pädagogischen Fachkräften begleitet. Wir bieten den Kindern in der Betreuungszeit.

- Separate altersgerechte Räumlichkeiten und Ausstattung für Bildungs- und Spielgelegenheiten.
- Hilfe und Unterstützung der Kinder bei den Hausaufgaben.
- Ausgewogene frisch zubereitete Mahlzeiten aus unserer eigenen Küche in der Form eines sozialpädagogischen Mittagstisches.
- Abwechslungsreiche und altersgerechte Freizeitgestaltung.
- Individuelle Förderung von Entwicklungsprozessen der Kinder.
- Gezielte Förderung der Sozialkompetenz der Kinder.
- Unterstützung und Förderung im lebenspraktischen Bereich.

Die Angebote unserer Schulkinderbetreuung sind nach und nach den Bedürfnissen der Familien und deren Kinder angepasst. Nicht jedes Kind braucht die tägliche institutionelle Betreuung. So entstand das Angebot der pädagogisch begleiteten Hausaufgabenbetreuung für Grundschüler, welche eine bedarfsorientierte Ergänzung zu der Hortbetreuung darstellt. Dieses Angebot ist durch eine Kooperation mit der Ritzebütteler Grundschule, der Kindertagesstätte Lummerland sowie unserem Verein entstanden und findet zweimal wöchentlich von 13.00 Uhr bis 15.00 Uhr statt. Die vermehrte Nachfrage nach Hortplätzen, sowie der den Lehrern deutlich gewordenen

Bedarf an Unterstützung bei der Anfertigung der Hausaufgaben, führte zu unserem gemeinsamen Angebot. Insbesondere Kinder aus nicht deutschsprachigen Elternhäusern haben große Schwierigkeiten bei der Erledigung ihrer Hausaufgaben. Diese Problematik liegt zum Einen an der deutschen Sprache, die sie oftmals nur begrenzt beherrschen, zum Anderen auch an den bestehenden kulturellen Unterschieden. Aber auch ein verstärkt zu beobachtendes Desinteresse der Eltern an ihren Kindern sowie ihren Leistungen und ihrem Verhalten in der Schule ist ein wesentlicher Faktor, der einer positiven Entwicklung des Lern- und Arbeitsverhaltens, aber auch des Sozialverhaltens der Kinder entgegensteht. Dieser zunehmend negativen Entwicklung wollen wir mit dem niedrigschwelligen Angebot der Hausaufgabenbetreuung entgegenwirken. Die Hausaufgabenbetreuung wird von einer aus Spenden finanzierten Honorarkraft (einer Erzieherin in Ausbildung) durchgeführt. Die Kinder gehen direkt nach der Schule in die Räumlichkeiten des Stadtteilvereins. Nach der Ankommens-Phase nehmen die Kinder gemeinsam einen Imbiss ein. Danach beginnt die eigentliche Hausaufgabenbetreuung. Neben der Vertiefung und Übung des in der Schule Gelernten besteht der Sinn der Hausaufgabenbetreuung in der Förderung von sozialen Fähigkeiten, wie z. B. Rücksichtnahme, Zusammenarbeit, Fragen stellen usw. Nach Anfertigung der Hausaufgabe gehen die Kinder nachhause. Es gibt jedoch Kinder, die gern solange bleiben, wie auch die Honorarkraft da ist

Nicht selten haben die Schulkinder aus dem Lehfeld Schwierigkeiten in der Merk- und Lernfähigkeit und so den Spaß am Lernen verloren. Für diese Kinder bietet unser Verein den Club der Klugen Köpfe an. Die Kinder erleben hier einmal wöchentlich, wie viel Spaß das Lernen macht. Die Kinder lernen das Lernen, indem mit kreativen Methoden Wissen erweitert und schon bekanntes Wissen verfestigt wird.

Als Methode wenden wir jede menge Rätsel, Lern- und Quizspiele an, die einfach „nur“ ganz viel Spaß machen. Die Kinder lernen mit allen zur Verfügung stehenden Sinnen, die das Gelernte später viel leichter abrufbar machen. Oberstes Ziel im Club der Klugen Köpfe, das Kind soll entspannter bleiben, wenn es gefordert wird. Dies vermeidet Frustrationen und vermindert Aggressionen.

Ein schönes Bespiel für die Begeisterung am Lernen ist eine neues Angebot, welches aus dem Club der Klugen Köpfe entstanden ist. Zwei 11-jährige

Mädchen türkischer Abstammung bieten in Begleitung unserer Sozialpädagogin seit einigen Monaten einen türkischen Sprachkurs für Kinder aber auch Erwachsene an.

Des Weiteren treffen sich in unserem Stadtteilladen auch einige selbstorganisierte Gruppen, so gibt es eine Seniorengruppe, eine Frauengruppe und eine Selbsthilfegruppe gegen Spielsucht. Weitere Angebote unseres Vereins sind:

- Vorleseangebot für Kinder
- Karate- und Yoga für Schulkinder
- Familienkochkurs
- Sozialberatung
- Band-Projekt
- und einiges mehr

Schon seit acht Jahren gibt es unser 2 x wöchentlich stattfindendes Elterncafe, zu dem Eltern kommen, nachdem sie ihr Kind in die Kita gebracht haben, aber auch ehemalige Kita-Eltern kommen hierher. Begleitet wird diese Runde von einer Erzieherin unsere Kita, die als Gesprächspartnerin zur Verfügung steht und bei Bedarf Hilfen im Netzwerk vermittelt.

In der Regel werden in unserer Kita die Kinder zwischen 2 und 3 Jahren aufgenommen. Nicht selten haben wir starke Entwicklungsverzögerungen bei den Kindern feststellen müssen. Hieraus resultiert auch dass in allen 4 Gruppen unserer Kita behinderte und nicht behinderte Kinder zusammen erzogen werden. Viele dieser Entwicklungsverzögerungen haben wir auf mangelnde Bindungen zu nahe stehenden Bezugspersonen zurückgeführt. Dies haben wir zum Anlass genommen, eine Krabbelgruppe zu gründen und DELFI-Kurse anzubieten, welche von einer dafür fortgebildeten Erzieherin unserer Kita durchgeführt werden. Zu dieser Krabbelgruppe und den DELFI-Kurse laden wir Eltern mit ihren Kindern ein, die sich in unserer Kita angemeldet haben, aber auch durch z. B. ausliegende Flyer bei Ärzten kommen auch andere zu diesen Angeboten. Durch diese Initiative können wir früh bei der Elternbildung ansetzen; und nicht selten wird durch diese Angebote eine soziale Behinderung verhindert. Die mangelnde Bindung zwischen Mutter und Kind wird durch die folgende Begebenheit aus unserer Krabbelgruppe deutlich: Die Mutter von Josephine (eine Erzieherin aus unserer Kita) ruft ihre Tochter: Finchen komm mal zu Mama. Josephine reagiert und krabbelt zu Ihrer Mama. Die Mama von Chantalle ist ganz erstaunt, dass Josephine mit einem ganz anderen Namen gerufen wird. Die Mama von Josephine erklärt, dass es sich bei „Finchen" um einen Kosenamen handelt und welche Wichtigkeit solch ein Kosename hat. Daraufhin ruft die Mama von Chantalle ihre Tochter: „Finchen komm mal her". – Heute wird Chantalle von ihrer Mutter Talli gerufen.

Die Erzieherinnen unserer Kita haben mit vielen Eltern der Kinder und Anwohnern im Siedlungsbereich täglichen Kontakt. Die meisten der Mitarbeiterinnen arbeiten seit fast 10 Jahren in der Tagesstätte. Sie kennen fast alle Kinder im Einzugsbereich von Geburt an. Die Kinder werden oft mit 2 Jahren im Kindergarten aufgenommen und verlassen erst mit 14 Jahren den Hort. Während dieser langen Zeit sind die Erzieherinnen wichtige Ansprechpartner/innen für Kinder, Eltern und Anwohner aus dem Lehfeld. Gerade Erwachsene fühlen sich in unserer hochtechnisierten und ständig wandelnden Welt oft überfordert: Probleme mit dem „Allein sein" oder dem Lebenspartner, Probleme mit Sucht und Missbrauchserfahrungen, Schwierigkeiten im Umgang mit Ämtern und sozialen Diensten sind nicht selten. Die Ängste und Sorgen vieler Eltern suchen ein Ventil und einen Gesprächspartner, zu dem ein Vertrauensverhältnis besteht. Hier bieten Erzieherinnen den Kindern, Bewohnern und Eltern Orientierung und Unterstützung an.

Durch die Zusammenarbeit der verschiedenen Akteure ist es uns möglich geworden, ein umfangreiches Angebot an sozialen Projekten, an Nachbarschaftsvernetzung und an persönlichen Hilfsangeboten den Familien schnell und unbürokratisch zukommen zu lassen. Uns ist der gewollte Brückenschlag von Baby + Kleinkinderangeboten über Schulkinderangeboten bis zu Angeboten für Erwachsene und Senioren gelungen. Das Konzept des Zusammenwachsens in unserem Stadtteil über die Akteure zu den Familien und umgekehrt hat sich in den Vergangenen Jahren sehr bewährt. Das Netzwerk bietet den Familien somit Ressourcen, die unmittelbar dort ansetzen können, wo sie gebraucht werden.

Die Öffnung der Kita nach außen lässt sich nur realisieren, wenn die Wünsche nach Öffnung bei allen am Prozess Beteiligten vorhanden sind und bestimmte Grundvoraussetzungen geschaffen werden, z. B. die Rahmenbedingungen für Kitas verändert werden, die Aufgabenfelder der Kita erweitert werden, neue Kooperationsformen entstehen können, finanzielle Ressourcen zur Verfügung gestellt werden. Für die erreichten Bedingungen war Gremien- und Lobbyarbeit nötig, und auch heute nimmt die Mittelakquise sehr viel Zeit und Raum ein. Aber es lohnt sich!

Das Lehfeld wurde im August 2007 als Sanierungsgebiet festgelegt und in das Städtebauförderungsprogramm „Stadtteile mit besonderem Entwicklungsbedarf – Soziale Stadt" aufgenommen. Mit diesem Förderprogramm sollen die bestehenden baulichen und sozialen Missstände im Wohngebiet dauerhaft behoben werden. Neben den damit verbundenen sozialen Maßnahmen ist eine städtebauliche Entwicklung als Grundlage der Sanierung von Gebäuden und Umfeld erforderlich. Durch das Vorhandensein des Vereins war es der Stadt Cuxhaven leichter möglich, in das von der EU geförderte Programm aufgenommen zu werden. Durch dieses Programm sind wir in die Lage gekommen, an weitere Förderprogramme wie zum Beispiel „Stärken vor Ort" heranzukommen. Unser Stadtteilladen am Lappeplatz platzt mittlerweile bei den Aktivitäten, die sich dort etabliert haben, aus allen Nähten. Im Zuge des Programms „Soziale Stadt" ist die Errichtung eines 400 m^2 großen Quartierszentrums via-à-vis unser Kita vorgesehen. Dieses neue Gebäude wird uns die Möglichkeit geben, unser Angebot weiter auszubauen.

In den letzten Jahren hat sich für Familien und deren Kinder ein großer Wandel vollzogen. Die Betreuungsangebote in unserer Kindertagestätte müssen weiterhin stetig den Gesellschafts- und Lebensbedingungen angepasst werden. Im Zuge der Umgestaltung der Grundschule zu einer Ganztagsschule werden wir in nächster Zukunft mit unseren Schulkindereinrichtungen in ein Gebäude direkt an der Schule ziehen. Die Einrichtung einer Krippe wird eines der folgenden Themen für uns sein.

Oft werde ich gefragt welche Motivation ich für mein Engagement im Lehfeld habe. Eine Antwort in einem Satz darauf zu finden ist nicht einfach. Zum einen macht Netzwerkarbeit richtig Spaß, weil man mit gemeinsamem Auftreten viel mehr erreichen kann, als wenn man allein auftritt. Zum anderen war und ist es für mich erschreckend, unter welchen Bedingungen

Kinder heutzutage aufwachsen müssen und welche existenziellen Schwierigkeiten Erwachsene haben.

Nun, früher hat man mir gesagt: die aus dem „Ostblock“ die werden dir helfen. Heute helfe ich den Lehfeldern gemeinsam mit vielen anderen Kollegen aus unserem Netzwerk.

Torsten Sander ist Leiter der
Ev.-luth. Kindertagesstätte
Cuxhaven-Lummerland.
Hospitation ist erwünscht.

Elke Oellerich

Gelingendes Miteinander von Grundschule und Offenen Kindergärten aus der Sicht einer Lehrerin

1. Auch Schule verändert sich

Seit Jahren kooperiert die Grundschule Franzenburg mit den Kindergärten aus dem Einzugsbereich der Schule. Sprachstandsfeststellung und Sprachförderung in den Kindergärten gehören ebenso zum festen Bestandteil der gemeinsamen Arbeit wie die Hospitation der Erzieher in der Schule bei Kindern, die nachmittags die Schulkindbetreuung in der evangelischen Kindertagesstätte besuchen. Die betroffenen Lehrkräfte wiederum nehmen am regelmäßig stattfindenden Runden Tisch in den Kindergärten teil. Manchmal nehmen Kinder einer ersten (Integrations-)Klasse am Sportangebot der evangelischen Kindertagesstätte teil, wenn der Stundenplan es zulässt und wenn es in der Kindergartengruppe nicht zu viele Kindergartenneulinge gibt. Für diese sind die größeren Schulkinder oft zu wild. Die Schulkinder sind begeistert von dem reichhaltigen Angebot an Stationen, die im normalen Schulbetrieb in einer Unterrichtsstunde nie aufgebaut werden könnten, selbst wenn eine weitere Klasse sie anschließend nutzen würde. Natürlich freuen sie sich auch, ihre Erzieher und ehemalige Kindergartenfreunde wiederzusehen. Die Kindergartenkinder turnen auf diese Weise gemeinsam mit Schulkindern, die sie nicht schon aus dem Kindergarten kennen, und lernen auch weitere Lehrkräfte kennen.

Seit 2008 gibt es das Modellprojekt Brückenjahr „In kleinen Schritten auf die Schule zu". Eine Gruppe von Lehrern und Erziehern hospitierte anfangs in der jeweils anderen Einrichtung und gewann so tiefere Einblicke in die Arbeit. Dies erleichterte das gegenseitige Verständnis und führte die Beteiligten zusammen.

In der ersten Umsetzungsphase nahm die Gruppe an gezielten Fortbildungen teil und wurde durch so genannte Kooperationstreffen unterstützt, organisiert vom Beratungsteam des Landkreises.

Das Brückenjahrteam erarbeitete in zeitaufwändigen Planungstreffen ein Konzept, das nach einer Praxisphase reflektiert und optimiert wurde. Ziel des Brückenjahres ist es, den Kindern die Angst vor der Schule und speziell vor der Einschulung zu nehmen sowie einen gleitenden Übergang zu schaffen.

Das Konzept sieht vier Besuche der zukünftigen Schulkinder in der Schule vor. Diese Besuche stehen jeweils unter einem Projektthema, das den Kindern die Schule vertraut macht, ihnen Kontakte zu den Schulkindern ermöglicht und Ängste und Hemmungen nehmen soll. Rückmeldungen von den Lehrkräften der ersten Klassen bestätigen, dass das Brückenjahrteam auf dem richtigen Weg ist.

Für die Eltern gibt es zu Beginn des Brückenjahres eine Informationsveranstaltung in der Schule, in der das Brückenjahrprojekt vorgestellt wird und Fragen dazu an Erzieher und Lehrkräfte gestellt werden können. Seit einigen Jahren bietet die Schule vor den Sommerferien einen Elternabend an, an dem die (Kindergarten)Eltern den zukünftigen Klassenlehrer ihres Kindes kennen lernen und alle Fragen zum Schulanfang geklärt werden können.

2. Übergänge müssen gestaltet werden

Neben der amtsärztlichen Untersuchung wird die Schulreife eines Kindes durch eine Eingangsüberprüfung festgestellt In vielen Fällen, so auch bisher an unserer Schule, müssen die Kinder in einer Einzelsituation mit einer Lehrkraft verschiedene Aufgaben in den Bereichen Sprachverständnis, logisches Verständnis, mathematisches Grundverständnis, Motorik und Feinmotorik lösen. Dies bedeutet für viele Kinder eine enorme Stresssituation.

In diesem Jahr haben wir eine Gruppenüberprüfung, die in eine Spielhandlung eingebunden ist, erfolgreich ausprobiert und werden diese künftig anwenden (Mit Mirola durch den Zauberwald, Finkenverlag). Vorteil ist, dass die Kinder sich so in die Spielhandlung einbeziehen lassen, dass sie sich eher in einer Helferrolle als in einer Überprüfungssituation sehen und auch die anwesenden Protokollführer nicht beachten. Diese Gruppenüberprüfung ist sehr personalintensiv, bietet aber auch eine weitere Möglichkeit des Miteinanders: Erzieher könnten als Protokollführer die Lehrkräfte unterstützen, gleichzeitig aber auch ihre Kinder in dieser Situation erleben. So könnte gemeinsam eventueller Förderbedarf ermittelt und diskutiert werden.

Nach der Überprüfung werden die Klassen nicht nach Wohngebiet zusammengesetzt, sondern Kinder aus allen Kindergärten werden gemischt, wobei auf Ausgewogenheit hinsichtlich Geschlecht oder Wunsch nach bestimmten Klassenkameraden geachtet wird (wenigstens ein Wunschpartner wird berücksichtigt). Die Kinder aus den anderen Kindergärten sind den Schulanfängern infolge des Brückenjahres vertraut.

2006 wurden die Lehrpläne der Grundschule in Niedersachsen durch Kerncurricula ersetzt, die von der Kultusministerkonferenz verabschiedete Bildungsstandards in fachspezifischen Kompetenzen konkretisiert haben:

> „Schülerinnen und Schüler sind kompetent, wenn sie zur Bewältigung von Alltagssituationen auf vorhandenes Wissen zurückgreifen, die Fähigkeit besitzen, sich erfolgreiches Wissen zu beschaffen, zentrale Zusammenhänge des jeweiligen Sach- bzw. Handlungsbereichs erkennen, angemessene Handlungsschritte durchdenken und planen, Lösungsmöglichkeiten kreativ erproben, angemessene Handlungsentscheidungen treffen, beim Handeln verfügbare Kenntnisse, Fähigkeiten und Fertigkeiten einsetzen, Das Ergebnis des eigenen Handelns an angemessenen Kriterien überprüfen.“[1]

Kompetenzerwerb zeigt sich darin, dass zunehmend komplexere Aufgabenstellungen gelöst werden können und Wissen in verschiedenen Kontexten genutzt wird.

Um Kompetenzerwerb zu ermöglichen, müssen die Unterrichtsmethoden sich gegebenenfalls verändern. Offene Unterrichtsmethoden, die den Schulalltag bereichern, sind in den Grundschulen entwickelt oder neu entdeckt worden und sollen sich in allen Schulstufen fortsetzen.

An dieser Stelle findet sich die Verknüpfung von Offenem Kindergarten und Grundschule. Kompetenzerwerb geschieht prozessual, „beginnt bereits

1 Niedersächsisches Kultusministerium (2006), S. 5

vor der Einschulung, wird in der Schule in zunehmender qualitativer Ausprägung fortgesetzt und auch im Berufsleben fortgesetzt".[2]

Viele der in der Schule zu erwerbenden und erwarteten Kompetenzen werden im Kindergarten angelegt, nicht spezielle Inhalte stehen im Vordergrund, sondern die pädagogische Auseinandersetzung damit.

Auch die positiven Erfahrungen mit der Pädagogik der Nichtaussonderung in Cuxhavener Kindergärten beginnen sich in der Schule fortzusetzen. Seit Jahren gibt es an unserer Schule Integrationsklassen, aber bei jedem Antrag wird neu entschieden, ob Kinder mit Förderbedarf aus dem Einzugsbereich eingeschult werden, denn die Bedingungen in der Schule sind nicht mit denen in den Kindergärten zu vergleichen: In der Schule muss stets die Frage im Vordergrund stehen, ob die bestmögliche Förderung für ein Kind im Klassenverband mit nur wenigen Integrationsstunden durch eine Förderlehrkraft ermöglicht werden kann und ob eine Schulbegleitung erforderlich ist und auch bewilligt wird. Unstrittig ist, dass die Kindergärten Schule in diese Richtung „bewegt" haben. Ab 2012 soll es für Grundschulen ein Regionales Integrationskonzept geben, das vorsieht, dass alle Kinder in die Grundschule eingeschult werden und somit die Pädagogik der Nichtaussonderung fortgeführt werden wird. Wir wünschen uns, dass die Einführung dieses Konzepts fachlich und pädagogisch ebenso intensiv begleitet wird wie in den Kindergärten.

3. Kinder aus Offenen Kindergärten kommen als neugierige, offene Kinder in die Schule

In den letzten Jahren ist zu beobachten, dass Kindergartenkinder gute Voraussetzungen für veränderten Unterricht mitbringen. Die sogenannte Eingewöhnungsphase in der Schule ist sehr viel kürzer geworden, und uns wird Raum geboten, schneller als Gruppe zusammenzuwachsen.

Uns begegnen offene, neugierige Kinder, die sich in der Schule gut zurecht finden und stolz darauf sind. Die Kinder kennen sich untereinander, auch wenn sie aus verschiedenen Kindergärten kommen und spielen mitei-

2 Niedersächsisches Kultusministerium (2006), S. 5

nander. Sie kennen viele Arbeitsformen, sind gewohnt, Unterrichtsmaterialien ebenso wie Spielmaterialien wieder aufzuräumen und ebnen so sich und uns den Weg zu einem guten Miteinander.

Partner- und Gruppenarbeit werden im ersten Schuljahr angebahnt. Für die meisten Kinder ist es kein Problem, mit einem Partner zusammenzuarbeiten. Ich bin immer wieder begeistert, wenn Kinder unterschiedlichen Leistungsniveaus sich helfend unterstützen. So wird für uns Lehrkräfte der Weg frei für Hilfestellung dort, wo sie dringend benötigt wird.

Meistens gibt es im ersten Schuljahr schon kleine Projekte. Dort können die Kinder an Stationen unterschiedlichste Aufgaben zu einem Thema bearbeiten. Es gibt Pflicht- und Wahlstationen. Hier zeigt sich, dass die Schulkinder schon gut damit umgehen können, sich mit unterschiedlichen Partnern/Gruppen zusammenzufinden oder sich überhaupt zu entscheiden, auch das will gelernt sein.

In diesem Schuljahr ist es uns gelungen, vor den Herbstferien in den ersten Klassen ein Apfelprojekt mit Unterstützung durch viele Eltern durchzuführen und nach den Ferien Stationenlernen zum Thema Zahlzerlegung anzubieten. Beide Themenbereiche wurden an jeweils drei Tagen klassenübergreifend im ganzen Jahrgang durchgeführt (drei Klassen)! Den meisten Schülern hat es sehr gefallen, und wir Lehrkräfte waren positiv überrascht, wie gut das klassenübergreifende Lernen schon zu Beginn der Schulzeit geklappt hat.

Gelingendes Miteinander von Grundschule und Kindergarten, ich finde, es gelingt immer besser. Gehen wir weiter aufeinander zu, bleiben wir im Gespräch.

Literatur

Niedersächsisches Kultusministerium (Hrsg., 2006): Kerncurriculum für die Grundschule. Schuljahrgänge 1–4. Deutsch. Hannover

Elke Oellerich ist Lehrerin an der Grundschule in Cuxhaven Franzenburg

VII. Erziehungspartnerschaft

Ulrike Hogrefe

Auf dem Weg zur Erziehungspartnerschaft mit Eltern – Die Chance durch die Aufnahme von Kindern bis zum dritten Lebensjahr

„Erziehungspartnerschaft begreift die Zusammenarbeit von Eltern und Institutionen der Kleinkindererziehung. Der Aspekt der Zusammenarbeit unterscheidet Erziehungspartnerschaft von Elternbildung, d.h. es handelt sich hier nicht um einen einseitigen Informationsfluss, ausgehend von der Erzieherin hin zu den Eltern. Erziehungspartnerschaft ist vielmehr ein gemeinsamer Lernprozess: Eltern und Erzieher diskutieren über Ziele und Methoden der Erziehung von Kindern, die dabei auftauchenden Probleme und Lösungsvorschläge."
(nach Schmitt-Wenkebach)

1. Informationen zu unserer Einrichtung

Die Kindertagesstätte St. Gertrud Duhnen liegt in einem Stadtteil von Cuxhaven, der etwas außerhalb des Stadtkerns liegt. Zum Einzugsbereich unseres Kindergartens gehören auch der Ortsteil Stickenbüttel und ein Teil des Ortsteils Döse.

Während der Ferien ist das Straßenbild im Duhner Ortskern geprägt von Touristen. Für unsere Kindergarteneltern macht sich dies bemerkbar durch ein erhöhtes Verkehrsaufkommen und mehr Parkplatzbedarf. Natürlich spiegelt sich das Bild auch am Strand und beim Einkaufen wider. Unser Kindergarten ist vor 18 Jahren als zweigruppige Einrichtung gebaut worden. Für uns ist die ‚gemeinsame Erziehung behinderter und nicht behinderter Kinder' wesentlicher Bestandteil unserer Arbeit. Weiterhin ist unser pädagogischer Ansatz geprägt vom christlichen Menschenbild.

Ich schreibe diesen Artikel aus Sicht der Leitung des Hauses, die selbst zu einem guten Teil mit in der pädagogischen Arbeit tätig ist.

Seitdem wir vor ungefähr zwei Jahren begonnen haben, auch Kinder unter drei Jahren aufzunehmen, hat sich unsere Arbeit verändert. Mitarbeiter haben durch eine Langzeitfortbildung für Kinder unter drei Jahren neue wissenschaftliche Erkenntnisse z. B. zur Bindungstheorie in die Arbeit eingebracht. Dieser neue Ansatz hat auch Auswirkungen auf die gesamte Pädagogik mit allen Kindern.

Wir arbeiten altersübergreifend, und jedes Kind hat eine Bezugserzieherin. Mit ihr treffen sich die Kinder zur Tagesplanung morgens und zum Abschlusskreis vor dem mittäglichen Abholen oder Mittagessen. Der Kindergarten und das Gemeindezentrum mit einem Veranstaltungsraum, Küche und sanitären Anlagen ergeben zusammen einen Gebäudekomplex.

2. Was hat mich bewegt, zu diesem Thema zu schreiben?

Die Elternarbeit ist mir im Laufe meiner nun schon 40-jährigen beruflichen Tätigkeit als ein Baustein für eine gute pädagogische Arbeit immer wichtiger geworden. Deutlich wurde auch, dass Elternarbeit nicht alles umfasst, was die vertrauensvolle Zusammenarbeit zwischen Eltern und Erziehern ausmacht. Erziehungspartnerschaft meint mehr. Es ist nicht nur die formelle Partnerschaft zwischen zwei Vertragspartnern. Partnerschaft impliziert, dass Kindertagesstätte und Eltern ein gleichberechtigtes Bündnis eingehen und gleichwürdig im Dialog sind.

Eine gute Beziehung, die von Anfang an geprägt ist von Empathie, Toleranz, gegenseitiger Achtung und Offenheit, dient dem Wohl und so auch einer guten Entwicklung des Kindes.

Beide Partner verfolgen das gleiche Ziel und arbeiten zusammen. Heute sehe ich in der individuellen Eingewöhnung des einzelnen Kindes eine gute Chance und die Erweiterung unserer Elternarbeit.

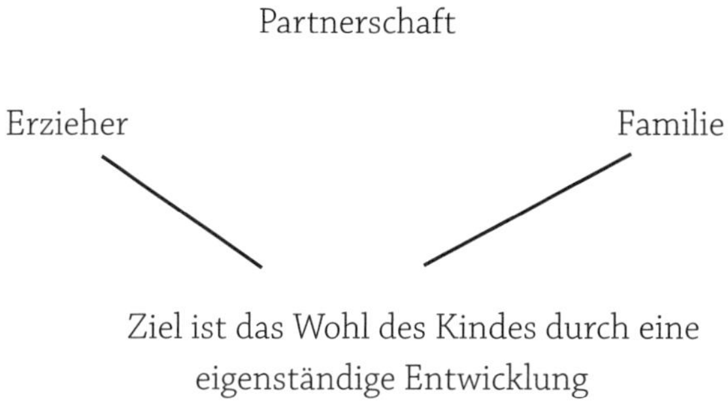

Wie war es bis vor Kurzem? Noch vor zwei Jahren kamen die meisten Kinder mit dem 3. Lebensjahr oder auch älter zu uns in die Kindertagesstätte. Wir boten einen Erst – Elternabend vor den Sommerferien an und luden alle zukünftigen Kindergarteneltern dazu ein. An dem Abend stellten wir unsere pädagogische Arbeit und einen Teil unserer Konzeption vor. Es gab für Eltern die Möglichkeit Fragen zu stellen. Die Kolleginnen trafen sich mit den Eltern, für die sie am Anfang der Kindergartenzeit Bezugserzieherin sein würden, Verträge wurden unterschrieben und der Ablauf der ersten Tage besprochen. Auch früher war uns wichtig, von Eltern etwas über ihr Kind zu erfahren und mit ihnen zum Wohl ihres Kindes ins Gespräch zu kommen.

Nach den Ferien kamen die Kinder ins Haus. Nicht alle gleichzeitig, erst einmal stundenweise, Eltern waren in Rufnähe, sodass sie im Zweifelsfall auch schnell da sein konnten. Inzwischen wurden die Kinder jünger und wir mussten umdenken.

3. Was ist anders geworden?

In unseren Offenen Kindergarten kommen schon seit geraumer Zeit zunehmend Kinder unter drei Jahren. Inzwischen nehmen wir Kinder auf, die demnächst zwei Jahre alt werden und sicher bald auch Kinder, die noch jünger sind. Kindern leben dadurch in unserem Offenen Haus in alterübergreifenden Gruppen.

Für Eltern ist es immer wichtig, dass Kinder in der gewählten Kindertagesstätte sicher geborgen sind und ein gutes Klima für Entwicklung vorhanden ist. Das gilt unabhängig vom Alter ihres Kindes. Darum versuchen wir allen Eltern für ihre Kinder eine individuelle Erziehungspartnerschaft anzubieten und sie mit ihnen anzubahnen.

Wie beginnen wir das? Eltern, die sich für unseren Kindergarten entschieden haben, kommen zu einem Erstgespräch mit ihrem Kind ins Haus. Die zukünftige Bezugserzieherin führt mit den Eltern in aller Ruhe das Erstgespräch. Als Grundlage dienen bestimmte Fragen, die teilweise aus der Fortbildung zum Thema „Kinder unter 3 Jahre" stammen und die wir für unsere Kinder individuell weiter entwickelt haben und regelmäßig neu anpassen.

Fragebogen für das Erstgespräch:

- Name des Kindes:
- Geburtsdatum:
- Besonderheiten bei der Geburt (Kaiserschnitt, Frühchen etc.)
- Was oder womit spielt ihr Kind bevorzugt?
- Was trinkt bzw. Isst ihr Kind gerne? Was lehnt es ab?
- Bekommt es Gläschen? Isst es das Essen der Erwachsenen mit?
- Was darf es nicht Essen oder trinken (Allergien/ Kultur)?
- Wie macht ihr Kind sich bemerkbar (Sprache)?
- Macht ihr Kind Mittagsschlaf? Wenn ja, soll es im Kindergarten schlafen?
- Welche Schlafgewohnheiten hat es (Schnulli, Flasche, Teddy, Kuscheltuch)?
- Ist ihr Kind sehr auf Erwachsene bezogen?
- Gestaltung der Eingewöhnung nach dem Berliner Eingewöhnungsmodell :
- War Ihr Kind schon mal über einen Zeitraum von Ihnen getrennt und wie war diese Situation?
- Wer begleitet das Kind in der Eingewöhnungsphase? (Absprachen)
- Wickelsituation (Gibt es Rituale beim Wickeln)?
- Fragen, Sorgen, Wünsche der Eltern

4. Der Beginn im Kindergarten

Die Eltern/Erziehungsberechtigten nehmen sich Zeit (Urlaub o. Ä.) für die Eingewöhnung ihres Kindes. Sie werden im Haus begrüßt und empfangen. Mutter oder Vater, manchmal auch beide Elternteile und die Bezugserzieherin begleiten das Kind in der neuen Umgebung am ersten Tag meistens für etwa eine Stunde. Dabei kann der Kontakt zum Kind langsam wachsen, und die Bezugserzieherin erfährt bei der Begleitung des Kindes mehr von den Eltern über das Kind. Erzieherin und Eltern sind im Gespräch miteinander. Das Kind erlebt, wie seine Eltern mit der Mitarbeiterin im Gespräch sind und dass seine Eltern und die Erzieherin vertrauensvoll miteinender reden. Die Erzieherin erfährt, wie die Eltern mit dem Kind kommunizieren und was die Beziehung der Eltern zu ihrem Kind prägt.

Wir verfahren dann in den nächsten Tagen im Wesentlichen nach dem Berliner Eingewöhnungsmodel, das wir moderat für das einzelne Kind umsetzen. In diesen ersten Tagen erleben Eltern den Kindergartenalltag mit. Fragen, die sich auftun, können zeitnah ausgetauscht werden. In einem solchen wechselseitigen Kennenlernen baut sich grundlegendes Vertrauen für eine Erziehungspartnerschaft auf.

Was bringen die Eltern mit? Die Liebe zu ihrem Kind. Die Sorge um ihr Kind. Sie sind die Experten für ihr Kind. Eltern sehen ihr Kind, nicht die Kindergruppe. Sie haben das Erziehungs- und Sorgerecht. Sie kennen ihr Kind von Anfang an. Was bringt die Erzieherin mit? Fachkompetenz und pädagogisches Handeln. Wissen über die Entwicklung von Kindern. Erziehung ist der Beruf der Erzieherin.

Wie ist unsere Erfahrung? In den meisten Fällen gehen Kinder schon nach einigen Tagen mit ihrer Bezugserzieherin mit. Sie finden Räume oder Spielpartner, die es möglichen machen, dass Eltern sich mehr und mehr zurückziehen. Eltern sind aber im Kindergarten anwesend. Schon bald können sie dann für einige Zeit das Haus verlassen. Sie bleiben so nah, dass sie bei Bedarf aber erst noch schnell erreichbar bleiben. Ausschlaggebend ist dabei, wie stabil sich die Beziehung zwischen Elternteil, Kind und Bezugserzieherin inzwischen entwickelt hat. Dies alles ist ein gemeinsamer Lernprozess für beide Seiten. Eltern und Erzieher tragen eine gemeinsame Verantwortung für die Entwicklung des Kindes.

Was ist der Vorteil? Wir erleben es als großen Vorteil, dass wir so näher an der Familie und damit am Kind sind und so manche Frage, die wir früher oft erst nach einigen Wochen/Monaten stellen konnten, schon früh, fast nebenbei stellen und beantwortet bekommen.

Eltern, die selbstverständlich im normalen Kindergartenalltag „mitlaufen“, erleben, welche Strukturen und Regeln es gibt, wie der Tagesablauf und die Rituale sind. Dadurch haben sie später dazu weniger Fragen; und oft erübrigt sich das Hospitieren, weil sie vieles miterlebt haben. Tageskreis, Abschlusskreis, Planungen für den Tag, Durchführung von Angeboten und was in unserem Haus sonst noch gelebt wird.

5. Beispiele, wie Kinder sich unterschiedlich einleben!

Kai kommt kurz vor seinem zweiten Geburtstag in den Kindergarten. Sein Bruder geht schon zwei Jahre in unsere Einrichtung. Mama ist mit dabei. Da sind zwei vertraute Personen (Mama und Bruder), außerdem ist Kai unser Haus auch bekannt, weil er oft zum Bringen und Abholen von Luka dabei war. Außerdem ging er einmal pro Woche mit Mama in die Krabbelgruppe, die sich im Gemeindezentrum trifft und direkt an die Kindertagesstätte grenzt. Oft konnte er seinen Bruder draußen oder in der Halle des Kindergartens spielen sehen. Kais erste Stunde vergeht wie im Flug. Kai entdeckt Dinge, die ihn interessieren. Da sind die Fische im Aquarium, denen er gern zuguckt. Dafür streckt er die Arme seiner Bezugserzieherin entgegen und macht ihr deutlich: Ich will auf deinen Arm, damit ich besser sehen kann. Dabei kann Mama ruhig im Raum sein oder sich auch in der Halle aufhalten. In den ersten Tagen fragt er noch manchmal: Mama? Er bekommt die Antwort: Ja, Mama wartet auf dich in der Halle. Schon bald geht er mit in den Tageskreis. Anfangs braucht er die Gewissheit, dass Mama auf ihn wartet, dann geht er gern mit. Nach einigen Tagen ist es dann schon soweit: Mama sagt ihm: Ich gehe jetzt und hole dich nachher ab. Eine Bilderbucheingewöhnung. In diesem Fall war auch der Bruder schon als 2-Jähriger in den Kindergarten gekommen. Eine Erziehungspartnerschaft hatte sich schon in den zurückliegenden zwei Jahren entwickelt. Der Bruder war damals das erste Kind in unserem Haus, das nach dem Berliner Eingewöhnungsmodell im Kindergarten begann. Wir hatten einen großen Vertrauensvorschuss, was sich auch günstig auf den Bruder auswirkte.

Nora kommt mit zwei Jahren in den Kindergarten. Sie ist Einzelkind, Mama ist Philippinin, Papa ist Deutscher. Die Eltern der Eheleute leben in de Nachbarschaft der Eltern des Vaters. Nora hat noch wenig Erfahrung mit Kindern. Sie wächst sehr behütet auf. Die neue Umgebung ist erstmal sehr fremd. Beide Eltern sind in der Eingewöhnungszeit mit im Haus. Nora mag sich nicht von ihnen lösen. Langsam wächst das Vertrauen des Kindes zu der Erzieherin. Sie wird für sie zum sicheren Hafen. Folge ist, dass das Kind nun nicht mehr von ihrer Seite weicht.

Über viele Tage erstreckt sich die Eingewöhnung. Nora gelingt es aber nach und nach immer länger im Kindergarten zu sein, ohne Mama und Papa zu vermissen. In einer intensiven Fallbesprechung im Team (nach dem Methodenkonzept der Handlungsforschung) beraten wir, was interessiert Nora, was müssen wir ihr anbieten, wie und wo fühlt sie sich sicher?

Schritt für Schritt gelingt es uns Dinge zu finden, die ihr Freude bereiten. Die Eltern sehen und spüren, dass ihre Tochter kleine Fortschritte macht. Für sie ist es eine große Freude. Es sind regelmäßige Tür- und Angelgespräche und z. T. intensive Rückmeldungen und Gespräche über sechs Monate nötig. Mutter und Vater sind bemüht, alles für ihr Kind zu tun und trauen ihrer Tochter dadurch manchmal eigene Schritte nicht zu. Hier versuchen wir Eltern zu stärken, ihrem Kind etwas zuzutrauen. Wir begleiten im Beisein der Eltern Nora beim Frühstück. Nora holt sich allein ihren Teller und einen Becher, sucht sich einen Platz aus, wo sie sitzen möchte usw. Anfangs haben die Eltern ihrer Tochter dies alles abgenommen. Sie erleben wie die Begleitung durch die Erzieherin dem Kind Raum lässt für eigene Handlungen und Entscheidungen.

Niko ist gerade zwei Jahre alt. Er kommt in den Kindergarten mit Mama, die mit dem zweiten Kind schwanger ist. Niko ist lebhaft und neugierig. Er spricht nur wenige Worte, aber kann seine wenigen Worte gut einsetzen und sich mit Zeichen verständigen. Er ist motorisch gut und entdeckt sehr schnell, dass er sich im Bewegungsraum prima austoben kann. Mama oder Papa sind nicht so wichtig, solange er weiß, dass sie da sind. Trost findet er bei seinen beiden Eseln, seinen Übergangsobjekten. Oft wird er von Papa gebracht und hält schon bald den ganzen Vormittag durch. Wichtig sind auch in der Trennungssituation die Esel.

Nach ca. vier Wochen kommt ein weiterer kleiner Junge, auch zwei Jahre alt und schon nach wenigen Stunden sind diese beiden unzertrennliche Freunde. Für beide sind dann Mama oder Papa nicht mehr vorrangig wichtig. Sie haben sich gegenseitig gefunden.

6. Fazit

Wie weit sich die angebahnten Erziehungspartnerschaften als tragfähig erweisen, dass hängt davon ab, wie sich das gegenseitige Vertrauen weiter entwickelt. Der Anfang ist die Basis, die gelegt wird. Daran muss weiter gearbeitet werden. Erziehungspartnerschaft bleibt ein offener Prozess mit fortlaufenden Veränderungen.

Alle späteren Gespräche, die im Laufe der Kindergartenzeit geführt werden, profitieren dauerhaft von den gemeinsamen Anfängen. Unsere Erprobung bewährt sich.

Zu einer gut entwickelten Beziehung zwischen Familie und Kindertagesstätte gehört es, regelmäßig im Kontakt zu bleiben. Dieser Kontakt kann in Tür- und Angelgesprächen gepflegt werden. Regelmäßige Entwicklungsgespräche sind im Jahresablauf fester Bestandteil. Elternbriefe, die Abläufe im Alltag deutlich machen, dienen der Transparenz. Elternmitarbeit erfolgt bei Festen, Feierlichkeiten und gemeinsamen Ausflügen. Manche Eltern sind bei einem guten Beziehungsaufbau auch bereit, im Elternbeirat mitzuarbeiten. Elternabende z. B. zu Erziehungsthemen, zum Tagesablauf, Gesundheit oder Ernährung oder gemeinsame Abende, zu denen jeder eine Kleinigkeit zu einem gemeinsamen Büffet beiträgt, Feste im Jahreslauf, Gottesdienste, stärken und erweitern die Beziehung zwischen Familie und Kindergarten und dadurch die Partnerschaft im Sinne der anfangs wiedergegebenen Definition.

Ulrike Hogrefe ist Leiterin der Ev.-luth. Kindertagesstätte „Regenbogen“ in Cuxhaven Duhnen. Sie ist Mitarbeiterin im Netzwerkes zum Offenen Kindergarten. Hospitationen sind erwünscht.

Silke Karallus

Eltern im Zwiespalt, weil sie Angst um die Zukunft ihrer Kinder haben

1. Das Miteinander war selbstverständlich – Familie im Wandel

Sehe ich an den Anfang, so haben Eltern dafür gekämpft, dass ihre Kinder gemeinsam leben und lernen. 1995 brauchten wir keine Überzeugungsarbeit zu leisten, damit alle Kinder, behinderte und nichtbehinderte Kinder die Einrichtung besuchten. Das war selbstverständlich. Damals waren wir ein Kindergarten für 3–6-Jährige mit einer Halbtags- und einer Ganztagsgruppe in der Trägerschaft der ev.-luth. Kirchengemeinde Altenwalde. Altenwalde hat einen eher dörflichen Charakter, und auf die Gemeinschaft innerhalb des Ortes wurde Wert gelegt. Die Hilfsbereitschaft war etwas intensiv gelebtes. Viele Eltern kannten sich untereinander durch den Besuch der Schulen, die Vereine oder die Nachbarschaft. Die meisten sind hier groß geworden und haben ihren Berufswunsch in Cuxhaven verwirklichen können. Andere haben Altenwalde verlassen, um zu studieren oder eine Ausbildung zu beginnen. Die letzteren haben sich, als es um die Familienplanung ging, bewusst dafür entschieden, wieder zurück nach Cuxhaven zu kommen. Die Familien hatten ein oder zwei Kinder. Die Väter waren meistens die Hauptverdiener. Die Mütter waren zum großen Teil zu Hause oder am Vormittag in Teilzeit beschäftigt. Wenige Alleinerziehende oder „Patchwork“ Familien zählten zu der Elternschaft. Sie wohnten in Einfamilienhäusern mit Garten, wenige in Wohnblöcken. Die Anbindung an die eigenen Elternhäuser war gegeben.

2. Eltern-Arbeit. Alle packten mit an

Die Eltern hatten ein großes Interesse an der pädagogischen Arbeit und der Mitgestaltung des Kindergartens. Thematische Elternabende wurden gut angenommen und der Offene Kindergarten von den Eltern getragen. Räume wurden mit ihrer Hilfe umgestaltet. Sie packten bei der Gestaltung des Außengeländes mit an, interessierten sich für die Belange der Einrichtung und setzten sich dafür ein. Bei Festen halfen alle mit, immer das Gemeinwohl im Blick. Bei Fragen, die Eltern über die Entwicklung ihrer Kinder hatten, begleiteten wir sie beratend. Regelmäßig zwei Mal im Jahr führten wir Elterngespräche, bei Bedarf entsprechend mehr. Eltern sahen uns als kompetente Fachfrauen und -männer und als Begleiter ihrer Kinder. Sie ließen ihren Kindern, Zeit den nächsten Schritt zu tun und sie vertrauten auf die eigene Entwicklung ihres Kindes. Hilfen, wie zum Beispiel die Erziehungsberatung, wurden nach intensiven Gesprächen aufgesucht und eigenes Handeln wurde überdacht. Eltern war es offensichtlich, dass sich alle Kinder, auch ihre Kinder entwickeln wollen und jedes sein eigenes Tempo hat. Mit dieser Sichtweise vom Kind konnten sie die jeweilige Entwicklungsphase annehmen und den Kindern die nötige Zeit lassen. Sie hatten ihre Kinder und deren Entwicklung immer im Blick. Das war einfacher, da sie sich an kleinen Netzwerken beteiligten. So war es normal, so genannte runde Tische zu installieren, an dem alle Beteiligten aus dem Umfeld des Kindes (u. a. Frühförderung, Ärzte, Therapeuten) in den Austausch kamen, um sich über die Entwicklung des Kindes zu informieren. War es angezeigt, Förderung einzuleiten, wählten Eltern die entsprechende Maßnahme. Eingebunden waren alle Personen oder Institutionen, die mit dem Kind in Verbindung standen, um eine positive Entwicklung zu ermöglichen. Das alles mag sehr ideal klingen. In einem Ort mit dörflichem Charakter ging es wirklich früher so zu.

3. Vom Wandel der letzten 20 Jahre

Unsere Einrichtung wuchs stetig. Erst kam eine Vormittagsgruppe dazu, dann folgte eine Schulkindergruppe. Seit dem Sommer 2010 nehmen wir Kinder unter drei Jahren auf. Wir wuchsen vom Zwei-Gruppen-Kindergarten zu einer relativ großen Einrichtung mit fünf Gruppen. Es gab immer wieder neue Herausforderungen. Gewandelt hat sich nicht nur das Gebäude, auch die Kinder, Eltern und Mitarbeiter, die bei uns ein- und ausgehen.

Seit der Pisa-Studie und den öffentlichen Diskussionen um frühkindliche Bildung und der Weltwirtschaftskrise haben die Verunsicherungen in den Familien erheblich zugenommen.

Heute hat der Bedarf an Krippen-, Ganztags- und Hortplätzen zugenommen. Die Betreuungszeiten haben sich verlängert. Eltern sehen ihre Kinder manchmal nur noch für einige Stunden am Tag. Beide Elternteile sind meistens berufstätig. Immer weniger Eltern entscheiden sich, ihr Kind bis zum dritten Lebensjahr selbst zu betreuen. Mütter und/oder Väter nehmen zwar gerne ihre Elternzeit in Anspruch, müssen dann aber nach 16 Monaten wieder zurück in den Job. Die hohen Erwartungen der Väter und Mütter an ihr Rollenverständnis kollidieren mit ihrem Anspruch und der Wirklichkeit. Die Situation der Väter hat sich in sofern verändert, dass sie beruflich immer mehr gefordert werden und sich gleichzeitig auch mehr um das Familienleben kümmern sollen und wollen. Mütter befinden sich im Zwiespalt zwischen Familie und Beruf. Viele Mütter kommen sich wie „Rabenmütter" vor. Sie setzen sich täglich mit der Frage auseinander: „Werde ich meinem Kind/meinen Kindern gerecht?" Alleinerziehende sind in einer ähnlichen Situation. Somit verbringen die Kinder nicht mehr den größten Teil des Tages in der Familie und haben zudem verunsicherte Mütter und Väter.

In Gesprächen mit Eltern, die wir heute weiterhin regelmäßig führen, erzählen sie von ihren Befürchtungen und Ängsten, dass ihre Kinder in der Gesellschaft nicht bestehen könnten. Der Bedarf an diesen Gesprächen ist in den letzten Jahren gewachsen. Eltern wünschen sich häufigere Gespräche mit uns über die Entwicklung ihrer Kinder. In diesen erzählen sie uns, dass die Anforderungen gewachsen sind. Welche Erwartungen hat die Schule an mein Kind? Wird das Kind den Erwartungen gerecht? Diese und andere Fragen beschäftigen die Eltern.

Mit diesem Blick versuchen sie ihrem Kind alles mitzugeben, damit es bestehen kann. Sie geben viel Zeit und Geld aus, um nichts zu verpassen. Die Erwartungshaltung an unsere Einrichtung wird immer stärker. Durch ihre Ängste stehen Förderangebote im Vordergrund. Zunehmend wollen sie die „richtigen" Antworten in Bezug auf die Erziehung, Bildung und Förderung ihres Kindes. Um Antworten auf ihre Fragen zu erhalten, suchen sie auch in Fachzeitschriften, im Fernsehen und Internet nach Lösungen für ihre Probleme. Das führt häufig zu noch größeren Verunsicherungen in den Familien. Mit dem Anspruch der bestmöglichen Förderung wächst, unterschwellig der Konkurrenzgedanke: „Mein Kind soll anderen gegenüber weiter sein." So vergleichen Eltern ihre Kinder untereinander. Aus diesem Druck heraus gestalten sie, aus meiner Sicht, durch zusätzliche Angebote (Musikschule, Sportverein, Englischkurse u. a.) den „Terminkalender" ihrer Kinder.

4. Eltern und Pädagogen im Zwiespalt

Für mich stellen sich folgende Fragen: „Wo werden die Bedürfnisse der Kinder berücksichtigt? Was benötigen sie heute, um sich individuell entwickeln zu können, um sich aus ihrer eigenen Motivation heraus die Welt zu erobern? Wo bleiben Spaß, Freude und Lust beim erfahren der Dinge, die für Kinder der eigentliche Motor des Aneignens von Wissen ist?" Hat sich die Sichtweise vom Menschen/Kind so gewandelt? Haben Eltern eine andere Sichtweise gewonnen? Ist irgendetwas in den letzten 20 Jahren verloren gegangen?

Unser Team versteht sich nach wie vor als Entwicklungsbegleiter der Kinder und Erziehungspartner der Eltern. Unsere Aufgabe besteht darin, den Kindern eine anregende Umgebung zu schaffen, in der sie Selbstgestalter ihrer Entwicklung sein können. Wir fragen uns weiter, ob unsere Sichtweise vom Kind wirklich so konträr im Vergleich zu der der Eltern ist? Haben wir ein so unterschiedliches Bildungsverständnis? In den Gesprächen wird uns deutlich, dass die Eltern aus der Fülle von Informationen, wie ihre Kinder bestmöglich gefördert werden, hin und her gerissen sind. Selbstverständlich möchte jeder das Beste für sein Kind. Die Frage ist: „Wie ist das heute möglich?"

Teilweise haben Eltern ihre Sorgen offen im Gespräch erläutert. Im Diskurs mit den Beteiligten wird klar, dass uns als Mitarbeiterinnen, wenn es um Beratung in Erziehungsfragen geht, Wertschätzung entgegen gebracht wird und Eltern uns als Fachfrauen und Fachmänner annehmen. Auf Elternabenden kommt ein positives Feedback. Eltern gehen zufrieden nach

Hause. Es scheint, als wenn die Informationen für Eltern gut nachzuvollziehen sind. Ein Phänomen ist dabei allerdings, das die vielen anderen Informationen, wie im Vorfeld schon erläutert, nach einiger Zeit das Vertrauen in die Eigenentwicklung des Kindes erschüttert. Ich gehe davon aus, dass der gesellschaftliche Druck doch zu hoch ist und das eigene Zeitmanagement die gewonnene Sichtweise erschüttert. Es fehlt offenbar die innere Gelassenheit, dem eigenen Kind zu folgen und seine vielen positiven Entwicklungsfortschritte zu erkennen.

Statt zur Gelassenheit zu finden, werden Kinder zu Veranstaltungen gebracht. Hier einige Beispiele:

- Um Kim die Teilnahme an Freizeitangeboten und Therapien am Vor- und Nachmittag zu ermöglichen, holen die Eltern ihre Tochter vom Kindergarten ab und bringen sie nach Beendigung der Maßnahme wieder zurück.
- Die Eltern von Hannes bringen ihn einmal die Woche ambulant zur Ergotherapie. Am Nachmittag fahren sie ihn zum Fußballtraining und er nimmt in der Stadt an der Musikschule teil.
- Sophie wechselt nach kurzer Zeit ihre Spielorte. Sie fängt vieles an, ohne es zu Ende zu bringen. Beim schneiden und malen ist sie unsicher und die Stifthaltung fällt ihr schwer. Ihre Eltern überlegen, ob sie mit ihr zur Ergotherapie gehen sollen

Auf der anderen Seite erzählen uns die Eltern, wie wichtig ihnen die gemeinsame Zeit ist und dass sie diese selber sehr genießen, wie den Besuch im Zoo, Radtouren, Reitstunden, Tanzunterricht, Spaziergänge zum Spielplatz oder andere Freizeitaktivitäten. Aber auch dabei machen sich einige nicht frei von dem Gedanken der Förderung. Sich dabei von Bildung frei zu machen, einfach etwas zu tun, weil es Freude bereitet, scheint schwer umsetzbar.

Ähnlich verhält es sich mit der Bildungsarbeit und Förderung im Kindergarten. Eltern fällt es schwer zu erkennen, wie „produktiv" ihre Kinder im Alltag sind. Was sich ihr Kind angeeignet hat, wenn es nach dem Backangebot zufrieden davon berichtet, am Ende aber für die Eltern nicht sichtbar das Brot mit nach Hause nimmt, da es im Abschlusskreis mit allen Kinder geteilt wurde. Was das Kind bei den einzelnen Arbeitsschritten und beim gemeinsamen verzehren „erlernt" hat, ist für Eltern als Produkt nicht zu erkennen. „Wieder mal nur gespielt!" Kann man aus manchen Augen lesen. So gehen die Erwartungen der Eltern trotz offener Gespräche nicht konform mit denen unserer Einrichtung.

5. Neue Wege

In der Zusammenarbeit mit den Eltern müssen wir Pädagogen den Wandel in der Gesellschaft im Fokus haben. Ich meine, dass den Eltern ein echtes Interesse entgegen gebracht werden muss. Dabei ist die Haltungsfrage für mich die Entscheidende. Wir befinden uns hier im Prozess mit den Eltern. Für uns in der Kindertagesstätte bedeutet das, mit Eltern immer wieder in den Dialog zu treten und uns ihre Sorgen anzuhören, um sie besser zu verstehen, ihnen aber auch unsere Sichtweise vom Kind, von frühkindlicher Bildung und unserem pädagogisches Konzept elementarer Entwicklung aufzuzeigen.

Kinder sind Selbstentwickler, sie lernen und entwickeln sich am Besten, in dem sie Dinge tun, die ihnen Spaß machen und sie somit aus eigenem Antrieb lernen. Auch zukünftig wird es immer wieder wichtig sein, dass wir dem Bildungsdruck nicht unterliegen und nicht der Versuchung zu unterliegen, auf Quantität zu setzen. Wir müssen im Team lernen, uns auf das Wesentliche zu zentrieren und bei den Eltern werben, das Vertrauen in ihre Kinder nicht zu verlieren.

Noch rechtzeitig vor dem Abschluss meines Artikels erschien das Buch von Jesper Juul mit dem Titel „Eltern Coaching, gelassen erziehen" (Beltz-Verlag). Juul, ein dänischer Familientherapeut, ist viel in Deutschland unterwegs und kämpft nach eigenen Aussagen mit den deutschen Müttern und Vätern um eine angemessene Erziehung ihrer Kinder.

In „Elterncoaching" spricht Juul vom „Projekt Kind" (S. 66ff.). Eltern haben feste Vorstellungen über die Entwicklung ihrer Kinder, so wie es sich auch in unseren Gesprächen zeigt, von denen ich berichtete. Besonders haben mich in Juuls Buch die Schilderungen von Eltern berührt, die ihre Hilflosigkeit deutlich machen. In seinen Gesprächen geht Juul behutsam auf die Eltern ein und verdeutlicht ihnen gleichzeitig, dass sich ihr Kind auf seine ihm eigene und einzigartige Weise entwickelt. Sein Aufruf lautet: „Mit Kindern im Hier und Jetzt zusammen sein und nicht die eigenen Wünsche für die Zukunft der Kinder in den Vordergrund stellen." Ohne diese Anteilnahme verlieren Eltern das Schönste, was es auf der Welt gibt. Das Buch von Juul ist Eltern sehr zu empfehlen.

Silke Karallus ist Kindergartenleiterin der Ev.-luth. Kindertagesstätte Cuxhaven Altenwalde und Mitarbeiterin im Netzwerk zum Offenen Kindergarten

Katharina und Stephan Leinhäuser

Auch unser drittes Kind ist im Offenen Kindergarten – Was uns beeindruckt, was uns gefällt

Habt ihr euch das gut überlegt? Ob das gut geht mit dem offenen Konzept?

Unser Sohn, Frieder, ist hochgradig sehbehindert und war das erste unserer Kinder im evangelischen Emmaus Kindergarten. Wir wollten ihn gerne in eine Integrationsgruppe schicken, und da kam nur der Emmaus Kindergarten in Frage. Es gab schon skeptische Einwände: „Er braucht doch ganz klare Strukturen, damit er zurechtkommt, und dann so ein Durcheinander mit vielen verschiedenen Räumen…" Wir haben uns trotzdem dafür entschieden und alles auf uns zu kommen lassen. Nach dem ersten Elternabend vor Beginn der Kindergartenzeit war uns klar, dass die Erzieherinnen genau wissen, was sie tun. Sie stehen hinter dem, wie sie arbeiten, und sind sicher, dass es dort mit unserem Sohn gut klappen wird. Das hat auch uns überzeugt.

Unser zweites Kind, Emma, ist schon mit zwei Jahren in den Kindergarten gekommen, weil sie selbst das gerne wollte, nachdem sie den Kindergarten durch ihren großen Bruder kennen gelernt hatte. Aber auch hier konnten uns die Erzieherinnen die Bedenken nehmen. Sie hatten im vorherigen Jahr zum ersten Mal Zweijährige aufgenommen und waren von der erfolgreichen Umsetzung begeistert. Emma war anfangs in einer der vier altersgemischten Stammgruppen und später in einer der neun Bezugsgruppen (s. Seite 175).

Die Arbeitsweise des Kindergartenteams trägt diesen ganzen Kindergarten. Alle Erzieherinnen kennen fast von Anfang an alle Kinder, ihren Hintergrund und die dazu gehörenden Eltern. So fühlt sich kein Kind (und auch die Eltern nicht) verloren in dem relativ großen Kindergarten mit 85 Kindern. Auch wenn die „persönliche" Kleingruppenerzieherin nicht da ist, gibt es eine zweite Partnererzieherin, zu der die Kinder sehr früh Vertrauen haben. Dadurch, dass die Kinder aber auch alle anderen Erzieherinnen in den Räumen oder bei gemeinsamen Aktionen wie dem wöchentlichen Singen erleben, lernen sie schnell, auch mit vielen unterschiedlichen Bezugspersonen gut zurechtzukommen. Jede Erzieherin fühlt sich für jedes Kind verantwortlich. Als Eltern haben wir den Eindruck, dass die Erzieherinnen wirklich vorleben, was sie von den Kindern erwarten: Konflikte konstruktiv zu klären, gemeinsame Absprachen einzuhalten, freundlicher Umgang mit allen und vor allem viel Freude an der Arbeit im Kindergarten.

Wie viel Struktur in der offenen Arbeit steckt, können wir an unseren Kindern gut beobachten. Einiges davon haben sie in unseren Alltag zu Hause mitgebracht oder dort eingefordert. So gibt es bei uns jetzt auch einen Wochenplan, an dem jeden Tag eine Klammer weiter gesteckt wird und auf dem die wichtigen Termine der Kinder mit Symbolen abzulesen sind. Die Strukturierung des Tages mit der Benennung wie im Kindergarten z. B. als Spielzeit, Aufräumzeit, Frühstückszeit etc. wurde bei uns zu Hause nach und nach übernommen. Der feste Ablauf des Kindergartentages und die Gliederung der Woche hat den Kindern schnell geholfen, sich in die Möglichkeiten des offenen Konzepts hineinzufinden.

Alle haben bei ihrer Erzieherin angefangen und waren immer in deren Nähe. Was sie an einem Tag gemacht haben, war also vom Aufgabenbereich der entsprechenden Erzieherin abhängig. In diesem „sicheren Rahmen", konnten sie eigene Erfahrungen in den entsprechenden Räumen sammeln und vor allem bei anderen Kindern beobachten, was alles im Kindergarten möglich ist. Nach dieser Kennenlernphase kam eine Zeit, in der sie mit der Erzieherin zusammen überlegten, was sie machen wollten und mit wem zusammen. Dabei lernten sie, sich auf die Betreuung und Begleitung anderer Erzieherinnen einzulassen. Gegen Ende der Kindergartenzeit kamen sie schon mit eigenen Plänen für den Tag in den Kindergarten, suchten sich dazu Partner und konnten diese selbständig umsetzen.

„Wann haben Sie Zeit für einen Termin? Es hat sich in letzter Zeit so viel getan." Die Entwicklungsschritte unserer Kinder in der Kindergartenwelt haben wir in kleinen Gesprächen beim Hinbringen und Abholen mitbekommen. Ungefähr zweimal im Jahr werden die Eltern aber zusätzlich zu einem Elterngespräch eingeladen. Dann stellt uns die Erzieherin vor, wie es unserem Kind geht, was sich seit dem letzten Mal verändert hat und wo noch Schwierigkeiten sind.

Natürlich ist in den Elterngesprächen auch Zeit für unsere Fragen. Nicht alles, was uns die Kinder erzählen, geben sie im richtigen Zusammenhang wieder. Das kann die Erzieherin in den richtigen Rahmen stellen. Auch was in Erziehung und Auseinandersetzungen zu Hause unsere Themen sind, können wir mit den Erzieherinnen abgleichen. Manchmal ist es beruhigend, dass das Kind im Kindergarten ganz anders ist, in manchen Fällen auch, dass dort ähnliches Verhalten zu beobachten ist. Die Erzieherinnen haben einen anderen Blick auf unsere Kinder, und oft gehen wir mit neuen Anregungen und Vorsätzen nach Hause.

Bei Frieder fanden die Elterngespräche als runder Tisch statt, zu dem alle Therapeutinnen eingeladen waren. Die meisten arbeiteten mit Frieder im Kindergarten während der Betreuungszeit. In diesen Gesprächen wurde immer deutlich, in wie engem Kontakt Erzieherinnen und Therapeutinnen standen. So konnten die Anstöße aus den Therapien im Kindergartenalltag fortgesetzt und umgekehrt beobachtete Schwierigkeiten bearbeitet werden. Diese Vernetzung hat Frieder unglaubliche Entwicklungsfortschritte ermöglicht.

Der Emmaus Kindergarten ist ein evangelischer Kindergarten. Dadurch kommen z. B. alle für Kinder bedeutsamen Feste des Kirchenjahres im Kindergartenalltag vor. Insbesondere die Advents- und Osterzeit bekommen einen christlichen Schwerpunkt. Jeden Morgen treffen sich alle im Bewegungsraum zum Advents- bzw. Ostergarten und die jeweilige Geschichte wird jeden Tag ein kleines Stück weiter erzählt. So werden die Geschichten gespannt verfolgt und mit vielen Liedern begleitet. Auch viele Eltern richten es ein, wenigstens ein Stückchen der Atmosphäre mitzubekommen.

Zu besonderen Anlässen gibt es entweder spezielle Andachten für den Kindergarten oder die Erzieherinnen wirken in Gottesdiensten mit. Dadurch rückt ein Gottesdienst nahe an die Kinder heran, sie passen gespannt auf und singen die bekannten Lieder aus vollem Herzen mit. Gottesdienste und kirchliche Veranstaltungen werden so von Anfang an als etwas Schönes und Vertrautes wahrgenommen. Für uns ist es ein gutes Gefühl, so in unserem Erziehungsauftrag, den wir unseren Kindern in der Taufe zugesagt haben, unterstützt zu werden.

„Endlich bin ich vier Jahre alt." Emma war stolz, denn jetzt durfte sie mit an den Angebotstagen teilnehmen. An diesen Tagen treffen sich alle Kinder ab vier im Bewegungsraum und dürfen, nachdem die Erzieherinnen ihre

Angebote vorgestellt hatten, eines für sich wählen. Die Angebote stammen aus ganz verschiedenen Bereichen des Orientierungsplans für Erziehung und Bildung. Im ersten Durchgang hat Emma oft das Angebot der ihr nahe stehenden Erzieherinnen gewählt. Bei der Angebotszeit, die Emma als „Große" mitgemacht hat, hatte sie den Ehrgeiz entwickelt, alle Angebote bei allen Erzieherinnen auszuprobieren. Da hatte sie die Möglichkeiten richtig durchschaut und begeistert für sich genutzt. Außerhalb des normalen Rahmens auf neuen Wegen bewegen sich die zukünftigen Schulkinder auch in ihrem Projekt, bei dem sie sich mit einer Erzieherin gemeinsam ergebnisoffen mit einem Thema beschäftigen. Sie nehmen damit deutlich wahr, dass sie als Projektkinder zu den Großen gehören. In die Planungen und Umsetzungen kann jedes Kind seine besonderen Fähigkeiten einbringen, gemeinsam mit den anderen Ideen vorschlagen, abwägen und auswählen.

Ein wie im Emmaus Kindergarten umgesetztes Offenes Kindergartenkonzept ist eine sehr gute Kindergartenarbeit, die für die meisten Kinder einen wichtigen Schritt in ihrer Entwicklung zu einem selbstständigen und eigenverantwortlichen Kind darstellt und einen erfolgreichen Start in die Schule ermöglicht. Unsere beiden großen Kinder sind jetzt in der Schule und finden sich dort gut zurecht. Sie haben durch ihren Kindergarten gelernt, aus verschiedenen Angeboten auszuwählen, von ihrer Arbeit zu berichten, anderen zu zuhören, sich auf unterschiedliche Bezugspersonen einzulassen und ihre Zeit zu planen und einzuteilen. Es hat mich beeindruckt, dass die Erzieherinnen genau wussten, wo sich unsere Kinder aufgehalten haben und was sie gemacht haben. Aus dem Hintergrund heraus haben sie es geschafft, die Kinder an alle Räume heranzuführen, so dass sie sich mit allen Bereichen des Kindergartens (Bewegungsraum, Trauminsel, Kreativraum, Rollenspielraum, Spieleraum, Garten und Cafeteria) auseinandergesetzt haben.

Für uns war es nie eine Frage, ob Thea als unser drittes Kind auch in den Emmaus Kindergarten gehen wird, es war kaum etwas anderes vorstellbar. Auch sie hat als Zweijährige angefangen und fühlt sich dort sehr wohl. Wir sind jetzt das 6. Jahr in dem Kindergarten und freuen uns, dass wir noch ein paar Jahre vor uns haben.

Die Eltern Katharina und Stephan Leinhäuser
wohnen in Wennigsen, beide sind als Lehrer tätig.

VIII. Zur Zukunft der Kindergartenarbeit

Gerhard Regel

Die Zukunft des Offenen Kindergartens liegt in der Bewältigung der Gegenwart

1. Einleitende Gedanken

Wir, die Herausgeber, haben uns bei der Auswahl der Beiträge dieses Buches vor allem von dem Engagement und der Lebendigkeit der pädagogischen Praxis Offener Kindergärten leiten lassen. Dadurch konnten Weiterentwicklungen deutlich werden. Sie sollen anregend bei der Überprüfung der eigenen Praxis sein. ErzieherInnen und Teams zeigen sich in den Beiträgen, wie sie Anwälte für Kinder sein wollen und Kindern individuelle Entwicklungen ermöglichen. Der Prozesscharakter von offener Pädagogik wird so punktuell erkennbar. Wie jedoch das Gesamt der Aufgaben und Erfordernisse in den einzelnen Einrichtungen bewältigt wird, muss offen bleiben. Und so wird ein zeitbedingtes Thema nicht erkennbar: Der Umgang mit der Vielfalt elementarpädagogischer Notwendigkeiten, Ansprüche und Zumutungen im Kontext unzureichender Rahmenbedingungen mit ausbeuterischer Tendenz.

Hier ist jede Einrichtung auf sich selbst gestellt, Unterstützung von außen ist begrenzt. Im Klartext heißt das, dass die Anwälte für Kinder selbst ohne Anwälte zurecht kommen müssen und einen gangbaren Weg aus der Fülle der heutigen Situationen finden müssen. Das geht am besten durch eine Erwägungskultur. Sie wird im nächsten Punkt erläutert und soll unterstützend wirken, realistische Akzente in der Arbeit zu setzen und damit pädagogische Möglichkeiten einzugrenzen.

Erwägungskultur ist Selbsthilfekultur durch eine Beschränkung auf das Wesentliche. Und hier zeigen sich durch die Entwicklungen der letzten Jahre beeindruckende Lichtblicke, indem die Beziehung zu den Kindern, Kolleginnen und Eltern zum entscheidenden Gestaltungselement werden. Das Hineinfinden in diese Kernaufgabe hat befreienden Charakter und relativiert das sonstige Tun. Das schränkt zugleich ein Übermaß an Aktivität gegenüber den Kindern ein. Ich schließe deshalb das Beziehungsthema mit einigen Gedanken zur Menschlichkeit in Punkt 3 ab. In meinen Schlussgedanken geht es dann darum, wie sich Menschsein verwirklicht.

Sinnvolle pädagogische Arbeit erfordert jedoch nicht nur Beziehungskompetenz, sondern auch Zeit und Kraft. Hieran mangelt es aufgrund der Komplexität der heutigen Kindergartenaufgaben. Deshalb werden ohne verbesserte Rahmenbedingungen die bestehenden Anforderungen auf Dauer nicht bewältigt werden können. Da das nicht von selbst kommt, setze ich mich abschließend dafür ein, dass das politische Bewusstsein in den Kindergärten wieder wachsen muss. Zum menschlichen Sein gehört deshalb auch, sich politisch einzumischen.

2. Der Kindergarten braucht eine Erwägungskultur – die Zentrierung auf das Wesentliche als eigene Qualität[1]

Pisa hat zu einem Einschnitt in der Kindergartenarbeit geführt. Bildung wird dadurch zum Megathema, flankiert von den mit hohen Standards versehenen Bildungs- und Erziehungsplänen. Die Anforderungen und Ansprüche summieren sich, auch aus Wissenschaft, Wirtschaft, Schule und Elternschaft. Die Eigenständigkeit von Kindergartenteams ist bedroht, Unsicherheit und Unzufriedenheit nehmen zu, und nicht selten sind Stress und Mangel an Zeit die Folge. So manche Aktivität hat wieder den Charakter von Vorschulerziehung, und Kinder werden dabei zu Objekten. Die heutige Situation hat W. Liegle auf einer Salzburger Werktagung in einem Hauptvortrag mit dem Titel „Belagerte Kindheit. Frühförderung zwischen Pisafieber und Bildungswahn" (1) auf den Punkt gebracht.

Die Kindergartenpädagogik ist wieder einmal im Umbruch mit einer riesigen Baustelle. Viele wollen mitwirken, damit die Baustelle vorankommt,

1 Eine gekürzte Fassung wurde in TPS 8/2010 S. 46ff. veröffentlicht.

und so ist heute ein großer Markt der Möglichkeiten entstanden. Es ist nicht einfach, dem zu widerstehen und einen kindgemäßen Weg zu finden, bei dem auch die Erziehenden in Balance bleiben und nicht der Hyperaktivität verfallen.

Eine Expertise wirkt erhellend und klärend

Unter dem Titel „Schlüssel zur guten Bildung, Erziehung und Betreuung" fand die wissenschaftliche Untersuchung der Kindergartensituation durch Prof. S. Viernickel und S. Schwarz von der Alice-Salomon-Hochschule Berlin statt (2). Die Autorinnen untersuchten die Rahmenbedingungen pädagogischer Arbeit unter besonderer Berücksichtigung der Fachkraft – Kind – Relation und setzten sie ins Verhältnis zu den bundes- und landsrechtlichen Vorgaben und behielten dabei die Aufgabenvielfalt im Auge.

Hier sollen die Ergebnisse nicht wiederholt werden. Es wird an einigen angeknüpft, weil nichts dringlicher ist, als damit innezuhalten und für die eigene Einrichtung Konsequenzen zu ziehen. Das bedeutet, nach dem Wesentlichen zu fragen und in einem Prozess des Abwägens die Spreu vom Weizen zu trennen, um sich dadurch für das Machbare in der jeweiligen Kindergartensituation zu entscheiden. Zugleich ermöglicht das eine Abgrenzung zum Wohle der Kinder und zum Wohle der Mitarbeiterinnen, indem Überforderung, Stress und Krankheitsanfälligkeit abgebaut werden und sich möglichst ausschließen. Eine solche Entwicklung kann gelingen, wie es einzelne Kindergärten zeigen.

Stress ist das häufigste Wort, das ich in letzter Zeit im Kindergartenbereich gehört habe. Erzieherinnen kommen immer wieder an die Grenzen ihrer Möglichkeiten. Der sich in unserer beschleunigten Welt gebildete Begriff des „erschöpften Selbst" ist ohne Zweifel auch im Kindergartenbereich anwendbar. Ändern wird sich daran nur etwas, wenn durch gemeinsames bewusstes Handeln zu dem zurückgefunden wird, was Kinder in ihrer Entwicklung und ihrem Wachsen brauchen und sie voranbringt. Das läuft dann eindeutig auf eine Entschleunigung und Erwägungskultur heraus. Die wissenschaftlichen Ergebnisse können hierbei eine hilfreiche Funktion wahrnehmen und die Motivation für entschlossenes Handeln fördern.

Durch die Expertise wird deutlich, dass die Arbeitskraft und -zeit nicht für alles reicht, was heute gedacht und gefordert wird. Inzwischen hat sich die Schere zwischen den Anforderungen und Rahmenbedingungen weit geöffnet. Mit dem übernommenen Begriff der ***mittelbaren pädagogischen Arbeit*** wird das Übel erkennbar. Unter diesem Begriff werden die fünf wichtigsten neuen fachlichen Aufgaben und die damit verbundenen Tätigkeiten aufgelistet, die nicht im direkten Kontakt mit den Kindern ausgeübt werden: Beobachtung und Dokumentation, die Zusammenarbeit mit den Familien, die Zusammenarbeit mit der Grundschule, Sprachförderung, Qualitätssicherung und -entwicklung.

Diese mittelbaren pädagogischen Aufgaben machen 25% der Arbeit aus. Hinzu kommen noch die Teilnahme an Fortbildungen, Urlaub, Krankheit, regelmäßige Teamsitzungen, die persönliche Vorbereitung differenzierter Lernangebote und Praktikantinnenanleitung. Leider wurde in keinem Bildungsplan das Zeitkontingent realistisch mitgedacht. Erfreulich ist jedoch, dass in Baden-Württemberg der Bildungsplan nach einer Erprobungsphase ausgesetzt wurde.

Hier ist nun nicht der Ort, die bildungspolitischen Konsequenzen weiter abzuklären. Das ist in der Expertise mit eindeutigen Rahmenverbesserungen und angemessener Fachkraft – Kind – Relation entsprechend dem Alter der Kinder erfolgt.

Mein Beitrag soll pragmatisch ausgerichtet werden, um die Einrichtungen mit ihren Kräften der Selbstbestimmung und Selbstorganisation zu stärken. Das ist der einzige Rettungsanker, den ich zurzeit sehe. Nach meiner Einschätzung wird sich in absehbarer Zeit nichts Wesentliches an den Rahmenbedingungen ändern.

Die Politik lässt die Kindergärten im Regen stehen

Die Gründe für meine Skepsis sind vielfältig. Ich beschränke mich hier auf die Auflistung einiger wesentlicher Punkte:

1. Finanzielle Mehrausgaben für Kinder von Bund, Ländern und Kommunen fließen nicht direkt zur Verbesserung in die Rahmenbedingungen. Angestrebt wird vor allem die Beitragsfreiheit der Eltern. Die auf Familien ausgerichtete Politik zeigt sich auch in der Erhöhung des Kindergeldes. Auch das Krippenprogramm zielt vor allem auf die Vereinbarung von Familie und Beruf.

2. Das Krippenprogramm hat bis 2013 Priorität und erfordert zum Teil auch erhebliche bauliche Investitionen. Finanzen für erforderliches Personal nach dem Schlüssel 1 : 4 werden nicht bereitgestellt.
3. Die Finanzlage der Kommunen wird zusehends dramatischer. Es zwingt sie zu Einsparungen, was sich auf den Kindergartenbereich auswirkt.
4. Inzwischen kommen auch von den Bundesländern Signale, die Ausgaben zu beschränken. Vom zukünftigen radikalen Sparen war gerade in einer niedersächsischen Regierungserklärung zu hören, um die Kreditaufnahme in den nächsten Jahren auf Null zu bringen. Dasselbe gilt für den Bund.
5. Seit fast zehn Jahren gibt es die Perspektive aus dem Bundes- Familienministerium, dass es auf den Anfang ankommt. Es gibt sogar Berechnungen, dass jeder in die Frühpädagogik investierte Euro ein Mehrfaches an Einnahmen im späteren berufstätigen Alter heutiger Kinder erbringt. Fallen frühe Bildungserfordernisse aus, werden später hohe Kosten zur Betreuung und Förderung von Jugendlichen anfallen, auch für deren Arbeitslosigkeit, Suchtverhalten und nicht auszuschließender Kriminalität.
6. Im Föderalismus gibt es keine Gesamtverantwortung für gute Bildung, Es wird so weitergewurstelt wie bisher. Ein wünschenswertes einheitliches Grundsatzpapier darüber, wie Kinder in Krippe und Kindergarten lernen sollen, wird vorläufig nicht entstehen und so können auch keine damit verbundenen Standards festgelegt und angestrebt werden. Die Erziehungs- und Bildungspläne sind zur falschen Zeit entstanden, weil die Rahmenbedingungen unverändert geblieben sind. Nötig wäre zumindest ein Grundsatzpapier, so Viernickel/Schwarz in ihrer Expertise, das sich durch die Nennung von Basisaufgaben realistisch auf die Gegenwart bezieht. Voraussagen lässt sich, dass weitere Qualität gefordert wird, ohne dass es nennenswerte Durchbrüche in der Qualifizierung von Erzieherinnen mit angemessener Bezahlung geben wird.

In der „Zeit“ (Nr. 28/09, S. 61) erschien ein Artikel mit der Überschrift: Die Kita-Lüge. Gefordert wurde eine komplette Neufindung des Systems frühkindlicher Bildung. In Verbindung mit dem damaligen Streik schlug sich die Autorin auf die Seite der Erzieherinnen und bemerkte dazu, dass der

Umgang mit ihnen offenbare, wie wenig den Bundesländern ihre Kinder wert sind.

Die Beschränkung auf das Wesentliche ist ohne Alternative

Ein realistisches Grundsatzpapier mit der Nennung von Basisaufgaben würde einen föderalen Prozess mit einer hohen Bereitschaft zum Diskurs erfordern. Dass das gelingen könnte, daran hätte ich ebenfalls große Zweifel. Deshalb muss die heutige Vielfalt durch umsichtige, achtsame und offene Diskurse in den Kindergärten bewältigt werden. Nur so kann ein gangbarer Weg zwischen den eigenen Vorstellungen und den Anforderungen, Herausforderungen und Ansprüchen von außen und den Erfordernissen aus der Situation der Einrichtung unter besonderer Berücksichtigung der Entwicklungs- und Herkunftsheterogenität der Kinder und der Personalzusammensetzung und -kompetenz gefunden werden.

Es gibt Kindergärten, denen das gut gelingt. Meine Erfahrungen beziehen sich auf Einrichtungen, die ein offenes Konzept aufbauen oder langjährige Erfahrungen mit dem Offenen Kindergarten haben. Letzteren gelingt es vielfach, sich nach außen abzugrenzen, um einen nach innen gerichteten Prozess so zu gestalten, dass dadurch ein eigenes Profil aufgebaut wird (S. 38). Und so prallen Qualitätsoffensiven, pädagogische Programme, überzogene Dokumentation, Screenings u.a. von ihnen ab. Sie gehen kompetent mit der Vielfalt der Möglichkeiten um, weil sie diese mit ihrer Situation in Beziehung setzen. Die Qualität solcher Entscheidungen bemisst sich daran, ob sie ernsthaft abgewogen und ob mögliche Folgen beachtet und berücksichtigt wurden.

Erwägungskultur als Weg

Kindergärten, die sich so abgrenzen, sind sich ihrer eigenen Stärke bewusst. Sie nehmen ihren Raum der Freiheit durch selbstbestimmtes Handeln wahr. Beides muss es heute auch für Kinder geben, damit sie zukunftsfähig werden.

Ein Raum der Freiheit besteht auch dann, wenn die Entscheidungsmöglichkeiten der Mitarbeitergruppe vom Träger, der Abteilungsleitung oder Verbandsspitze oder aufgrund der kommunalen Strukturen vorgabeorientiert eingeschränkt werden. Dann wird der eigene Freiraum ignoriert und die

Autonomie der Einrichtung gekappt. Solche Einschränkungen passen nicht zu einer zeitgemäßen Pädagogik mit selbstbestimmtem Handeln der Kinder und Erwachsenen und schon gar nicht in eine demokratische Gesellschaft. Sie sind kontraproduktiv und bewirken, dass sich solche Kindergärten entgegengesetzt zur guten Schule entwickeln. Schulen, die heute zu den besten gehören, haben zunächst einmal mehr Autonomie und damit mehr Freiheit und Eigenverantwortung bekommen oder die bestehende mehr genutzt.

Zur Autonomie gehören das Erwägen und die damit verbundene Entscheidungsarbeit für angemessene Schwerpunkte. Erwägen meint, gemeinsam etwas zu bedenken, durchzudenken und zu überdenken, nach außen und nach innen zu schauen, den Raum der Freiheit zu erkennen, um dann abzuwägen, was angemessen erscheint. Es ist die Entscheidung für ein maßgeschneidertes Konzept. Nur so kann es heute weitergehen und nur so kommt der Kindergarten zu seiner optimalen Qualität. Mit anderen Worten heißt das : Der Kindergarten braucht heute eine Erwägungskultur als festen Bestandteil einer bewusst vollzogenen professionellen Arbeit.

Angeregt wurde ich zu diesem Denken durch ein Interview mit Dr. Bettina Blank von der Uni Paderborn, Fakultät für Kulturwissenschaften (DIE ZEIT, 24,1.08 Nr. 05). Dort wurde eine Erwägungskultur seit den 90er Jahren entwickelt und gepflegt, um zu einem sorgfältigen Umgang mit Vielfalt und Alternativen in der Wissenschaft zu kommen. Das erwägensorientierte Fragen steht dabei im Mittelpunkt und führt zu gut begründeten Entscheidungen und Lösungen. Angestrebt wird dabei ein höheres Niveau durch ein Denken in Möglichkeiten. Damit das nicht ins Uferlose führt, wird das Ausmaß des Erwägens begrenzt, um über die reflektierende Ebene zu verantwortbaren Entscheidungen zu kommen (3).

Die Ergebnisse der Expertise beflügelten mich dann zusätzlich in meinen Vorstellungen, dass die Erwägungskultur der sinnvollste Weg sein könnte, um die sich weit geöffnete Schere zwischen den Anforderungen und den Rahmenbedingungen wieder eigenständig zu schließen. Der Kerngedanke dieser Diskurskultur ist so einfach wie folgenreich und stärkt die Eigenständigkeit jeder Mitarbeiterin und des gesamten Teams. Es ist die Antwort auf eine desolate weil überfordernde Bildungspolitik.

Anregungen zur praktischen Umsetzung des Erwägens

Wenn die Zentrierung auf das Wesentliche zum Gebot der Stunde wird, dann gilt es, sich auf eine Hauptrichtung zu konzentrieren und die damit verbundenen Basisaufgaben zu erkennen und in den Mittelpunkt zu stellen.

In der kindzentrierten pädagogischen Ausrichtung ist es unstrittig, dass jedes Kind zu allererst seinen bisherigen Entwicklungsweg weitergehen soll. Individualisierung ist dafür der zentrale Begriff. Sie führt dazu, dass Kinder sich zu starken, selbstbewusst handelnden und sozial ausgerichteten Persönlichkeiten entfalten. Das entspricht den heutigen entwicklungspsychologischen und gesetzlichen Vorgaben, wonach die Entwicklung des Kindes zu einer eigenverantwortlichen und gemeinschaftsfähigen Persönlichkeit Ziel frühkindlicher Elementarpädagogik sein soll. Das gibt den pädagogisch Tätigen in den Kindergärten eine eindeutige Richtung vor und schließt jegliche Verschulung aus (4).

Eine der folgenden Fragen kann beispielsweise dazu verhelfen, über den Weg des Erwägens zu eigenen grundsätzlichen Aussagen zu kommen:

- Was soll für mich, für uns im Mittelpunkt unserer pädagogischen Arbeit stehen?
- Was sehe ich für Basisaufgaben, die wir für eine gedeihliche Entwicklung unserer Kinder umzusetzen haben?
- Was gehört für mich ins Zentrum unseres pädagogischen Handelns für eine gedeihliche Entwicklung unserer Kinder und welchen Bezugsrahmen brauchen wir dafür?
- Was brauchen unsere Kinder aus meiner Sicht für ihre Persönlichkeitsentwicklung und wodurch bringen wir diese gemeinsam voran?
- Kinder entwickeln sich (ihre Persönlichkeit) in einem Gedeihraum mit vielfältigen Anregungen! Was trage ich, was tragen wir dazu bei, dass dieses geschieht und sie vertrauensvoll in die Zukunft gehen können?

Die Fragen sind so gestellt, dass sich zu allererst die einzelne Mitarbeiterin angesprochen fühlen kann. Dadurch wird die Absicht verfolgt, dass alle eine Position beziehen, bevor durch Auseinandersetzung und Diskurs eine gemeinsame Abwägung mit eindeutiger Entscheidung erfolgt, die dann für alle als verbindlich gilt. Bewährt hat sich in der Paderborner Arbeit u. a. die

Methode der Pyramidendiskussion (5). Sie passt sehr gut zum Diskurs im Kindergartenteam.

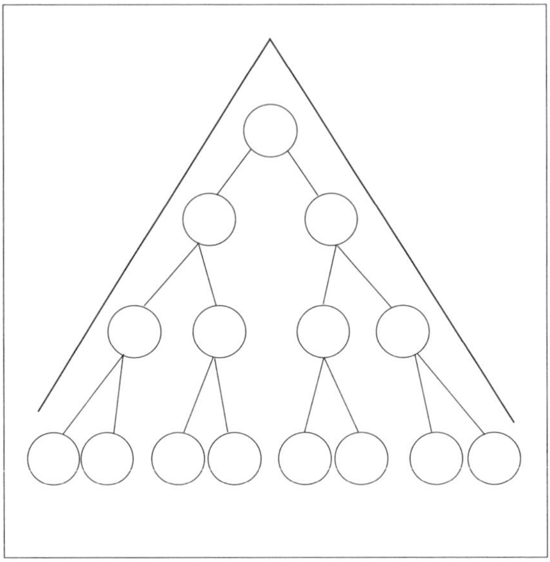

Ausgangspunkt ist dabei jeweils die in Einzelarbeit erstellte eigene Position zur gestellten Frage. Sie wird mit einer Person des Teams ausgetauscht und beide formulieren eine gemeinsame Antwort auf die Ausgangsfrage. Dann schließen sich die beiden mit zwei anderen zusammen, finden wieder eine gemeinsame Antwort, treffen sich mit einer weiteren Gruppe und setzen dies entsprechend der Gruppengröße fort, bis sich alle zum Finden einer gemeinsamen Lösung wieder zusammenfinden. Durch Pyramidendiskussion kann jede einzelne Mitarbeiterin zum Zuge kommen und die gesamte Mitarbeitergruppe kann zum Konsens gelangen.

Das Anliegen meines Aufsatzes ist damit jedoch noch nicht abgeschlossen. Abgrenzungen nach außen sind teilweise auch mit Kompromissen verbunden, wodurch Ansprüche minimiert werden. So kann das Thema Beobachtungen und Portfolio z. B. darauf beschränkt werden, lediglich wichtige Wahrnehmungen für Entwicklungsgespräche mit Eltern zu dokumentieren und vor solchen Gesprächen mit Kolleginnen im Austausch zu sein. Das kann das Sammeln von „Werken" der Kinder auch durch Fotos mit einschließen. Es gibt Begleitthemen, die ggf. in einem weiteren Erwägungsprozess einer Klärung unterzogen werden sollten, so zum Beispiel:

- Umgang mit Förderprogrammen und Kindertests
- Erfüllbare mittelbare Tätigkeiten
- Förderung von bestimmten Kindern in Kleingruppen und die Einbeziehung von Therapeuten
- Aufteilung des Kindergartenjahres nach Schwerpunkten
- Umfang der Elternarbeit
- Bedeutung des Bildungs- und Erziehungsplanes für die eigene Praxis
- Stärken der Erzieherinnen für Bildungsschwerpunkte

Qualität unter anderen Gesichtspunkten

Über den Weg einer Erwägungskultur kann der Kindergarten der heutigen Bildungsoffensive wegen unzureichender Rahmenbedingungen entgegentreten und so dem Druck der Vielfalt der Anforderungen von außen begegnen. Erwägensprozesse sind Selbsthilfeprozesse zugunsten einer individualisierenden Persönlichkeitsentwicklung von Kindern. Sie dienen der Zentrierung auf Basisaufgaben und der Abgrenzung gegenüber Aufgaben, die aufgrund heutiger Erzieherinnen-Kind-Relationen nicht leistbar sind. Über den Weg der Selbststeuerung wird rastlose Geschäftigkeit vermieden. Die eigenen Kräfte werden frei für Beziehung, Bindung, Präsenz, Offenheit, innerer Zeit, Dialog und individuelle Begleitung (6). Die Qualität der pädagogischen Arbeit wird ablesbar an der Selbsttätigkeit der Kinder in entspannter Atmosphäre und der Freude am gemeinsamen Leben und Lernen in einem drinnen und draußen vielfältig gestalteten Erfahrungsraum. Das Glück der Kindheit bekommt so eine Chance und stärkt die Kinder für ihre Zukunft.

Fortschritt unter den jetzigen Bedingungen ist Rückbesinnung auf das, was Kinder brauchen. Kinder können dadurch zu eigenständigen starken Persönlichkeiten werden mit Eigensinn und Gemeinsinn. Erwägen schließt politische Phantasie und Aktivität nicht aus. Wie wäre es, wenn Sie als Erzieherinnen die Solidarität der weiblichen Abgeordneten in den Landesparlamenten und im Bundesparlament einfordern würden? Die Expertise ist eine so exzellente Aufdeckung von ausbeuterischen Zuständen in Kindergärten, dass alle Politikerinnen damit konfrontiert werden müssten. Ein Frauenzusammenhalt könnte ein sinnvoller Weg sein. Es wäre je viel erreicht, wenn das heute Machbare in Grundaussagen fließen würde, gemeinsam verfasst von allen Bundesländern.

3. Zur Menschlichkeit finden und zum Anwalt in eigener Sache werden

In diesen abschließenden Text beziehe ich drei Fachleute mit ein, die mich bestärkten auf dem Weg der offenen Pädagogik. Wenn wir heute zu der Aussage kommen, dass der Offene Kindergarten in seinem Kern ein Beziehungsansatz ist, dann erfordert das stichhaltige Begründungen. Diese müssten in einem eher theoretisch ausgerichteten Buch entfaltet werden. Ich beschränke mich hier auf wissenschaftlich begründete Aussagen (7) von J. Bauer. In diesem engagierten Buch wird aus neurobiologischer Sicht die Bedeutung der Zuwendung herausgearbeitet: „Das Kind kann nur dann ein individuelles, autonomes Selbst entwickeln, wenn es konstante, persönliche Bezugspersonen hat, die es in seiner Besonderheit wahrnehmen und ihm seine Individualität spiegeln“ (S. 214).

Bauer geht noch weiter. Lebensmotivation kann nur dann von Bestand sein, wenn soziale Gemeinschaft und gelingende Beziehungen mit anderen gelebt werden und Bestand haben. Das bezieht sich einerseits auf persönliche Beziehungen und zum anderen auf alle Formen sozialen Zusammenwirkens zur Verwirklichung der genetisch bedingten Kooperation. Das bedeutet: „Kern aller Motivation ist es, zwischenmenschliche Anerkennung, Wertschätzung, Zuwendung oder Zuneigung zu finden und zu geben“ (S. 35ff.). Und weiter heißt es: „Alle Ziele, die wir im Rahmen unseres normalen Alltags verfolgen, die Ausbildung oder den Beruf betreffend, finanzielle Ziele, Anschaffungen etc., haben aus der Sicht unseres Gehirns ihren tiefen, uns meist unbewussten „Sinn“ dadurch, dass wir damit letztlich auf zwischenmenschliche Beziehungen zielen, das heißt, diese zu erwerben oder erhalten zu wollen. Das Bemühen des Menschen, als Person gesehen zu werden, steht noch über dem, was landläufig als Selbsterhaltungstrieb bezeichnet wird“ (S. 39).

Ich denke, dass Sie als Leserin oder Leser diese Aussagen schnell bejahen werden, auch wenn in unserer modernen, beschleunigten, krankmachenden

Lebensweise Vieles davon ignoriert wird, und Wettbewerb, Konkurrenz und Selbstsucht dominieren. Das Wissen darum bedeutet leider nicht automatisch, es bewusst und konsequent in der pädagogischen Arbeit umzusetzen. Vielleicht geschieht es am ehesten gegenüber Kindern und weniger selbstverständlich gegenüber Kolleginnen oder in der Zusammenarbeit mit Eltern.

Viele Beiträge unseres Buches beinhalten eine Konkretisierung dieser psycho-biologischen Bedürftigkeit und zwischenmenschlichen Potentiale. Es ist deshalb auch kein Zufall, dass fast alle Teams Offener Kindergärten Hilfe durch Supervision, Fachberatung, Fortbildung und Hospitationen in Anspruch genommen haben, um diesen Kern menschlichen Lebens mehr und mehr zu gestalten und zu leben.

Entschleunigung als Muss

Die zweite Bestärkung erfolgte durch ein Interview mit H.R. Leu (8) mit dem Titel: „Früher, schneller, besser zeitigt nicht die gewünschten Erfolge." Leu hat als leitender Mitarbeiter des DJI mit den Bildungs- und Lerngeschichten ein Verfahren entwickelt, das die individuelle Sichtweise des Kindes in den Mittelpunkt stellt. Er hält den Übereifer in der Vorverlegung der Schule in die Kinderzimmer, Kindergärten oder Krippen für kontraproduktiv. Auch wenn „Bildung von Anfang an" ein richtiges Denken ist, brauchen Lernprozesse viel Zeit und lassen sich nicht beschleunigen, zumal sich angemessenes Lernen durch dialogische Interaktionsformen zwischen Kindern und Erwachsenen und zwischen Kindern aufbaut.

Für Leu ist die Qualität des sozialen Umfeldes wesentliche Voraussetzung für nachhaltiges frühkindliches Lernen. Die Erkenntnisse der Bindungstheorie fließen hier in seine Überlegungen ein und damit das berechenbare Verhalten des Interaktionspartners. Das bedeutet: der Erwerb von Kompetenzen und Wissen muss von vornherein in soziale Zusammenhänge eingebettet sein.

Auch diese Überlegungen gehören mehr oder weniger zum Alltagswissen der Frühpädagogik. Sie sind aber erst dann relevant, wenn sie absolut ins Zentrum des Denkens und Handelns rücken und das Bewusstsein für Zeit einschließen. Zeit für Kinder haben, das ist die Grundvoraussetzung, wenn die Eigenaktivität des Kindes zum Ausgangspunkt pädagogischen Handelns werden soll. Zeit haben ist heute das Zauberwort, wenn es den Kindern in ihrer Entwicklung gut gehen soll. Da Zeit jedoch nicht herbeigezaubert werden kann, muss sie gestaltet werden durch richtiges Abwägen der Arbeitsschwerpunkte und indem über die Achtsamkeit immer wieder innere Zeit entsteht, um Kindern aufmerksam zu folgen.

Aufwachen und politisch aktiv werden

Mit dem Mangel an Zeit, verstresste Tage und Wochen, Hyperaktivität und Krankheitsanfälligkeit nähern wir uns einer Realität, die im Text zur Erwägungskultur angesprochen wurde. Das Kernthema hier ist ein verändertes Berufsverständnis durch politisches Bewusstsein und politisches Handeln.

Vorbild für ein radikaleres Denken ist für mich Ilse Wehrmann, die über 30 Jahre Geschäftsführerin der evangelischen Kindergärten in Bremen war und später Bundesvorsitzende der evangelischen Kindertagesstätten. Inzwischen arbeitet sie mit großen Industriebetrieben wie Daimler, RWE und der Deutschen Telekom und baut Krippen, Kindergärten und Horte auf. Dabei geht Qualität vor Quantität, so dass sie Erzieherinnen-Kind-Relationen umsetzt, die führende europäische Länder wie Schweden und Finnland schon lange haben. Die nun nachfolgenden Aussagen sind einem Zeitportrait entnommen (9). Wehrmann will durch ihre jetzige Aktivität keine Zwei-Klassen-Kindergärten, sondern aufzeigen, wie finanzieller Einsatz erforderlich ist für gute frühkindliche Bildungsarbeit. So kann die Wirtschaft hier ein positiver Vorreiter sein. Wehrmann urteilt hart über deutsche Politiker, die sich nicht um eine kindgemäße Bildungs- und Familienpolitik bemühen und lieber durch eine abartige Herdprämie auch Nichtbildung finanzieren wollen, anstatt sich um die Qualität der frühen Bildung zu kümmern. Sie sieht hierin einen Skandal und betont, dass es nichts Lohnenderes gibt, als in Kinder zu investieren. Die Politik befindet sich in ihren Augen auf dem Rückzug. Von einem einheitlichen Bildungsentwurf für die Zeit vor der Schule sind wir weit entfernt. Darunter müssen besonders benachteiligte Kinder leiden. Es fehlt auch eindeutig ein roter Faden in der Ausbildung der Fachkräfte. Ein höheres Niveau erfordert bessere Bezahlung und auch hier drückt sich die Politik und lässt alles beim Alten.

Ilse Wehrmann ist eine Einzelkämpferin. Sie hat in ihrer langen Berufstätigkeit viel erreicht und muss sich gleichzeitig eingestehen, dass Bedingungen für Kinder und Erzieherinnen aufgrund fehlender Finanzen im kommunalen Bereich eher schwieriger werden. Dabei ist nichts dringlicher als Voraussetzungen für eine bessere Qualität durch angemessene Erzieherinnen-Kind-Relationen in Krippe und Kindergarten zu schaffen und zu differenzieren aufgrund der Herkunftsfamilien.

Solange Deutschland im Gegensatz zu Nachbarländern nicht 7% sondern unter 5% des Bruttosozialproduktes für Bildung ausgibt, wird eine sinnvolle pädagogische Arbeit in Krippe, Kindergarten und Schule zu Lasten der Erzieherinnen gehen. Das darf nicht so bleiben, weil unsere Zukunftsvorsorge erheblich davon betroffen ist.

P. Steinbrück hat als ehemaliger Finanzminister kürzlich davon gesprochen, dass aus internationalen Vergleichen hervorgeht, dass die Bildung in Deutschland um mindestens 25 Milliarden Euro im Jahr unterfinanziert ist. Bildung ist für ihn der Schlüssel für Innovation und Produktivität, für den Nachwuchs von Fachkräften, die Pflege unserer demokratischen Substanz, die gesellschaftliche Integration und die Gleichstellung von Frau und Mann (11).

Schauen wir auf das Jahr 2010, dann lässt sich ein Umbruch erkennen. Er ist besonders sichtbar an Stuttgart 21. Was muss hier im Kindergartenbereich geschehen? In Hannover hat es eine vorbildliche Aktion der Trägerverbände mit klaren Aussagen zur Verbesserung der Rahmenbedingungen in Kindergärten gegeben. Leider sieht es wohl so aus, dass diese Aktion erfolglos bleibt, da sich die niedersächsischen Politiker wenig beeindrucken ließen (10).

Expertisen und sachbezogene Aktionen wie die in Hannover sind offenbar wenig erfolgreich. Streiks in Verbindung mit gewerkschaftlichen Aktionen wie die aus dem Jahr 2009 sind da schon erfolgreicher. Das würde aber bedeuten, dass die Mehrzahl der Erzieherinnen gewerkschaftlich organisiert sein müsste. Nötig ist eine politische Bewegung, die sich phantasievoll dafür einsetzt, dass Qualität vor Quantität gehen muss. Ein Teil der Kindergärten hat inzwischen einen guten Ruf. Jetzt ist politisches Aufwachen gefragt, damit ausbeuterische Tendenzen in einem der wichtigen heutigen Frauenberufe ein Ende haben und durch politisches Handeln ins Bewusstsein treten. Die Arbeit mit Kindern ist schwerer geworden und Individualisierung nötiger denn je. Kindern eine angemessene Entwicklung zu eröffnen darf jedoch nicht auf dem Rücken der Erzieherinnen ausgetragen werden. Gibt es einen anderen Weg als sich als Anwalt in eigener Sache zu definieren und gemeinsam mit Kolleginnen und in Solidarität mit Eltern u. a. den eigenen Berufsstand eine Stimme zu geben?

Literatur

(1) Den Vortrag gibt es als CD und veröffentlicht im Tagungsbericht 2008. Anschrift. Katholisches Bildungswerk Salzburg, Kapitelplatz 6, A 5020 Salzburg

(2) s. TPS 9/09 S. 43ff. u. ein Interview in „Betrifft Kinder“ 7/8/09 S. 6ff. Die Expertise lässt sich downloaden unter www.diakonie.de > Arbeitsbereiche > für Kinder und Jugendliche > Engagement für Kinder > Qualitätsoffensive Kita.

(3) Dr. Bettina Blank, Universität Paderborn, Fakultät für Kulturwissenschaft, Forschungsredaktion Erwägen – Wissen – Ethik (Zeitschrift),
E-Mail: ewepäd@upd.de

(4) Neuere Literatur zum offenen Kindergarten. G. Regel/Th. Kühne Pädagogische Arbeit im Offenen Kindergarten, Freiburg i.Br., 2. überarbeitete Auflage 2007 u. (6)

(5) s. PUZ, Paderborner Universitätszeitschrift SS 1/2005 „Kompetenter Umgang mit Vielfalt“, S. 20/21

(6) G. Regel, Plädoyer für eine offene Pädagogik der Achtsamkeit, 2. Auflage, Schenefeld 2008

(7) Bauer, J., Prinzip Menschlichkeit – Warum wir kooperieren, Heyne TB 63003

(8) TPS 2/2010, S. 2021

(9) Die Zeit, 41/2010, S. 71/72

(10) s. http ://www.kinder-sind-mehr-wert.de

(11) Die Zeit, 4/2011, S. 23

IX. Gedanken zum Schluss: Wie verwirklicht sich Menschsein?

(In Anlehnung an 9 Punkte zum Thema: „Leben als Mensch mit geistiger Behinderung“ von D. Fischer. Quelle: „Gleiche Chancen für geistig behinderte Menschen“. Schrift des Arbeitskreises für geistig behinderte Menschen in Niedersachsen, S. 25)

1. Menschsein bedeutet, in einem *Lebens-Entwicklungsprozess* zu sein und hierfür Anregung und Unterstützung zu erfahren.
2. Menschsein realisiert sich in *alters- und geschlechtsspezifischen* Momenten, im Sein als Kind, Jugendlicher, Erwachsener und alter Mensch und als Junge, Mädchen, Mann und Frau.
3. Menschsein realisiert sich in der Erfüllung oder auch in der Zurückstellung von *Bedürfnissen*. Erfahrung von Zuwendung und Bestätigung einerseits und die Möglichkeit zur Selbstbestätigung andererseits sind von besonderer Bedeutung (Autonomie, Zugehörigkeit/Unabhängigkeit).
4. Menschsein realisiert sich in *vielen Beziehungen* zu sich, zu Personen wie auch Sachen, zur Natur und Kultur, wie auch zur Technik, zur Gesellschaft und zu Gott und dem Religiösen.
5. Menschsein vollzieht sich in einer *zeitlichen Dimension*. Jeder Mensch ist ein *geschichtliches Wesen*, das Anfang, Mitte und Ende ebenso kennt wie Aufbrechen und Ankommen, Beginnen und Verabschieden (zeitlich strukturierter Lebensrhythmus).
6. Menschsein realisiert sich und dokumentiert sich als *Suche nach Sinn*. Produktiv-Sein und Geschehen-Lassen kennzeichnen hier die notwendigen Pole.
7. Menschsein realisiert sich in *großer Lebensvielfalt*.
8. Menschsein vollzieht sich durch die Ausbildung einer *individuellen Lebensgeschichte*. Diese gilt es zu unterstützen, anzureichern und wertzuschätzen.
9. Menschliches Leben lebt von der *bewusst getroffenen Entscheidung*: Der Mensch erfährt dabei Souveränität.

Gerhard Regel

Literaturverzeichnis

Bauer, J.: Prinzip Menschlichkeit, aktualisiertes TB. München 2008

v.d. Beck, A. u. a.: Kinderräume bilden. Ein Ideenbuch für Raumgestaltung in Kitas. Berlin , überarb. 2. Aufl. 2007

v.d. Beck: Bildungsräume von Null bis Drei. Weimar-Berlin 2006

Blümeke, I. u. a.: Offene Werkstattangebote. Seelze-Velber 1999

Büchsenschütz, J. u. Regel, G. (Hrsg.): Mut machen zur gemeinsamen Erziehung. Hamburg 1992

van Dieken, C.: Lernwerkstätten u. Forscherräume. Freiburg 2004

van Dieken, C.: Kinderkunstwerkstatt. Weimar-Berlin 2011

Dittrich, G. u. a.: Wenn Kinder in Konflikt geraten, Berlin 2001

Dornes, M: Der kompetente Säugling. Reihe Geist u. Psyche 1998

Gruber, R./Siegel. B. (Hrsg.): Offene Arbeit im Kindergarten. Weimar-Berlin 2008

Heim, R., Goldenbaum, A.: Bewegungsbildung in Kindertageseinrichtungen. Berlin 2009

Henneberg, R.: Die Pädagogik von C. Freinet in Kitas. München 2008

Juul, J.: Das kompetente Kind. Reinbeck 1997

Kauter, H. u. a.: Das Kind als Akteur seiner Entwicklung. Heidelberg 1988

Knauf, Tassilo u. a.: Handbuch pädagogischer Ansätze, s. besonders Kapitel 3.3. Der offene Kindergarten. Berlin 2007

Kühne, Th. u. Regel, G. (Hrsg.): Erlebnisorientiertes Lernen im Offenen Kindergarten. Hamburg 1996

Kühne, Th. u. Regel, G. (Hrsg.): Bildungsansätze im Offenen Kindergarten. Hamburg 2000

Laewen, H. J. u. Andres, B.: Künstler, Forscher, Konstrukteure. Neuwied 2002

Lill, G.: Einblicke in offene Arbeit. Verlag das Netz. Berlin Tel. 030/48096536

Lill, G.: Serie „ Neue Muster in der offenen Arbeit“, in „Betrifft Kinder“ 2009/2010

Lill, G.: Serie „ Fragen und Antworten zur offenen Arbeit“, in „Betrifft Kinder“ ab 2010

Miedzinski, K., Fischer, K.: Die neue Bewegungsbaustelle. Dortmund 2006

Oellerich, E., Santjer, U.: Für die Schule bilden, nicht anpassen, Offene Arbeit und Schulfähigkeit. In „Kindergarten heute“ 7–8/2000, S. 28–31

Pousset, R. (Hrsg.): Handwörterbuch für Erzieherinnen und Erzieher. 2. aktualisierte Auflage 2010, s. Stichworte: Offener Kindergarten u. Psychomotorik

Regel, G. u. Wieland, A. J. (Hrsg.): Offener Kindergarten konkret. Hamburg 1993

Regel, G. u. Kühne, Th.: Päd. Arbeit im Offenen Kindergarten. Freiburg/Breisg. 2010, 3. vollständig überarbeitete Neuauflage

Regel, G.: Kindgemäßes Lernen im Vorschulalter. Hamburg 1990

Regel, G.: Erzieherinnen als Akteure ihrer Pädagogik. In „klein und groß" 1/98 S. 14ff.

Regel, G.: Plädoyer für eine offene Pädagogik der Achtsamkeit. Schenefeld 2008

Rohnke, H. J.: Offene Arbeit und U 3, Konzeptionelle Aspekte der offenen Arbeit mit Kleinstkindern. In „Kita aktuell" HRS 3/2010

Rohnke, H. J.: Eigenverantwortung als handlungsleitendes Prinzip in der „offenen Arbeit" .Teil I in „Kita aktuell" HRS 12/2001, Teil II ebd. 1/2003

Rohnke, H. J.: Bindungstheorie und offene Arbeit. „Kita aktuell" BY Nr. 1/2002. Weitere Aufsätze unter: www.kindergartenpaedagogik.de

Schäfer, G. E. u. a.: Natur als Werkstatt. Weimar-Berlin 2009

Schäfer, G. E.: Bildung beginnt mit der Geburt. Berlin 2006

Steenberg, U.: Montessori-Pädagogik im Kindergarten. Freiburg 2002

TPS-Themenheft 2/2000: Offener Kindergarten – kindzentriert, partizipatorisch, kooperativ. Kallmeyer-Verlag

TPS-Heft 3/2009: Themenschwerpunkt Bindungen. Kallsmeyer-Verlag

Ullrich, W. u. Brockschnieder, F. J.: Reggio –Pädagogik auf einen Blick. Freiburg 2009

Zimmer, R.: Alles über den Bewegungskindergarten. Freiburg 2006

Zimmer, R.: Toben macht schlau! Bewegung statt Verkopfung. Freiburg 2004

Zimmer, R.: Handbuch der Psychomotorik. Freiburg 1999

Autorenverzeichnis

Ackermann, Natalie	Kita „Baumhaus", Am Schlehdorn 2 in 37077 Göttingen/Nikolausberg. Tel.: 0551 2923
Ahrens, Ortrud	Kiga Emmaus, Bürgerm.-Klages-Weg 18 in 30974 Wennigsen. Tel.: 05103 925344
Dehlfing, Renate; *v. Lienen, Beate*	 Kita Tungeln, Oberlether Str. 36 in 26203 Wardenburg. Tel.: 04407/8059
Diedrich, Petra	Christian-Herbst-Str.8 in 79312 Emmendingen. Tel.: 0761 25158
Emme, Roswitha	Ev.-luth. Kiga Altenbruch, Gammenteil 2 in 27478 Cuxhaven. Tel.: 04722 500
Fäscher, Anja	Ev.-luth. Kita Altenwalde, Frankenweg 4 in 27478 Cuxhaven. Tel.: 04723 4638
Fenzl, Sabrina	Ev.-luth. Kita St.Nicolai, Schloßstr. 3 in 31863 Coppenbrügge. Tel.: 05156 785862
Feuersenger, Christiane	Kita im Hugo-Wolfsteig 2 in 12557 Berlin
Förster, Maria	Lernwerkstatt für Kinder, Grenzstr. 2 in 97762 Hammelburg. Tel.: 09732 3296
Harjes, Sabine	Sprachwerkstatt der Trägerarbeitsgemeinschaft, Wilhelm-Heidsiekstr. 41 in 27472 Cuxhaven. Tel.: 04721 6658342
Hogrefe, Ulrike	Ev.-luth. Kiga Duhnen, Sahlenburger Weg 40 in 27476 Cuxhaven. Tel.: 04721 444240
Kasten, Ilka	Corvinus-Kindergarten und Familienzentrum, Moorhoffstr. 28a in 30419 Hannover Tel: 0511 752520
Karallus Silke	Ev.-luth. Kita Altenwalde, Frankenweg 4 in 27478 Cuxhaven. Tel.: 04723 4638
Lehmann-Grigoleit, Ute	Kita „Baumhaus", Am Schlehdorn 2 in 37077 Göttingen/Nikolausberg. Tel.: 0551 2923

Leinhäuser, Katharina; Leinhäuser, Stephan	Sedanstr. 18 in 30974 Wennigsen
Oellerich, Elke	Franzenburger Schule, Wohlsenstr. 41 in 27478 Cuxhaven.
Oest, Angelika	Kita der Elbe/Weser Werkstätten, Weißdornweg 25 in 27607 Langen. Tel.: 04743 275474
Regel, Gerhard	Wiesenstr. 3 in 30974 Wennigsen. Tel: 05103 2434
Sander, Torsten	Ev.-luth. Kita Lummerland, Lappeplatz 1 in 27474 Cuxhaven. Tel.: 04721 22624
Santjer, Uwe	Ev.-luth. KitaVerband, Marienstr. 50 in 27472 Cuxhaven. Tel.: 04721 681139
Schade-Didschies, Magrit	Ev.-luth. Kita St. Marien, Gutsstr. 9 in 38550 Isenbüttel. Tel.: 05374 2373
Schommartz, Sabine	Kiga Emmaus, Bürgerm.-Klages-Weg 18 in 30974 Wennigsen. Tel.: 05103 925344
Witte, Katharina	Kath. Kita St. Willehad, Grodener Chaussee 21 in 27474 Cuxhaven. Tel.: 04721 26826

Netzwerke

Netzwerk zum Offenen Kindergarten in der Pfalz
Kontaktadresse: Sabine Dalheimer-Mayer
Kirchenkreis Obere Nahe
Vollmersbachstr. 22
55743 Idar-Oberstein
kigareferat@vwa-idar-oberstein.de

Qualitätszirkel zum Offenen Kindergarten Tungeln/Raum Oldenburg
Kontaktadresse: Renate Dehlfing
Kindertagesstätte Tungeln
Oberlether Straße 36
26203 Wardenburg
Kiga.tungeln@wardenburg.de

Netzwerk zum Offenen Kindergarten Cuxhaven/Region Hannover
Kontaktadresse: Uwe Santjer
Ev.-luth. Kindertagesstättenverband Cuxhaven
Marienstr. 50
27472 Cuxhaven
Uwe.santjer@kitas-cux.de

NOA-Netzwerk Offene Arbeit Berlin
Kontaktadresse: Gerlinde Lill
Gerlinde.Lill@t-online.de

Außerdem sind im Verlag erschienen:

Gerdhard Regel, Axel Jan Wieland (Hrsg.)
Offener Kindergarten konkret -
Veränderte Pädagogik in Kindergarten und Hort
Wie wird konsequent eine Pädagogik, die vom Kind ausgeht, im Offenen Kindergarten weiterentwickelt? Neue Wege und eine veränderte pädagogische Praxis werden differenziert beschrieben, theoretische Grundlagen erläutert und das daraus resultierende veränderte Rollenbewusstsein, das auch Auswirkungen auf die Form der Elternarbeit hat. 40 s/w Fotos.
302 S., geb., ISBN 978-3-923002-74-0

Thomas Kühne, Gerhard Regel (Hrsg.)
Erlebnisorientiertes Lernen im Offenen Kindergarten
Projekte und Arbeitsansätze aus der Praxis für die Praxis
Mit diesem Band in der Reihe „Von Erzieherinnen für Erzieherinnen" wird die Veröffentlichung von Erfahrungen im „offenen Kindergarten" fortgesetzt. Sechs Evangelische Tageseinrichtungen stellen ihre Projektarbeit vor. Beiträge zur Diskussion um eine verbesserte Qualität der pädagogischen Arbeit im Elementarbereich. 82 s/w und 27 Farbfotos dokumentieren ausführlich die Beiträge.
352 S., geb., ISBN 978-3-930826-07-0

Thomas Kühne, Gerhard Regel (Hrsg.)
Bildungsansätze im offenen Kindergarten
Die Erzieherin im Mittelpunkt der pädagogischen Arbeit
Mit diesem Buch über Bildungsansätze im Offenen Kindergarten nehmen wir ein aktuelles Thema auf, das zur Zeit besonders über die Qualitätsdebatte von außen in die Kindergärten hineingetragen wird. Mit 37 s/w Fotos.
283 S., geb., ISBN 978-3-930826-54-4

Gerdhard Regel (Hrsg.)
Psychomotorik im Kindergarten II
Anregungen aus der Praxis.
Öffnung der Gruppen/Aufsichtspflicht und Pädagogik/Lebendigsein durch Kraftspiele/Das kindgemäße Spiel mit Orff-Instrumenten/Wassergewöhnung als Spiel- u. Bewegungserfahrung/Ein gemeinsames psychomotorisches Lernkonzept.
255 S., kart., ISBN 978-3-923002-44-3

Gerhard Regel

Plädoyer für eine offene Pädagogik der Achtsamkeit

Gerhard Regel berichtet mit seinem Plädoyer für eine offene Pädagogik der Achtsamkeit in Verbindung mit 16 Leitsätzen von differenzierten Beziehungen zu Kindern und ihren Eltern und beschreibt die eher unsichtbare Seite pädagogischer Arbeit. 11 kirchliche Kindergärten aus Cuxhaven und der Region Hannover waren zur Kooperation bereit und zeigen etwas von ihrer alltäglichen Arbeit. Dadurch ergibt sich ein differenziertes Bild von kindzentrierter Pädagogik mit offenem achtsamen Charakter. Die Darstellungen und theoretischen Begründungen sind zugleich eine Aufforderung, zu einer neuen, erweiterten Begrifflichkeit zu kommen. Sie ist überfällig. Der Autor gibt zu seinen bisherigen Büchern zum „Offenen Kindergarten" in unserem Verlag eine Fülle von Anregungen und fordert zur Diskussion heraus.

200 Seiten
kartoniert
ISBN 978-3-936912-58-6

Reihe: Biblische Geschichten im Elementarbereich in Begegnung mit Judentum und Islam. Herausgeber: Christoph Dahling-Sander, Helgard Jamal

Helgard Jamal
Bd. 1: Schöpfung
Mit Kindern Gott entdecken - Mit Natur gestalten - Mit Figuren erzählen
Das Begleitbuch zur „Schöpfung" 112 S., geb., farb. illustriert.
ISBN 978-3-936912-65-4, erhältlich im Buchhandel oder Verlag.
Dazu gibt es ein Set von 20 Figuren.
Bestellung von Buch & Figuren im Set nur über:
www.spot-versandhaus.de

Helgard Jamal
Bd. 3: Abraham
Mit Kindern Gott entdecken - Mit Natur gestalten - Mit Figuren erzählen
Das Begleitbuch zu „Abraham" 128 S., geb., farb. illustriert
ISBN 978-3-936912-52-4, erhältlich im Buchhandel oder Verlag.
Dazu gibt es ein Set von 21 Figuren.
Bestellung von Buch & Figuren im Set nur über:
www.spot-versandhaus.de

Helgard Jamal
Bd. 7: Weihnachten – Jesu Geburt
Mit Kindern Gott entdecken - Mit Natur gestalten - Mit Figuren erzählen
Das Begleitbuch zu „Weihnachten" 112 S., geb., farbig illustriert,
ISBN 978-3-86893-002-3. Zu dem Buch gibt es ein 18-tlg. Holzfigurenset (Bethel-Holzfiguren) inkl. der Stoffe zur Bekleidung.
Erhältlich im Buchhandel oder Verlag.

Helgard Jamal
Bd. 12: Das Pfingstwunder – Der Heilige Geist
Mit Kindern Gott entdecken - Mit Natur gestalten - Mit Figuren erzählen
Das Begleitbuch zu „Das Pfingstwunder"
112 S., geb., farbig illustriert,
ISBN 978-3-936912-85-2